学前教育专业创新系列教材
"互联网+"立体化教材

新编幼儿园教育活动设计与指导

主　编　吴亭亭　赵　朵
副主编　谢春姣

西南财经大学出版社
Southwestern University of Finance & Economics Press

图书在版编目(CIP)数据

新编幼儿园教育活动设计与指导 /吴亭亭,赵朵主编.—成都:西南财经大学出版社,2018.3(2023.7重印)
ISBN 978-7-5504-3398-4

Ⅰ.①新… Ⅱ.①吴…②赵… Ⅲ.①幼儿园—教学活动—教学设计 Ⅳ.①G612

中国版本图书馆 CIP 数据核字(2018)第 046118 号

新编幼儿园教育活动设计与指导
主编 吴亭亭 赵朵

策划编辑:李路艳
责任编辑:向小英
责任校对:周晓琬
装帧设计:黄燕美
责任印制:朱曼丽

出版发行	西南财经大学出版社(四川省成都市光华村街55号)
网 址	http://cbs.swufe.edu.cn
电子邮件	bookcj@swufe.edu.cn
邮政编码	610074
电 话	028-87353785
印 刷	三河市骏杰印刷有限公司
成品尺寸	185mm×260mm
印 张	15.5
字 数	377 千字
版 次	2018 年 3 月第 1 版
印 次	2023 年 7 月第 6 次印刷
书 号	ISBN 978-7-5504-3398-4
定 价	48.00 元

版权所有,翻印必究。

序

在教育事业快速发展的今天,如何发展学前教育成为国家重视、社会关注、人民群众关心的问题,也成为教育理论研究的热点。随着我国学前教育事业发展步伐的加快,学前教育师资的培养逐步走向专业化、标准化。2001年,教育部《幼儿园教育指导纲要(试行)》的颁布为进一步落实《幼儿园工作规程》及推动新时期的教育改革指明了方向。2011年,教育部发布《教育部关于大力推进教师教育课程改革的意见》和《教师教育课程标准(试行)》,进一步明确了幼儿园教师职前教育的课程目标与课程设置。2012年,教育部又出台了《幼儿园教师专业标准(试行)》,对学前教师培养的专业提出了标准化的内容和方向。此后,教育部又印发了《3~6岁儿童学习与发展指南》。这些政策的出台促使学前教育师资培养必须努力提高质量和效率。

党的二十大报告强调,要办好人民满意的教育,全面贯彻党的教育方针,落实立德树人根本任务,培养德智体美劳全面发展的社会主义建设者和接班人。因此,学前教师培养的核心理论课程必须符合新的政策精神。学前教育类教材是幼儿教师教育课程的核心内容,编写突出实践性、专业性,符合新标准、新精神的教材就成了当务之急。在此背景下,我们深入贯彻《教育部关于大力推进教师教育课程改革的意见》(教师〔2011〕6号)精神,根据《教师教育课程标准(试行)》和《幼儿园教师专业标准(试行)》的要求,积极推进学前教育课程建设和改革,构建具有中国幼儿教师教育特色、引领学前教育专业发展、反映课程改革新成果的教材体系,努力打造一系列体现学前教育理念、符合新课程标准要求、满足教育教学需求的精品教材。

本套教材的编写遵循以下四项原则:

(1) 立足应用,注重培养学生的实际操作能力。本系列教材紧密结合教学改革成果,由知名高校学前教育院系、幼儿师范院校与幼儿教育机构共同合作开发,对传统教材的繁、难、偏、旧内容进行了修正,突出应用导向及基础性、实用性与专业性的结合。

(2) 紧跟时代脉搏,紧密结合学前教育专业教学改革新理念、新方法,把最新、最适宜的学前教育理论和操作技能引入教材,及时反映最新的幼教理念和学前教育教学实际,全面提升学生解决问题的实战能力。

(3) 力图将传统教材的"教本"转化为学生的"学本"。以现实幼儿园教育实践活动作为教材编写的出发点,一方面,学生可以借鉴现有的教学实践活动提升自身能力;另一方面,也为学生创造新的教学活动模式提供了有益的经验。

（4）倡导"立体化"教学，提供全方位教学服务。我们为本系列教材精心策划了精品教学资料包和教学资源网，向教师用户提供教学课件、教学案例、教学参考、教学检测、教学资源推荐、课后习题答案等教学资源，形成教材、文本、多媒体和网络技术相互交叉、融合、支撑的立体化、网络化、互动化的现代化教学方式，有效提升了教学质量。

对于教材出版及使用过程中遇到的各种问题，欢迎您来电来函指正。同时，也希望各院校和读者在使用本系列教材的过程中提出宝贵的意见和建议，我们将认真听取，不断完善。

编写组

前言

幼儿园教育是基础教育的重要组成部分，是我国学校教育和终身教育的奠基阶段。幼儿园的教育内容是全面性的、启蒙性的，大致可以划分为健康、语言、社会、科学、艺术五个领域，各领域的内容相互渗透，从不同的角度促进幼儿情感、态度、能力、知识、技能等方面的发展。

幼儿园教育活动设计与指导是理论与实践相结合的双重性课程，是注重学生实践的应用型课程，还是"上承学前'三学'（学前卫生学、学前心理学、学前教育学）专业理论课，下启'说、弹、唱、画、跳'及'教育见习实习'专业实践课"的中介与桥梁。幼儿园教育活动设计与指导具有鲜明的理论综合性和实践操作性的特点，在学前教育专业课程中起着承上启下的作用，对实现高等专科学前教育专业培养应用型人才的目标及促进学生向合格幼儿教师角色转换具有不可低估的重要作用。

本书根据教育部颁布的《幼儿园教育指导纲要（试行）》及《3～6岁儿童学习与发展指南》的要求，并融合了编写队伍多年的教学经验编写而成。本书全面阐述了幼儿园教育活动的基本理论、教育活动设计的一般原理，以及教育活动设计中的原则、目标、内容、过程、设计方案的规范格式，同时介绍了五大类幼儿园教育活动设计与指导的策略，以使学生能将理论与实践相结合，提升学生设计和组织幼儿园教育活动的基本技能，促进学生专业能力的养成。

考虑到本学科兼具理论性、应用性、实践性等特点，本书配以丰富的案例，结合幼儿教育实际，采用更加直观的学习方式，增强教材的可读性。为了帮助学生把握要点，本书在每单元的开篇处设有"学习目标"，将学习目标、知识点、能力、专业情感、思维拓展等融为一体，以引导学生培养从事幼儿教育必备的基本专业素质，使学生更加注重理论与实践的联系，体现实用性和新颖性。本书还增设了"知识拓展"板块，以开阔学生的视野；在每单元的理论知识后配有"实践活动"板块，以提高学生的实践应用能力。最后，本书在每单元后都设置了"知识巩固"板块，以利于学生巩固和理解所学要点，为后续的学习与发展打下良好的基础。

本书各单元的学时分配建议如下：

内　　容	理论学时	实践学时
单元1　幼儿园教育活动设计与指导概述	8	2
单元2　幼儿园健康教育	6	2
单元3　幼儿园社会教育	6	2
单元4　幼儿园科学教育	6	2
单元5　幼儿园数学教育	6	2

续表

内　　容	理论学时	实践学时
单元6　幼儿园语言教育	6	2
单元7　幼儿园音乐教育	6	2
单元8　幼儿园美术教育	6	2
单元9　幼儿园整合教育	6	2
合计(74)	56	18

　　本书由湖南民族职业学院吴亭亭和硅湖职业技术学院赵朵任主编,湖南民族职业学院谢春姣任副主编。具体编写分工如下:单元1至单元3由吴亭亭编写,单元4至单元6由谢春姣编写,单元7至单元9由赵朵编写。本书在编写过程中,参考、引用、借鉴了国内外同行的最新研究成果,同时参考、借鉴了其他同类教材,在此一并对相关作者表示感谢。

　　由于编写人员水平有限,书中难免存在疏漏之处,恳请广大读者批评指正。

编　者

目 录

单元 1　幼儿园多媒体课件的基础知识　1

学习目标　1
案例导入　1
模块一　幼儿园教育活动概述　2
模块二　幼儿园教育活动的原则和方法　9
模块三　幼儿园教育活动的基本类型　15
实践活动　17
知识巩固　20

单元 2　幼儿园健康教育　21

学习目标　21
案例导入　21
模块一　幼儿园健康教育概述　22
模块二　幼儿园健康教育的目标和内容　24
模块三　幼儿园健康教育的方法和途径　31
模块四　幼儿园健康教育活动设计与指导　34
实践活动　40
知识巩固　43

单元 3　幼儿园社会教育　44

学习目标　44
案例导入　44
模块一　幼儿园社会教育概述　45
模块二　幼儿园社会教育的目标和内容　47
模块三　幼儿社会教育的方法、途径和注意事项　53
模块四　幼儿园社会教育活动设计与指导　68
实践活动　72
知识巩固　76

单元 4　幼儿园科学教育　77

- 学习目标　77
- 案例导入　77
- 模块一　幼儿园科学教育概述　78
- 模块二　幼儿园科学教育的目标和内容　81
- 模块三　幼儿园科学教育的方法和途径　85
- 模块四　幼儿园科学教育活动设计与指导　100
- 实践活动　108
- 知识巩固　111

单元 5　幼儿园数学教育　112

- 学习目标　112
- 案例导入　112
- 模块一　幼儿园数学教育概述　112
- 模块二　幼儿园数学教育的目标和内容　116
- 模块三　幼儿园数学教育的方法和途径　124
- 模块四　幼儿园数学教育活动设计与指导　136
- 实践活动　144
- 知识巩固　148

单元 6　幼儿园语言教育　149

- 学习目标　149
- 案例导入　149
- 模块一　幼儿园语言教育概述　150
- 模块二　幼儿园语言教育的目标和内容　151
- 模块三　幼儿园语言教育的方法和途径　156
- 模块四　幼儿园语言教育活动设计、组织与指导　164
- 实践活动　169
- 知识巩固　172

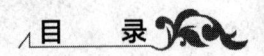

单元 7　幼儿园音乐教育　　175

学习目标　　175
案例导入　　175
模块一　幼儿园音乐教育概述　　176
模块二　幼儿园音乐教育的目标和内容　　178
模块三　幼儿园音乐教育的方法和途径　　185
模块四　幼儿园音乐教育活动设计与指导　　189
实践活动　　202
知识巩固　　206

单元 8　幼儿园美术教育　　208

学习目标　　208
案例导入　　208
模块一　幼儿园美术教育概述　　209
模块二　幼儿园美术教育的目标和内容　　213
模块三　幼儿园美术教育的方法和途径　　215
模块四　幼儿园美术教育活动设计与指导　　218
实践活动　　222
知识巩固　　225

单元 9　幼儿园整合教育　　226

学习目标　　226
案例导入　　226
模块一　幼儿园整合教育概述　　229
模块二　幼儿园整合教育活动设计和指导　　231
实践活动　　232
知识巩固　　237

参考文献　　238

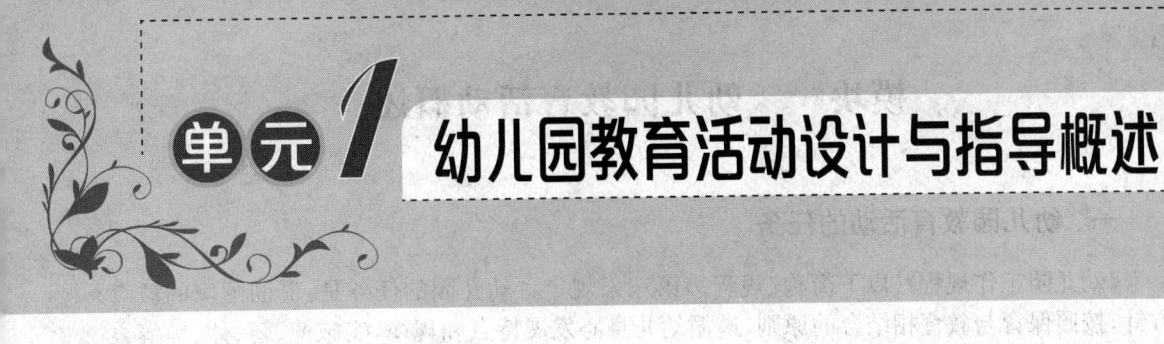

单元 1 幼儿园教育活动设计与指导概述

学习目标

- 了解幼儿园教育活动的任务；
- 了解幼儿园教育活动的特点；
- 掌握幼儿园教育活动的原则和方法；
- 掌握幼儿园教育活动的内容；
- 了解幼儿园教育活动的类型。

案例导入

星期一早上，某幼儿园大班有幼儿说到自己周末去超市购物的经历，马上引起其他孩子的共鸣，大家争相回忆起超市购物的经历。"超市有玩具卖吗？""有啊！"另一个孩子马上回答。"那超市里还有什么东西呢？""……"听到孩子们交流，结合大班的教育目标，教师设计组织了以超市为主题的教学活动。教师和孩子们一起到超市参观、购物，每个孩子尝试用 5 元钱购买自己喜欢的东西。完成参观、购物回到幼儿园后，孩子们和教师一起津津有味地分享自己采购的食物、谈论自己在超市购物过程中的发现……当谈到各自购买的食物时，有个孩子说："我买的酸奶最好喝，因为这是我妈妈的单位做出来的。"这一下，孩子们的新问题又来了："我买的东西是从哪儿来的？"面对孩子们的新问题，教师调整自己的方案，开始新的教育活动设计①。

教育是一种有目的、有计划的社会实践活动。幼儿园教育活动是指教师从幼儿的兴趣和实际水平出发，根据幼儿园教育目标，有目的、有计划地组织和指导幼儿主动学习，以增进幼儿对周围环境的认识，培养幼儿的学习兴趣，帮助幼儿获取有利于其身心发展的经验的活动。幼儿园教育活动设计是指幼儿园依据各层次教育目标，有计划地、系统地设计和安排整个层次教育教学计划的过程。

---

① 佚名. 幼儿园教案活动过程［EB/OL］.（2018-02-18）［2018-02-28］. http://www.docin.com/p-2085426606.html.

模块一　幼儿园教育活动概述

一、幼儿园教育活动的任务

《幼儿园工作规程》(以下简称《规程》)第三条规定:"幼儿园的任务是:贯彻国家的教育方针,按照保育与教育相结合的原则,遵循幼儿身心发展特点和规律,实施德、智、体、美等方面全面发展的教育,促进幼儿身心和谐发展。幼儿园同时面向幼儿家长提供科学育儿指导。"实际上《规程》规定了学前教育两方面的基本任务,即促进幼儿身心和谐发展、为幼儿家长提供科学育儿指导。

1. 促进幼儿身心和谐发展

在促进幼儿身心和谐发展的规格和要求上,《规程》做出了以下具体规定:

(1) 体育目标。《规程》强调要"促进幼儿身体正常发育和机能的协调发展,增强体质,促进心理健康,培养良好的生活习惯、卫生习惯和参加体育活动的兴趣"。这是因为幼儿处在一个柔弱、不完善、未成熟的生长阶段,对环境的适应能力很弱,抵抗疾病的能力比较差。而且幼儿各种器官发育还不完善,运动机能较差,加上生活经验不丰富,从事活动的能力、自控的能力、协调自己行为的能力都比较差。这就要求教师创造适当的环境,给予幼儿精心的照料、引导和教育,促进幼儿身体的良好发育,增强幼儿的体质并注重幼儿的心理健康。同时,要注意培养幼儿积极参加体育锻炼的兴趣,增强参加体育活动的主动性。

(2) 智育目标。《规程》规定:"发展幼儿智力,培养正确运用感官和运用语言交往的基本能力,增进对环境的认识,培养有益的兴趣和求知欲望,培养初步的动手能力。"这是因为幼儿具有直觉行动思维的特点,他们是通过直接感知和具体行动进行思维的。这就要求教师利用和创造大量的机会,引导幼儿运用多种感官和语言与外界接触交往,增进幼儿对环境的认识,帮助幼儿培养有益的兴趣和求知欲望,提高幼儿正确运用感官和语言交往的能力、动手的能力,发展幼儿的智力。

(3) 德育目标。《规程》在对幼儿的情感、品德、行为、习惯乃至性格培养上都提出了具体要求。这是因为幼儿年龄小、经验少,要根据他们身边的、具体的、看得见摸得着的情景,有秩序、渐进地引导,帮助幼儿形成正确的是非观念,萌发初步的道德感情,培养良好的品德、行为和习惯。幼儿阶段的品德教育应着重从情感教育入手,如使幼儿萌发爱祖国的情感,要从幼儿对自己的父母、亲属、教师、同伴、邻居的爱开始,然后引导他们萌发对家庭、对家乡、对周围接触到的社会生活的爱,以形成对祖国的爱。因此,对幼儿情感的培养,对幼儿良好品德、行为和习惯的培养,教师都应根据幼儿的特点,由近及远、由此及彼、由具体到抽象地进行。

(4) 美育目标。《规程》提出:"培养幼儿初步感受美和表现美的情趣和能力。"幼儿园的美育目标并非强调幼儿必须掌握多少的艺术技能技巧,作为艺术启蒙教育,要求教师侧重培养幼儿初步感受美和表现美的情趣和能力。

需要特别指出的是,幼儿园的各种教育目标是和谐统一的,应共同促进幼儿在体、智、德、美四个方面全面、和谐发展。这既反映了时代要求的未来建设者和接班人应具有的素质结构,也反映了幼儿身心发展特点的内在要求。幼儿各方面的发展是一个有机的整体,幼儿教师既不能偏重也不能偏废某一方面,只有这样,才能促进幼儿整体的协调发展,为幼儿一生的发展打下良好的基础,为国民素质的全面提高打下良好的基础。

2. 为幼儿家长提供科学育儿指导

幼儿教育的发展水平关系到广大人民群众的根本利益。学前教育机构不仅是一个教育机构,也是一个社会服务机构,根据《规程》规定,幼儿园负有为在园的幼儿家长提供科学育儿指导的任务。

随着我国经济建设的发展,计划生育基本国策的实施,优生、优育、优教观念的增强,人民群众生活水平的日益提高,人们对教育战略地位的认识有了新的飞跃。"知识改变命运,教育成就未来"的理念深入人心。广大的幼儿家长通过自身的工作、生活实践,不仅迫切希望能有时间进修,以提高自己的文化科技水平,而且迫切希望自己的子女能受到良好的教育。例如,在为孩子进行学前教育期间,他们一方面急切地送孩子入园,希望幼儿园能给予孩子理想的教育,另一方面也盼望从幼儿园学到科学育儿的知识,以便使孩子在园里和在家里都能得到良好的教育,能健康成长、全面发展。因此,当今的幼儿园在为家长服务方面,已经不单纯是为了让家长能安心工作、学习,在生活方面为家长解除后顾之忧,更重要的是为幼儿家长提供科学的育儿指导。

广大的幼儿园从大教育的观念出发,肩负起宣传、教育、引导家长学习科学育儿知识,共同提高育儿水平的任务。有的幼儿园设立家长委员会,通过召开家长会,邀请家长来园听取幼儿园的工作计划和要求;有的幼儿园举办开放日,约请家长参观、参与孩子们的活动;有的幼儿园采用举办教育讲座、设置家长信箱、播放录像等多种形式向家长普及保育、教育幼儿的常识,介绍优育、教育幼儿的方法。

还有很多幼儿园走出园区,走向社区。他们向社区群众宣传优生、优育、优教的科学知识,指导优生、优育、优教;他们利用双休日开放幼儿园的一些设施,为社区儿童提供活动条件和机会;还有的幼儿园肩负起培训社区教育辅导员的任务。随着我国社会主义经济体制改革的日益深入和社会主义市场经济的逐步建立,人们的生活方式、生活意识、价值观念等空前多样化,生活节奏加快,时间意识增强,人员流动量增大。在这种形势下,幼儿教育机构类型单一、服务范围狭窄、机制不灵活的现状就难以适应社会的需求。家长要求幼儿园办学形式更加多样化,除了全日制之外,还应有半日制、计时制、机动的寄宿制等;要求增加节假日服务,甚至晚间服务、护理生病的幼儿服务等。总之,要求各种幼儿教育机构在办园的形式、管理制度、收托时间、保育范围、运作机制等各方面更灵活、更方便,以适应不同家长工作、学习、生活方面的特点和需要。同时,随着对学前教育的认识和要求的不断提高,幼儿家长对幼儿教师的素质要求也越来越高。教师必须树立终身学习的理念,不断超越自我,才能成为幼儿和家长心中最可信赖的教育工作者。

知识拓展

幼儿园教育活动与幼儿园课程[①]

幼儿园课程是实现幼儿园教育目的的手段,是帮助幼儿获得有益的学习经验,以促进其身心全面和谐发展的各种活动的总和。幼儿在园内的一切活动都属于幼儿园

---

① 任秀琼. 幼儿园教育活动设计与实践[EB/OL]. (2014-03-06)[2018-02-28]. https://wenku.baidu.com/view/2a855b575f0e7cd1842536d1.html.

课程的范畴。

从广义的角度理解,幼儿园课程包含幼儿在园内的一切活动,从这个意义上说,幼儿园课程与幼儿园教育活动是两个等同的概念。从狭义的角度理解,幼儿园课程为一门一门的学科,从这个意义上说,幼儿园课程与幼儿园教育活动则是两个互为关联的概念。幼儿园课程是幼儿园教育活动设计及实施的依据和基础,幼儿园教育活动则是幼儿园课程得以实现的中介和途径。

二、幼儿园教育活动的特点

幼儿园教育活动的目的是帮助幼儿获得大量的感性经验。在幼儿园教育活动中,不仅要关注教师应该教什么,更要关注幼儿是怎样学习的、幼儿获取知识的过程和方法。具体来说,幼儿园教育活动的特点主要有以下几点:

1. 主体性

主体性是幼儿教学活动的显著特点。主体性就是在教学活动中应贯彻"以幼儿为本"的原则,充分体现幼儿是活动中的主角,教师不能喧宾夺主。德国教育家第斯多惠(Diesterweg)曾说:"不好的教师是转述真理,好的教师是让学生去发现真理。"

幼儿园教育活动如果要让孩子成为活动的主人,就应该充分利用幼儿好奇心强、容易被外界的新异之物刺激引起探究的欲望和兴趣,但兴趣持续时间不长等心理特点,解放幼儿的手、脑、口,给他们充足的时间和机会去操作、发现。因此,幼儿园教育活动必须激发幼儿的好奇心和兴趣,引起幼儿学习的内部动机,使幼儿主动学习,充分开发幼儿的积极性、主动性和创造性。

2. 活动性

活动性是幼儿园教育活动的主要特点。根据瑞典著名儿童心理学家让·皮亚杰(Jean Piaget)的发生认识论可以得知:幼儿的发展有一个自我建构的过程,幼儿是通过个体自身的活动,能动地吸收环境与教育的影响而获得发展的。也就是说,幼儿的发展依赖于个体自身的活动及个体在活动中亲身的经历和体验。通过动手、动脑、动口,参与生活、体验生活,获得丰富的经验,促进发展。如果是单纯的灌输式学习,只会让幼儿成为机械的模仿者、填鸭式教学中的一个装死知识的容器,在生活中无法举一反三、融会贯通。

3. 游戏性

游戏性是幼儿园教育活动的主要特征。《规程》明确指出:"幼儿园应当将游戏作为对幼儿进行全面发展教育的重要形式。"对于幼儿来说,玩是他们的主要任务。游戏是孩子的天性,玩具是孩子的天使。游戏是一种愉快的、没有负担的活动,它能反映周围的现实生活,又能满足幼儿的身心发展,符合幼儿的兴趣和需要。所以,幼儿园教育活动应充分尊重幼儿的身心发展规律,尽量做到游戏化教学和保证各种类型游戏的开展,让孩子在玩乐中学习,在快乐中成长,让孩子真正感受到幼儿园是他们成长的乐园。

4. 启蒙性

启蒙性是幼儿园教育活动的基本属性,也是有别于学校教育的根本属性。幼儿具有知识经验贫乏、思维具体形象、注意力不稳定、自制能力差、神经系统容易兴奋和疲劳等特点，所以对幼儿的教学应以易于理解的、简单的、具有启蒙性的知识和经验为内容。

幼儿教育机构应对幼儿实施全面的、正确的、符合其身心发展的保育和教育，以便让幼儿进入小学后能尽快适应正式的小学学习生活。因此，幼儿园教育活动主要是通过幼儿自身的建构活动，让幼儿从生活中获得广泛的知识，积累丰富的直接经验，培养良好的学习方法和技能，激发幼儿强烈的求知欲，使幼儿养成良好的学习习惯，而并不强调对其进行系统的知识传授，也不特别强调必须学会什么。

5. 直观性

由于幼儿思维的具体形象性和第一信号系统占优势，因此他们只有在获得丰富的感性经验的基础上，才能理解事物。直观性在幼儿园教育活动中具有特殊意义，因为幼儿生活经验贫乏，他们主要是通过各种感官来认识世界的，是通过直接感知认识周围事物、行程表象并发展为初级概念的。教师通过示范、范例等方法，以游戏的方式，让幼儿通过与教师或同伴的相互交往、合作等，观察、模仿教师、同伴或周围熟悉的人们的语言、表情、技能等，以这种方式来学习。教师应较多采用形象化的手段教学，给幼儿可感、可视、可听的生动鲜明的美感，积极开发幼儿的右脑。

6. 整合性

与中小学教育活动相比，幼儿园教育活动更强调整合性。幼儿园教育活动可以完全以某一主题或问题为中心，围绕这一主题或问题组织、开展一系列活动，没有什么学科界限，这一系列活动是一个完整的系统，不同内容及方法之间都有密切的联系且不可分割。

7. 灵活多样性

幼儿园教育活动应以易于理解的、简单的知识经验为内容，通过有趣的游戏、幼儿自身的操作、直观的教具展示等多种方法，以集体、个人、小组三种形式交替使用等灵活多样、丰富多彩的形式开展活动。

知识拓展

幼儿园教育活动与中小学教育活动的区别[①]

（1）幼儿没有学习系统学科知识的任务，学习内容没有强制性。

（2）幼儿园教育活动是幼儿通过在具体活动中的感知和体验来学习的过程，而不是坐着听和看的过程。幼儿是以学习直接的知识和经验为主的。

（3）在幼儿园教育活动中，即使事先有计划，教师仍需要根据幼儿的需要和反应随时调整既定的方案。

三、幼儿园教育活动的内容

《幼儿园教育指导纲要（试行）》（以下简称《纲要》）明确指出："幼儿园的教育内容是全面的、启

---

① 陈幸军. 幼儿教育学[M]. 北京：人民教育出版社，2010.

蒙性的,可以相对划分为健康、语言、社会、科学、艺术等五个领域,也可做其他不同的划分。各领域的内容相互渗透,从不同的角度促进幼儿情感、态度、能力、知识、技能等方面的发展。"

1. 健康领域的具体内容

(1) 建立良好的师生、同伴关系,让幼儿在集体生活中感到温暖,心情愉快,形成安全感、信赖感。

(2) 与家长配合,根据幼儿的需要建立科学的生活常规。培养幼儿良好的饮食、睡眠、盥洗、排泄等生活习惯和生活自理能力。

(3) 教育幼儿爱清洁、讲卫生,注意保持个人和生活场所的整洁和卫生。

(4) 密切结合幼儿的生活进行安全、营养和保健教育,提高幼儿的自我保护意识和能力。

(5) 开展丰富多彩的户外游戏和体育活动,培养幼儿参加体育活动的兴趣和习惯,增强体质,提高对环境的适应能力。

(6) 用幼儿感兴趣的方式发展基本动作,提高动作的协调性、灵活性。

2. 语言领域的具体内容

(1) 创造一个自由、宽松的语言交往环境,支持、鼓励、吸引幼儿与教师、同伴或其他人交谈,体验语言交流的乐趣,学习使用适当的、礼貌的语言交往。

(2) 养成幼儿注意倾听的习惯,发展语言理解能力。

(3) 鼓励幼儿大胆、清楚地表达自己的想法和感受,尝试说明、描述简单的事物或过程,发展语言表达能力和思维能力。

(4) 引导幼儿接触优秀的儿童文学作品,使之感受语言的丰富和优美,并通过多种活动帮助幼儿加深对作品的体验和理解。

(5) 培养幼儿对生活中常见的简单标记和文字符号的兴趣。

(6) 利用图书、绘画和其他多种方式,引发幼儿对书籍、阅读和书写的兴趣,培养前阅读和前书写技能。

3. 社会领域的具体内容

(1) 引导幼儿参加各种集体活动,体验与教师、同伴等共同生活的乐趣,帮助他们正确认识自己和他人,养成对他人、社会亲近、合作的态度,学习初步的人际交往技能。

(2) 为每个幼儿提供表现自己长处和获得成功的机会,增强其自尊心和自信心。

(3) 提供自由活动的机会,支持幼儿自主地选择、计划活动,鼓励他们通过多方面的努力解决问题,不轻易放弃克服困难的尝试。

(4) 在共同的生活和活动中,以多种方式引导幼儿认识、体验并理解基本的社会行为规则,学习自律和尊重他人。

(5) 教育幼儿爱护玩具和其他物品,爱护公物和公共环境。

(6) 与家庭、社区合作,引导幼儿了解自己的亲人及与自己生活有关的各行各业人们的劳动,培养其对劳动者的热爱和对劳动成果的尊重。

(7) 适当向幼儿介绍我国各民族和世界其他国家、民族的文化,使其感知人类文化的多样性和差异性,培养理解、尊重、平等的态度。

4. 科学领域的具体内容

(1) 引导幼儿对身边常见事物和现象的特点、变化规律产生兴趣和探究的欲望。

(2)为幼儿的探究活动创造宽松的环境,让每个幼儿都有机会参与尝试,支持、鼓励他们大胆提出问题,发表不同意见,学会尊重别人的观点和经验。

(3)提供丰富的可操作的材料,为每个幼儿都能运用多种感官、多种方式进行探索提供活动的条件。

(4)通过引导幼儿积极参加小组讨论、探索等方式,培养幼儿合作学习的意识和能力,学习用多种方式表现、交流、分享探索的过程和结果。

(5)引导幼儿对周围环境中的数、量、形、时间和空间等现象产生兴趣,建构初步的数概念,并学习用简单的数学方法解决生活和游戏中某些简单的问题。

(6)从生活或媒体中幼儿熟悉的科技成果入手,引导幼儿感受科学技术对生活的影响,培养他们对科学的兴趣和对科学家的崇敬。

(7)在幼儿生活经验的基础上,帮助幼儿了解自然、环境与人类生活的关系。从身边的小事入手,培养幼儿初步的环保意识和行为。

5.艺术领域的具体内容

(1)引导幼儿接触周围环境和生活中美好的人、事、物,丰富他们的感性经验和审美情趣,激发他们表现美、创造美的情趣。

(2)在艺术活动中面向全体幼儿,要针对他们的不同特点和需要,让每个幼儿都得到美的熏陶和培养。对有艺术天赋的幼儿要注意发展他们的艺术潜能。

(3)提供自由表现的机会,鼓励幼儿用不同的艺术形式大胆地表达自己的情感、理解和想象,尊重每个幼儿的想法和创造,肯定和接纳他们独特的审美感受和表现方式,分享他们创造的快乐。

(4)在支持、鼓励幼儿积极参加各种艺术活动并大胆表现的同时,帮助他们提高表现的技能和能力。

(5)指导幼儿利用身边的物品或废旧材料制作玩具、手工艺品等来美化自己的生活或开展其他活动。

(6)为幼儿创设展示自己作品的条件,引导幼儿相互交流、相互欣赏、共同提高。

知识拓展

幼儿园教育活动方案的撰写[①]

一、活动的命名

活动名称应反映该活动的内容,一般包括课程模式(主题活动、领域活动、综合活动)、具体的课程内容和班级三部分。

领域活动的活动计划,要先说明该活动属于哪个领域,最好直接以《纲要》中的五大领域(健康、社会、语言、科学和艺术)来命名,有时也可以以学科活动命名。

活动命名常见的问题主要有以下几方面:

一是教师习惯沿用以前的"六科教学法"来命名。例如,将活动直接命名为体育活动、语言活动、科学活动、数学活动、音乐活动、美术活动等。

---

① 佚名.幼儿园教育活动设计[EB/OL].(2016-06-16)[2018-02-28]. https://wenku.baidu.com/view/398638f4915f804d2a16c124.html. 有改动。

二是命名不规范。例如,将社会领域的活动命名为社会性活动,将数学活动命名为计算活动。

三是命名混乱、多样。有的以内容类别来命名,如语言活动直接命名为儿歌《数鸭子》、故事《小黄鸡借伞》,音乐活动直接命名为歌曲《坐飞机》;有的以活动类别来命名,如听说活动命名为《春天来了》,看图讲述活动命名为《小猫钓鱼》,早期阅读活动命名为《三个和尚》。

二、活动目标的确定

幼儿园教育活动的目标是通过某一次或某几次教育活动使幼儿获得所期望的某些发展。活动目标是最为具体的目标,也是各领域目标的下位概念。在教育总目标的指导下,各级各类都有不同的教育目标,如学前教育、高等教育、职业教育等目标不同,这些目标的确定是教育目的具体化的过程。

关于幼儿园教育活动目标的表述,教育学家一直认为:重点应说明学习者行为或能力的变化。活动目标的表述需要包括三个要素:一是行为,即通过活动幼儿能做什么;二是条件,说明这些行为是在什么条件下产生的;三是标准,指出合格行为的最低标准。

一般情况下,教师的"教"(教育目标)常用"教育、帮助、激发、要求"等词语表述;幼儿的"学"(发展目标)常用"学会、喜欢、说出、创编"等词语表述。

三、教育活动的准备

幼儿园的教学过程是幼儿在与教师、同伴或材料的互动中得以主动发展的过程,因而任何一次教学,教师都必须根据课题目标、课题内容认真做准备。

教育活动准备应重视幼儿的经验准备。教育活动准备应该包括物质准备和经验准备两部分。经验准备是教师在备课时对幼儿已有基础的分析,教师在组织任何教学时都要反复"思前""顾后",使每一次教学成为幼儿一步步成长的阶梯、一个个发展的平台,实现教育的联系性和发展性的结合,做到前面的活动为后面的活动做好准备,即前面的活动成为后面活动的铺垫、基础,后面的活动应该是前面活动的发展、提高、升华。

例如,大班学习散文《秋天的雨》准备:观察、感受秋天明显的季节变化;朗诵的录音带、欢快的轻音乐;图画纸及多种美工材料。分析:教师在备课时,考虑"教育活动准备"这一环节时能从幼儿认知规律出发,在"观察、感受秋天明显的季节变化"的基础上再学习散文,这样可以调动幼儿的学习积极性,使其更好地理解散文的意境、内容和情绪情感。

再如,小班科学活动《黄豆爷爷找宝宝》准备:黄豆、各种豆制品、豆浆机、餐盘和勺子等。分析:从课程名称就可看出,幼儿要能认识一些豆制品的名称,才能帮"黄豆爷爷"找到"宝宝",而教师只考虑物质准备,没有考虑幼儿的认知经验。教师在教学时才教孩子认素鸡、千张、豆腐皮、豆浆、豆腐等,拉长了教学时间又影响了"黄豆爷爷"找到自己多个"宝宝"的效果。物质准备要考虑周到、适宜。物质准备是对于每次教育活动所需要的教具、学具、操作材料、场地等的思考和准备,物质准备充分可以保证教育目标顺利达成。

模块二 幼儿园教育活动的原则和方法

一、幼儿园教育活动的原则

幼儿园教育活动的原则是指导幼儿园教育活动的一般原理和对教育教学工作的基本要求。它是根据幼儿园教育活动的目的、任务和幼儿的年龄特点制定的，反映了幼儿园教育活动的客观规律，是幼儿教师长期教育实践经验的概括和总结。

幼儿园教育活动的原则贯穿幼儿园教育活动的全过程，指导教育活动的各个方面，是幼儿教师组织教育活动必须遵循的基本准则。目前，我国幼儿园教育活动的基本原则主要包括以下几项：

1. 思想性原则

思想性原则是指在幼儿园全部教育活动中，必须向幼儿进行辩证唯物主义教育和共产主义道德品质教育，贯彻完成幼儿园德育教育的任务，寓德育于各项活动之中。

在幼儿园教育活动中贯彻思想性原则，就是要通过各种教育活动，运用多种教育手段和方法，遵循一定的准则，对幼儿实施品德教育，其宗旨主要是培养幼儿爱祖国、爱人民、爱劳动、爱科学、爱护公共财物，以及团结友爱、诚实、勇敢、不怕困难、有礼貌、守纪律等优良品德、文明行为习惯和活泼开朗的性格。从小就注重良好的品德教育，为培养有理想、有道德、有文化、有纪律的一代新人打下坚实的基础。

2. 科学性原则

科学性原则是指向幼儿传授的知识、技能应该是正确的、可靠的，是符合客观规律的。教学内容的安排、教学组织形式的选择和教学方法的运用应符合幼儿的年龄特点和幼儿认识事物的规律，应是切实可行的，要保证幼儿园教育活动全过程的科学性。

幼儿期是一个人身心发展最迅速的时期，也是一个人一生智力发展最快的时期。幼儿年龄小、经验少、判断力差、模仿性强，容易接受周围环境的影响和外部刺激，而这一时期形成的认识在大脑中会留下深刻的印象，对其进一步发展将产生深远的影响。如果在教育活动中违背科学性原则，不顾幼儿的年龄特点和幼儿认识事物的规律组织教学，向幼儿灌输一些似是而非、不切实际、非科学性的知识，不仅影响幼儿现在的进步，也会给以后的发展造成障碍。因此，幼儿园教育活动坚持科学性原则是极其重要的，它既能让幼儿在发展的最佳时期获得大量正确、可靠的知识和技能，迅速提高其智力水平，又可为幼儿将来进一步发展奠定良好的基础。

3. 发展性原则

发展性原则是指幼儿园的教育活动要能促进幼儿个性的全面发展，即智力、体力、道德、意志、情感等的发展，使幼儿从现有的发展水平向最近发展区发展。

幼儿园应向幼儿实施体、智、德、美全面发展教育，使其健康活泼地成长，为将来的小学生活打好基础，为造就一代新人打好基础。在教育过程中，无论偏重或忽视哪一方面，都不利于幼儿个性的全面发展，必须面向全体幼儿，把体、智、德、美全方面发展教育贯穿于幼园的各项活动之中。

只有走在发展前面的教学才是良好的教学,即教学不应跟在发展的后面或在已达到的发展水平上进行,而应在没有完全成熟但是正在形成的心理功能的基础上进行。贯彻发展性原则,就必须在充分了解幼儿已有知识和理解能力、智力水平的基础上提出"略为超前"的适度教育方案,把幼儿发展的可能性与积极引导幼儿发展辩证地结合起来,也就是既不宜低估或迁就幼儿的年龄特点,错过发展的机会,又不可揠苗助长,超过幼儿发展的可能性,这样才能使幼儿在最近的发展区获得尽可能的发展和提高。

4. 灵活性原则

灵活性原则是指教师在教育过程中要根据各种因素的差异和变化,机智、灵活、富有创造性地组织活动。也就是说,保证幼儿园教育活动内容丰富多彩、形式活泼多样、方法灵活多变和过程随机应变。

在幼儿园教育活动全过程中,无论是教育环境的选择和创设,还是教育计划的制订和执行,教师都会遇到许多复杂多变的情况,特别是受教育者生理、心理、知识经验、认知能力等方面差异的影响。因此,教师不仅要认真研究幼儿园教育活动的规律和特点,而且要认真研究幼儿的年龄特点和个性差异,正确估计幼儿的实际水平,深入了解不同幼儿的发展状况,结合本地区、本园的实际条件,制订出切实可行的计划,并随着各种因素的变化不断调整计划。同时还要灵活运用多种教育手段和方法,因地制宜,因人因材施教。只有这样,才能充分利用任何一个教育的机会,取得良好的教育效果。

5. 直观性原则

直观性原则是指利用幼儿的各种感官和已有经验,通过各种直观手段吸引幼儿的注意力,丰富幼儿的直接经验和感性知识,帮助幼儿形成正确的概念,获取知识和技能,发展智力。

直观性原则是根据幼儿思维形象具体的特点,为解决教育中词、概念和事物之间的矛盾关系而提出的。它符合幼儿第一信号系统占优势的特点,能使教育活动生动形象、自然活泼,激发幼儿的学习兴趣和积极性,集中幼儿注意力,有助于幼儿理解、接受和记忆,发展幼儿观察力和形象思维能力,对提高教学效果有重要作用。通常运用的主要直观手段有以下几种:

(1) 实物直观。实物直观包括观察实物、标本,进行实地参观,做小实验等。
(2) 模具直观。模具直观包括观察图片、图书、玩具、模型、贴绒、教具、沙盘等。
(3) 电化教育直观。电化教育直观包括观看幻灯片、录像、电影、电视,听录音、唱片等。
(4) 语言直观。语言直观指教师生动、形象、准确的语言描述。
(5) 动作直观。动作直观包括演示、示范、教态等。

6. 趣味性原则

趣味性原则是指在幼儿园教育活动中,教师必须使各教育环节充满趣味,以引起幼儿浓厚的学习兴趣,激发幼儿学习的积极性和求知欲,使幼儿在愉快的气氛中,带着喜悦的情绪,全身心地投入到活动中去,获取知识和技能。趣味性原则即要寓教育于娱乐之中。

幼儿认识的发展尚处于无意性占优势的阶段,他们的学习往往受兴趣支配,而兴趣主要来自周围环境的影响和刺激,受好奇心理的支配。幼儿年龄越小,越缺乏活动的目的性,情绪不稳定,注意力不能长时间集中,不会做意志上的种种努力,完全依靠外界环境与教学中提供的各种积极刺激。因此,只有教育的内容、活动形式、方法等符合幼儿的特点,使他们能接受并产生感兴趣的刺激,才能激发幼儿参加活动的主动性和积极性,使幼儿产生强烈的求知欲望。这就要求在幼儿园教育活动中,必须结合幼儿的年龄特点,以活动全过程各个环节的趣味性来激发幼儿学习的兴趣和主动性、积极性,让幼儿在整个活动中保持较持久的注意力,身心处于最活跃的状态,内在的潜能得到充分的发挥。例如,各种形式的游戏活动,是幼儿普遍感兴趣的活动,如果在游戏中增加竞赛性则更能引起幼儿参与活动的兴趣。竞赛性活动是最符合幼儿年龄特点的一种积极活动,也是幼儿获取知识、发展智力的有效方法和途径,在幼儿园教育活动中被最广泛地运用。可见,在幼儿园教育活动中,引导、激发幼儿对活动的兴趣是调动幼儿学习的主动性和积极性的重要手段,是幼儿园教育工作的一个非常重要的原则。

7. 保教结合原则

保教结合原则是指在幼儿园教育活动中,教师要树立保教并重的思想,把保育和教育有机地结合起来,使幼儿在健康成长的同时增长知识和技能,发展智力的同时形成良好的品德和行为习惯,身心得到全面发展。

幼儿园教育活动包括保育和教育两方面的内容。"保育"就是精心照料幼儿生活,保护幼儿健康,包括:健全吃饭、穿衣、睡觉等合理的生活制度和提出具体要求;注意个人和环境卫生,预防疾病,保证身体健康;科学地开展形式多样的体育锻炼,增强幼儿体质等。除此之外,还应注意对幼儿进行心理保育。"教育"就是按照体、智、德、美的要求,有目的、有计划地对幼儿实施全面发展教育,包括卫生保健和安全教育。培养幼儿形成良好的生活卫生习惯和自我保护意识,发展基本动作。向幼儿传授周围生活中粗浅的知识和技能,发展幼儿的语言表达能力和智力,培养良好的思想品德和行为习惯等。

保教结合原则不仅是我国幼儿园发展的教育方针在幼儿园教育实践活动中的具体体现,也是我国幼教工作者长期工作经验的总结,是促进幼儿身心全面健康发展的基本原则。因此,在幼儿园总体教育中,既不能只抓保育、不顾教育,也不能只抓教育、忽视保育,必须把两者有机地结合起来。在幼儿园的各项具体工作中,要始终坚持保教结合的原则,既要注意在教育活动中加强对幼儿的保护,又要注意发挥日常生活活动的教育作用。

8. 环境教育原则

环境教育原则即在幼儿园教育活动中,利用环境中的教育因素,为幼儿教育服务,促进幼儿健康成长、顺利发展。

环境包括物质环境和精神环境。幼儿周围生活中的物质环境主要是有形的、看得见的、摸得着的自然环境、家庭环境、幼儿园环境、社区环境等。精神环境主要是隐性的、无声无形的,如家庭成员的人际关系,对幼儿的教养态度,幼儿园的教养管理制度,一日活动的组织安排,课程模式,教育内容,活动方式,教师素质,教育集体中成员之间的人际关系,社区、社会的文化、科学、信息等。

《纲要》提出:"环境是重要的教育资源,应通过环境的创设和利用,有效地促进幼儿的发展。"环境是人赖以生存和发展的物质、心理、社会等条件的综合,是幼儿教育和发展的宝贵资源。遵循环境教育原则应注意以下几个问题:

(1)《纲要》指出,幼儿园应为幼儿提供健康、丰富的生活和活动环境,满足他们多方面发展的需要。

(2)促使幼儿在与环境积极主动的相互作用中,认识个人及生活共同体与环境的依存关系,感受和体验环境对自己的价值、作用和意义,从而喜爱环境,珍惜和保护环境。

(3)利用并开发丰富的物质环境和精神环境资源,自觉抵制环境中不利于幼儿身心发展的各种因素,优化、净化、美化幼儿的生活与教育环境。

(4)协同幼儿家庭、社区、幼教机构、社会等各方面力量共同为幼儿生成或共建文明、健康、和谐的物质与精神环境。

二、幼儿园教育活动的方法

1. 游戏法

游戏法是指教师采用游戏的形式或以游戏的口吻进行教育教学的方法,它体现了幼儿园教育活动的显著特点,是幼儿园教育活动的主要方法。运用游戏的方法来组织教学,符合幼儿乐嬉戏的天性,能够激发幼儿学习的兴趣,使幼儿集中注意力,能充分调动幼儿学习的主动性、积极性。

运用游戏法教学时应注意以下几点:

(1)根据具体的教学目的、任务、内容设计合适的游戏化教学模式。常用于集体教学中的游戏有:语言教学中的听说游戏、艺术教学中的音乐游戏、健康领域的体育游戏、科学活动中的认知小游戏等。运用游戏法教学目的在于以游戏的方式让儿童积极参与教育活动,从而完成一定的教学任务。这种形式可以组织全体幼儿进行,也可以以小组或个别幼儿的形式进行。

(2)幼儿园教育活动中采用的游戏与平时的游戏活动是有区别的,平时的游戏活动是让孩子自主参与,在游戏中获得快乐,不特别强调完成一定的教学任务。

(3)在幼儿园教育教学中,各年龄班运用游戏化教学的比重应有所不同。幼儿年龄越小,在教学中宜越多采用游戏法,随着儿童年龄的增长、知识经验的丰富、语言和智力的发展,可以适当减少游戏法的比重,综合运用多种方法教学。

2. 直观法

在教育活动中运用的演示、示范、运用范例等方法都属于直观法,直观法符合幼儿的思维特点,是幼儿园教育教学活动中常用的方法。

演示是指教师通过向幼儿展示各种实物或直观教具,引导幼儿按一定的顺序注意物体的各个方面和各种特征,使幼儿获得对某一事物或现象较完整的感性认识的教学方法。在科学活动、语言活动中较常使用演示法,如认识小动物,教师一般会先出示实物引导幼儿观察,大班也可通过出示动物图卡引出幼儿已有的生活经验开展教学。

示范或运用范例是指教师通过自己的或幼儿的动作、语言、声音或经过选择的图画、剪纸和典型事例,为幼儿提供模仿的对象,使幼儿模仿、学习的教学方法。例如,在艺术教学中教师示范唱、画或舞蹈动作;在体育教学中教师示范体操动作;在语言教学中教师示范讲故事、朗诵儿歌。

运用直观法时应注意以下几点:

(1)演示、示范的动作要稍慢,保证幼儿能看清每一个步骤。
(2)演示、示范时身体不要挡住幼儿的视线,注意距离和角度。
(3)演示、示范的同时常结合语言的讲解,讲解语言应简洁、恰当,保证幼儿能理解。

3.观察法

观察法是指幼儿在教师或成人的指导下,有目的地感知客观事物的方法和幼儿自发的观察方法。观察法是幼儿认识周围世界,取得直接经验的重要途径,是幼儿园教育活动的基本方法。观察法符合人的认知规律和幼儿的认知特点,幼儿教育机构的各项活动都离不开幼儿的观察。运用观察法可以通过幼儿与客体的相互作用,丰富幼儿的感性经验,扩大幼儿的眼界。结合幼儿好玩好动的天性,通过幼儿在观察过程中的看一看、闻一闻、摸一摸、尝一尝、嗅一嗅等方法,有效地刺激幼儿的各种感觉器官,锻炼幼儿的感觉、知觉的敏锐性和大脑机能,促进幼儿语言和智力的发展,激发幼儿的求知欲,培养幼儿对周围事物的关注和积极态度。

运用观察法时应注意以下几点:

(1)根据教学目标专门组织的观察活动要做好观察前的准备工作,包括确定观察目的、选择观察对象、拟订观察计划、创设观察环境条件等。例如,春天来了,要让幼儿观察桃花,就要事先拟订户外观察的计划、目标,选好观察桃花的地点,做好安全防护等准备工作。

(2)组织幼儿进行观察活动前,教师或成人要激发幼儿的观察兴趣,提出明确具体的观察要求,引导幼儿运用各种感官进行观察,获取经验。例如,教师或成人带幼儿到户外观察桃花,可以将幼儿引领到桃树下,提出下列问题:小朋友们看,春天美不美呀?桃花漂亮吗?小朋友们仔细看看,桃花是什么颜色,什么形状,由几个花瓣儿组成的?桃树是先开花还是先长叶呢?它与杏花、梨花有什么不同呢?小朋友可以把你观察到的与小伙伴说说。

(3)在幼儿观察过程中,教师应多提具有启发性、开放性的问题,以适当的手势引导幼儿观察事物的主要特征、变化和细节。

(4)在观察结束时,教师应组织幼儿进行总结性谈话,使幼儿的经验和印象得到整理和巩固,并形成概念。

(5)运用观察法,重点在于教会孩子观察事物的方法。在观察活动中,教师或成人要让幼儿学会认识事物的方法:不仅要学会有顺序地观察个别物体或现象,处理好局部与整体、由外到里、由近及远、由动到静的关系,而且要处理好两种及两种以上物体的对比观察,如引导孩子认识葡萄和西瓜、大象和老鼠(差异性观察),认识狼和狗、青蛙和蟾蜍、蛇和鳝鱼(相似性观察)等;不仅要学会短时观察把握事物特征,而且要学会长期跟踪个案观察,如观察蝌蚪变青蛙、蚕宝宝的成长、种子的发芽等;学会正确使用观察工具,做好观察记录。教师或家长还应多鼓励幼儿进行自我观察。

4.操作法

操作法是指使幼儿按照一定的要求和程序通过自身的实践活动进行学习的方法。幼儿的发展是通过自身的活动进行的。操作法符合幼儿好动好玩的天性,动手操作是幼儿认识世界的重要实践活动,也是幼儿学习新知识、形成技能技巧的方法。在幼儿园教育活动中,要充分体现活动性原则,给幼儿动手动脑的机会,多运用操作法,如科学领域的分类活动、排列活动,艺术领域的形体训练、手工泥工等。

运用操作法时应注意以下几点：
（1）要根据活动目标和幼儿的年龄特点，提供适合每一个幼儿认知水平和技能的操作材料。
（2）要使幼儿明确操作的目的，启发幼儿操作的积极性。
（3）要交给幼儿操作的基本方法和步骤，鼓励他们敢于动手，大胆操作。
（4）操作的方式要多种多样，避免让幼儿机械、简单地重复操作动作。

5. 发现法

发现法是由美国心理学家布鲁纳所倡导的，是指教师提供给幼儿进行发现活动的材料，使他们通过自己的探索、尝试过程，发现问题的教学方法。发现法容易激发幼儿的兴趣和内部学习动机，有益于幼儿主动性、积极性的发挥，有利于幼儿智力、创造力和独立能力的发展，还能丰富幼儿的知识经验，且易于记忆、迁移和运用。

运用发现法时应注意以下几点：
（1）要为幼儿创设良好的学习环境和物质条件，提供充分的活动时间，教给幼儿感知、探索、观察等发现、学习的方法。
（2）要在幼儿已有的知识经验的基础上运用发现法，要符合幼儿的认知水平，引导幼儿去发现周围生活中能理解的、容易捕捉到的事物和现象。
（3）要引导幼儿通过思考，将发现结果加工整理成明确的概念或经验，并用语言描述自己的发现成果。
（4）应对幼儿的发现多鼓励或赏识，鼓励幼儿积极提问、大胆探索。

6. 口授法

口授法是指教师通过口头语言系统地向幼儿传授知识、经验的一种教学方法。口语是教师与幼儿相互交流的主要媒介，教师经常用口语指导幼儿的各类活动，为幼儿提供信息、解释事物，向幼儿提问，与幼儿进行交流和讨论等。

幼儿园教育活动中的口授法，主要包括讲解、讲述、提问、谈话、讨论等。

讲解是指教师用幼儿能理解的语言来解释和说明某事某物的一种方法。

讲述是指教师通过口头语言生动地叙述事物、朗诵文艺作品的一种语言表达方式。

提问是指教师通过提出启发幼儿思维的问题，组织幼儿进行问答和讨论的一种教育方法。

谈话是指教师根据幼儿已有的知识和经验，通过提问，引导幼儿思考，与幼儿进行交流，使幼儿获得相应知识和经验的一种互动教育方法。

讨论是指在指导教师的组织下，通过提出交流话题，引导幼儿在已有的知识和经验的基础上发表自己的见解，进行集体交流的一种语言表达形式。

运用口授法时应注意以下几点：
（1）讲解的语言要生动形象、清晰准确、浅显易懂、简明扼要、富有感情，幼儿愿意听且听得懂。
（2）讲解时尽量与演示、示范结合，或辅以适当的肢体语言，做到形神兼备，利于幼儿理解。
（3）提问时要考虑提问的艺术，提问应围绕主题、由浅入深、具体明确、富有启发性和逻辑性。多提启发性、开放性的问题,让幼儿展开想象,运用已有知识和经验大胆思考。

(4) 谈论的主题应在幼儿的认知经验范围内,属于幼儿感兴趣的内容,利于幼儿丰富认知经验,发展语言表达能力。

7. 电教法

电教法是指以电影、电视、幻灯、录像、录音、电脑及网络的多媒体课件等现代教学手段,综合使用声音、形象和色彩等的一种先进的教学方法,它具有生动活泼、具体形象、富有吸引力和感染力等特点。这种方法由于新颖生动、易于理解而备受幼儿喜爱。

运用电教法时应注意以下几点:

(1) 电教法不是用得越多越好,要适当运用。因为直接的感知是幼儿最好的学习方式,而电教法提供的视听材料是一种间接的材料。

(2) 运用电教法应给幼儿留出充足的思考时间,内容要符合教学目的和幼儿的发展需要,不能只图热闹。

(3) 运用电教法必须深入分析教学内容和教学过程,周密考虑使用的步骤和恰当的场合,以达到预期的效果。

模块三 幼儿园教育活动的基本类型

幼儿园教育活动可以从不同维度进行不同的分类。

一、按幼儿一日活动的特征分类

按幼儿一日活动的特征,幼儿园教育活动可以分为以下几类:

(1) 生活活动。生活活动是指幼儿在园内一日生活中的进餐、饮水、睡眠、盥洗、如厕等。它是培养幼儿良好行为习惯的主要途径,如饭前便后洗手、排队喝水等良好习惯的养成;也是培养幼儿社会性的主要途径,如分享、合作等品质的养成;另外,也为对幼儿进行个别教育提供了最佳时机,如不良习惯的纠正等。因此,在生活活动中,教师要根据幼儿的身心特点,建立合理的生活常规,逐渐培养幼儿生活自理、自立的良好习惯。

(2) 学习活动。学习活动如语言、科学、健康、社会、艺术等的学习。

(3) 游戏活动(区域活动)。游戏活动又称活动区(活动角)活动,是指幼儿在活动区进行的以自由游戏为特征的活动,是幼儿在园内一日生活的主要活动之一,是满足幼儿不同兴趣和需要的最好途径。

通过游戏活动,可满足幼儿交往的需要,丰富幼儿的生活经验,让幼儿勇于尝试和探索,培养幼儿积极的活动态度,促进幼儿创造性和个性的发展。

常见的活动区(活动角)有角色游戏区、积木区、音乐角、嬉水区、沙池区、科学区、语言区、美工区、故事角、图书区等。

(4) 劳动活动。劳动活动有清洁椅子等自我服务劳动和整理自然角、喂养小动物等公益劳动。

二、按教育内容(领域)分类

按教育内容(领域)的不同,幼儿园教育活动可分为以下几类:

(1) 分学科式教育活动。分学科式教学历史久远,自20世纪50年代起至90年代初,受苏联幼儿园教育思想的影响,按学科划分的课程成为我国普遍采用的一种课程模式。

学科课程是指以学科为中心的课程,即把有价值的知识系统化,形成一定的科目或学科,将这些知识传授给学生,以达到教育目标的课程。分学科式教育活动的目标是以知识技能为主线的各学科(领域)的目标,而不是幼儿的学习经验。分学科式教育活动内容的选择依据学科科目本身的逻辑顺序,活动设计者决定内容并设计、实施活动。活动评价的标准是预定的目标是否达成。

在分学科式教育活动中,教学形式以集体教学、分组教学为主。教学过程以教师为主导,分教学前、教学过程中及教学结束。对于新教师来讲,掌握分学科教学的方法仍是组织教学活动的基础,待具有一定的实践经验之后再进行综合、整合、灵活运用。

小活动

数学教育活动:五个保龄球[①]

【活动目标】

(1) 让幼儿懂得5可以由不同的两个数组成;
(2) 让幼儿能用语言表达5及其组成。

【活动准备】

(1) 玩具保龄球瓶和保龄球若干套。
(2) 双色塑料原片(雪花图片)数十片。
(3) 直立的和横倒的保龄球图片各若干张。
(4) 1~5的数字图片各若干张。

【活动过程】

(1) 让幼儿玩打保龄球,要求幼儿打完球后,说出"我打倒×个保龄球,还有×个没有打倒"。
(2) 观看教师打保龄球,要求幼儿说出"打倒了×个,还有×个没有打倒,5可以分成×和×",然后在黑板上贴上与结果一致的直立和倒下的保龄球图片。
(3) 观看教师打保龄球,重复上次的说法,同时在黑板上贴上数字图片。
(4) 数"雪花图片",给每个幼儿发5片双色塑料片,要求幼儿撒在桌上,然后观察两种图片各有几片,要求幼儿说出来,陈述"5可以分成几和几"。

(2) 综合主题式教育活动(单元式主体活动)。综合主题式教育活动是在分学科式教育

[①] 倪志明. 幼儿园教育活动的设计[EB/OL]. [2017-11-20] http://www.tceic.com/7805jk8j84868762iggkj587.html.

活动的基础上,为了改变分学科教学中重知识轻能力、重教师主导轻幼儿主体的教学弊端,而自20世纪90年代中后期以来被广泛采用的一种活动模式。

综合主题式教育活动主要是指以某一主题为中心组织课程,打破学科或领域的界限,把学习内容融会成一种新的体系,其特点是建立各学科之间的自然、有机的联系。综合主题式教育活动的内容既可以是以某一学科知识为线索,渗透其他学科知识的知识体系,也可以是以幼儿的兴趣为出发点的有益的系列活动。

三、按组织形式分类

组织形式是指教师组织幼儿参与教育活动的形式。根据组织形式的不同,幼儿园教育活动一般可以分为集体教育活动、小组教育活动、个体教育活动和自选教育活动四种。

(1) 集体教育活动。集体教育活动一般是在教师的直接指导、组织下进行的活动,其特点是全班幼儿在同一时间内做同样的事情,活动过程以教师的引导和组织为主。

(2) 小组教育活动。小组教育活动就是将全班幼儿分成几个小组进行的活动。小组教育活动容易调动幼儿操作材料的主动性和积极性,促进幼儿和小伙伴、教师的谈论或交流。

(3) 个体教育活动。个体教育活动一般是由一位教师面对一两名幼儿进行指导的活动,也可以是幼儿自发、自由的活动。这种活动形式更易于教师增强对幼儿的了解,因材施教。个体教育活动的作用在于能满足不同个体的学习需求,让每个幼儿按照自己的兴趣特点、发展速度、认知风格去探索周围的世界,有益于幼儿创造性的发展,为幼儿提供了更为自由的活动空间。

(4) 自选教育活动。自选教育活动是幼儿与环境(物或同伴)直接联系的方式,幼儿可根据自己的兴趣和需要,自由选择活动的内容、材料,并由自己决定活动的方式和合作伙伴等。教师的作用是创设环境,为幼儿提供活动的材料和空间,面向全体,间接参与观察或指导幼儿的活动。幼儿园开展的各种区角活动、自选游戏活动等,都属于自选教育活动。

实 践 活 动

实践项目一 今年是什么年[①]

【活动目标】
(1) 知道今年是什么年,初步了解十二生肖的排列顺序。
(2) 知道自己的属相,感受中国独特的生肖文化。

【活动准备】
《今年是什么年》PPT。

【活动过程】
一、引导幼儿了解今年是什么年
(1) 教师:"孩子们,你们知道今年是什么年吗?"

---

① 佚名.中班社会优秀教案:今年什么年[EB/OL].(2016-08-18)[2018-02-28]http://www.youjiao.com/e/20160818/57b529e5984f5.shtml.

请幼儿自由发言。

(2) 出示当年生肖动物。

教师:"你喜欢这个生肖动物吗?为什么它在今年特别多?"(因为今年是狗年,它们形象可爱,象征着新年吉祥如意)

(3) 教师出示并朗读对联:狗看门户喜无恙,人积粮棉岁有余。

请幼儿说说是否听到对联里有"狗"字,这副对联讲的是什么意思。

(4) 教师出示并朗读对联:狗到人间万户春,雪消门外千山绿。

请幼儿说说这副对联讲的是什么意思。

(5) 教师:"过年时,人们除了喜欢贴有生肖名的对联外,还喜欢互相说一些带有生肖名的祝福语。例如,在羊年,我们会说'愿你喜气洋洋';在虎年,我们会说'愿你虎虎生威';在马年,我们会说'祝你马到成功';在狗年,我们会说'好运旺旺';在鸡年,我们会说'金鸡报春';在猪年,我们会说'诸事大吉'。"

(6) 教师:"那么今年是狗年,你们知道哪些关于'狗'的吉祥话或是祝福语?"(老师引导幼儿说说关于狗年的一些吉祥话)

二、讲述"我们属什么",知道一个生肖就是一年

教师:"你们知道自己的属相是什么吗?"

教师:"那今年是狗年,出生的宝宝属什么你们知道吗?"

教师:"明年出生的宝宝属什么呢?明年还没到,我们怎么才能知道明年是什么年呢?"

三、了解十二生肖的故事,知道十二生肖是按一定顺序排列的

(1) 逐一出示十二生肖形象。

教师:"生肖只有我们中国才有,外国是没有的,我们一起来看看这些生肖吧!"(引导幼儿数数,知道一共有十二生肖)

(2) 倾听十二生肖的故事。

教师:"关于十二生肖还有个故事呢,我们一起来听听吧。听完你们就知道十二生肖是怎么回事了,也能知道明年是什么年,明年出生的宝宝属什么了。"

(3) 了解十二生肖的排列顺序,感受中国独特的生肖文化。

教师:"每年都有一个生肖。牛年出生的属牛,龙年出生的属龙,兔年出生的属兔。"

教师:"听了故事,你们知道十二生肖的排列顺序是怎样的吗?"(引导幼儿说说)

教师:"现在知道明年是什么年,明年出生的宝宝属什么吗?"

教师:"十二生肖是按一定顺序排列的,谁排在前谁排在后是有顺序的,不能乱排。"

实践项目二 四季自然角[①]

【活动建议】

(1) 教师应根据季节的变化和当地的自然环境条件扩展自然角的内容,不要局限于书中举的例子。

(2) 要鼓励幼儿积极参与自然角的创设与管理,充分发挥自然角对幼儿的教育作用。

---

① 佚名.幼儿教案:四季自然角[EB/OL].(2017-10-16)[2018-02-28].https://www.liuxue86.com/a/3416347.html.

【活动目标】
通过照顾、观察自然角,使幼儿发现动、植物的生长变化,增进幼儿对饲养和种植活动的兴趣。

【活动准备】
鱼缸、花盆、记录本、放大镜等。

【活动过程】
1. 活动一——春天的自然角
(1) 种子发芽:在盘子里放一层棉花,用水将其浸湿,然后撒上一些不同的种子。引导幼儿观察种子发芽的过程,比较不同的种子发出的嫩芽有什么不同。

用一根细铁丝穿上三粒蚕豆插到瓶子里。然后往瓶子里倒些水,使最下面一粒蚕豆完全浸在水中,中间一粒恰巧在水面上,最上面一粒则离开水面。过几天后,让幼儿观察、比较三粒蚕豆发生了什么变化,并启发他们想一想,为什么三粒蚕豆会发生不同的变化。

(2) 瓶插:带领幼儿采集柳树、桃树、杏树的枝条,插在装水的瓶子里。每天让幼儿观察它们的变化。

(3) 饲养小动物:让幼儿将蚕、小蝌蚪、小鱼、乌龟、小鸡、小鸭等小动物带到幼儿园,放在自然角饲养。鼓励幼儿注意观察小动物的变化。

2. 活动二——夏天的自然角
(1) 养花:将夏季常见的盆花摆放到自然角,供幼儿欣赏。
(2) 饲养动物:带幼儿捕捉并饲养蜗牛、蝉、蚯蚓等小动物。也可制作蝴蝶、蜻蜓标本,将其摆放到自然角,供幼儿观察。同时要教育幼儿保护益虫。
(3) 天气日记:在室外建立一个小小气象观测站,让幼儿轮流观察天气的变化,并做天气日记。

3. 活动三——秋天的自然角
(1) 果实娃娃:让幼儿搜集各种成熟的果实,在果实上粘贴五官,制成果实娃娃,如苹果娃娃、南瓜娃娃等。将这些果实娃娃摆放到自然角,供幼儿欣赏。
(2) 种子盒:鼓励幼儿采集各种种子,放到盒子或瓶子里,并贴上标记。
(3) 树叶画:带领幼儿捡落叶,用各种颜色、形状的落叶粘贴树叶画。将树叶画摆放到自然角或挂在墙上供幼儿欣赏。
(4) 养菊花:将几盆菊花放到自然角,让幼儿轮流照顾菊花,给菊花画像。
(5) 昆虫标本:带领幼儿捉虫子。将活的昆虫放到笼子或瓶子里饲养。将死去的昆虫制成标本。将昆虫和标本放到自然角,鼓励幼儿每天去观察。

4. 活动四——冬天的自然角
(1) 萝卜白菜花:将萝卜的上半截从拦腰处挖成一个小碗,里面泡上白菜心,挂到太阳能照射到的地方。让幼儿每天往里面浇些水,并观察它的变化。萝卜、白菜会同时发芽、长大、开花,出现奇妙的景象。
(2) 水仙花:将水仙花头泡在清水中,用小石子固定,放在阳光下。让幼儿轮流照顾,并做观察日记画。约一个月左右开花。
(3) 冰花:寒冷的日子里,准备一些小容器、小模子等,让幼儿用水冻冰花。

可在水中放些颜料或彩纸,放到室外,过一会儿(或一个夜晚),会形成五颜六色的冰花。
(4) 宠物角:让幼儿将家中饲养的小动物带到幼儿园来饲养(金鱼、乌龟、小兔、小猫等),让幼儿轮流照顾小动物,每天要观察、爱抚小动物。

知识巩固

1. 幼儿园教育活动的任务是什么?
2. 幼儿园教育活动具有哪些特点?
3. 幼儿园教育活动有哪些类型?
4. 以"我的爸爸妈妈"为主题设计一个幼儿园主题活动方案。
5. 以"动物怎样过冬"为主题设计一个分学科式教育活动方案。

单元 2　幼儿园健康教育

学习目标

- 了解幼儿园健康教育的特点和意义；
- 了解幼儿园健康教育的目标；
- 掌握幼儿园健康教育的内容；
- 掌握幼儿园健康教育的方法和途径；
- 能够设计幼儿园健康教育活动；
- 能够对幼儿园健康教育活动进行评析。

案例导入

在餐前准备时，我组织幼儿如厕、洗手，当我喊道小雅那一组时，小朋友都大步流星地走进厕所，只有小雅没有动静，依然坐在座位上。我来到她的身边蹲下来，拉着她的小手告诉她："马上就要吃饭了，要去解小便、洗手吃饭啦！"她一个劲地摇头说："我没有小便。"我怕强迫她去会引起她紧张，她说没有，我便没有再要求了。吃完饭带着孩子们散步回来以后，我再次组织小朋友如厕，我来到小雅的身边对她说："马上就要睡觉了，要是不尿尿，憋着会肚子痛，到时还会尿床，好羞羞。"小雅听我这么一说，伸出小手示意要和我拉手并对我说："老师你陪我一起尿尿。"小雅进步了，离改掉这个不良习惯又前进了一步[1]。

幼儿园健康教育是健康教育的基础，它能够帮助幼儿提高对健康的认识水平，改善对个人卫生和公共卫生的态度，养成良好的生活卫生习惯、学习卫生习惯，以及通过体育锻炼获取健康的意识。因此，幼儿园健康教育不仅能为培养幼儿强健的体魄打下基础，而且还有利于培养幼儿乐观向上、自信进取等良好的个性和心理品质。

---

[1] 聚优. 幼儿园个案观察记录：一个会憋尿的孩子[EB/OL]. (2016-07-28)[2018-02-28]. http://www.jy135.com/jiaoyu/200741.html.

模块一 幼儿园健康教育概述

一、幼儿园健康教育的概念

幼儿园健康教育是根据幼儿心理发展的特点,以提高幼儿的健康认识、改善幼儿的健康态度、培养幼儿的健康行为、维护和促进幼儿的身心健康为最终目标而开展的有组织、有计划、有目的的一系列教育活动。

在我国幼儿教育领域中首先使用"健康教育"一词的是陈鹤琴先生,他认为"五指活动"(陈鹤琴以人的五个连为一体的手指做比喻,创造性地提出了课程结构的"五指活动"理论。他认为,五指活动包括以下五个方面:健康活动;社会活动;科学活动;艺术活动;语文活动。这五个方面是相互联系的,就像人的五个手指,共同构成了具有整体功能的手掌)的第一个方面就是"儿童健康",包括饮食、睡眠、早操、游戏、户外活动、散步等。在20世纪教育部所颁布的4部关于学龄前儿童教育的纲领性文件中,多用"体育""生活卫生习惯""安全教育""生理和心理卫生保健"等词语来表示与健康教育有关的内容,而且保育与教育是分列的。到了20世纪90年代,融合了"卫生保健""饮食营养""体育锻炼""安全保护""心理健康"等各方面内容的"健康教育"概念逐渐为人们所接受,并体现在教育部2001年颁布的《纲要》中。

概言之,幼儿园健康教育的内容包括六个方面:日常健康行为教育、饮食营养教育、身体生长教育、安全生活教育、心理健康教育和体育锻炼。

> **知识拓展**
>
> ### 如何衡量幼儿的健康①
>
> 幼儿的生理健康是指幼儿各个器官、组织的生长发育正常,没有生理缺陷,可以有效抵抗各种急、慢性疾病,体质不断增强。
>
> 幼儿生长发育最常用的评价指标是形态指标,即身体及其各部分在形态上可测出的各种量度,如体重、身长、头围、胸围、臀围、坐高、皮下脂肪等。目前幼儿生长发育评价标准参照国际通用的由世界卫生组织推荐的0~6岁儿童体格心智发育评价标准。健康幼儿的主要表现如下:
>
> (1) 身体发育正常,身高和体重均按时增长,无矮胖型或豆芽体型的发展倾向。
> (2) 皮肤光滑,没有变色、疹子、过分干燥或表皮油脂过多等现象。
> (3) 毛发整齐有光泽。
> (4) 眼睛明亮有神,眼白清洁无暇,眼圈不发黑。
> (5) 牙齿清洁整齐,无蛀齿。
> (6) 不用口呼吸。
> (7) 手指清洁,指甲修整,不存污垢。

---

① 佚名.幼儿生长发育的规律以及身心健康[EB/OL].[2018-02-28]. http://data.06abc.com/20160311/48389.html.

(8）脚趾向前,无弯曲现象,非扁平足。
(9）坐、卧、立、行都能保持良好姿势。
(10）身体各部分功能正常。
(11）运动后虽有些疲劳,但经过适当休息,即可恢复正常。
(12）食欲良好,睡眠正常,且定时大便。
(13）在游戏和身体姿势方面,能够表现出与其年龄、性别、体型和运动经验相适应的技巧。
(14）患病率和事故率不超过同一年龄、同一性别的儿童。

二、幼儿园健康教育的特点

幼儿园健康教育具有以下特点:

1.空间的渗透性

空间的渗透性表现在两个方面:一是幼儿健康行为的养成表现在一日生活中的各个环节;二是在幼儿园教育中,健康教育不仅在专门的健康教学活动中进行,同时也会更多地渗透到日常生活、游戏及其他教学活动中。

2.时间的延续性

幼儿园健康教育是以提高幼儿的健康认识、改善幼儿的健康态度、培养幼儿的健康行为为目的的。其中,健康行为的培养是最终目标,而幼儿健康行为的养成不是通过一两次活动就能实现的,它要通过长期的巩固才能实现。此外,由于多种因素的影响,健康行为的形成还会有反复现象。

3.实施者的多元化

由于幼儿园健康教育在时间和空间上无所不在,因此幼儿园中除教师外的其他成人群体也能成为健康教育的实施者,特别是负责卫生保健工作的保育员,在幼儿健康教育方面扮演着重要角色。

4.内容和要求有难度

幼儿园健康教育是以幼儿的身心健康发展为核心目标的,为了保护幼儿的生命、促进幼儿的健康,幼儿园健康教育的某些内容与要求并不一定能马上被幼儿理解。

5.成效的长期性

幼儿园健康教育的效果往往不是马上就能看到的,当前具有的健康知识、健康态度和健康行为往往需要主体的努力维持才能最终引起健康状况的改善。

三、幼儿园健康教育的意义

《纲要》明确指出:"幼儿园必须把保护幼儿的生命和促进幼儿的健康放在工作的首位。树立正确的健康观念,在重视幼儿身体健康的同时,要高度重视幼儿的心理健康。"因此,幼儿园健康教育要以实现幼儿的身心健康为目标,提高幼儿对健康的认识水平,帮助幼儿逐步形成有益于健康的行为和习惯,提高自我保健和自我保护的意识和能力,促进身心和谐健康发展,帮助幼儿逐渐学会以健康的方式来生活。可见,对幼儿进行健康教育具有十分重要的意义。

1. 是保护幼儿健康成长的特殊需要

幼儿的身体器官、系统的发育和功能尚未完善,自我保护意识、对疾病的抵抗能力、对环境的适应能力较弱,容易受到伤害;心理发展迅速,易受多种因素影响。因此,幼儿要接受适当的健康教育,参与力所能及的健康活动,以学到更多的健康知识,改善自己的健康态度,形成有利于自身和他人健康的行为。

2. 将为幼儿一生的健康和生活奠定良好的基础

幼儿园健康教育是终身健康教育的基础阶段,幼儿时期的健康不仅能提高幼儿的生命质量,而且将为其以后一生的健康奠定基础,赢得时间。

3. 是对幼儿进行全面素质教育的重要组成部分

幼儿的全面素质教育包括身心健康素质的教育、智能素质的教育、品德素质的教育和审美素质的教育。幼儿园健康教育在促进幼儿身心健康发展的同时,还能促进幼儿其他方面的发展。例如,幼儿学习体操,不仅能锻炼身体,还能学习与同伴如何相处,能欣赏美的音乐和美的动作等。这些都有利于幼儿素质的全面发展。

4. 是国家、民族发展的需要

《中共中央、国务院关于深化教育改革,全面推进素质教育的决定》指出:"健康体魄是青少年为祖国和人民服务的基本前提,是中华民族旺盛生命力的体现。"幼儿的健康是提高人口素质、民族素质的重要保证。只有个体的身心健康,才能促进整个国家、民族的强大和繁荣。

模块二　幼儿园健康教育的目标和内容

一、幼儿园健康教育的目标

幼儿园健康教育的目标是指通过健康教育活动使幼儿的身心发展达到应有的健康水平。幼儿园健康教育对幼儿身心健康的发展具有预知和规范的作用,也是衡量健康教育活动成效的评价尺度。

幼儿园健康教育的目标一般包含四个层面,即幼儿园健康教育的总目标、分类目标、年龄阶段目标及具体教育活动目标。

1. 幼儿园健康教育的总目标及价值取向

促进幼儿身心健康发展既是幼儿园健康教育的根本目的,也是幼儿园健康教育的总目标。《纲要》根据《规程》的精神提出4条幼儿园健康教育总目标:

(1) 身体健康,在集体生活中情绪安定、愉快。

(2) 生活、卫生习惯良好,有基本的生活自理能力。

(3) 知道必要的安全保健常识，学习保护自己。
(4) 喜欢参加体育活动，动作协调、灵活。

上述总目标的表述表明了如下的价值取向：

(1) 身心和谐发展。幼儿园健康教育应包括身体健康和心理健康两个主要方面。幼儿的身体健康以发展健全、具备基本的生活自理能力为主要特征；幼儿的心理健康以情绪愉快、适应集体生活为主要特征。由于幼儿的身体健康与心理健康是密不可分的两个方面，因此有的目标如"生活、卫生习惯良好"，既包含日常生活中的盥洗、排泄等生理意义的卫生习惯，也包含没有吮吸手指等心理意义的问题行为。只有身心和谐发展才能真正保证身体健康和心理健康。

(2) 保护与锻炼并重。幼儿园健康教育既要重视培养幼儿掌握必要的保健知识、安全自护技能，提高保护自身的能力，又要强调培养幼儿对体育活动的兴趣、增强幼儿动作的协调性和灵活性等，并通过体育活动提高身体素质，强调保护与锻炼并重。

(3) 注重健康行为的形成。探讨幼儿健康行为建立、改变和巩固的一般规律是幼儿园健康教育研究的重点。虽然提高幼儿的健康认识、改善幼儿的健康态度、培养幼儿的健康行为都是幼儿园健康教育的目标，但幼儿健康行为的形成是幼儿园健康教育的核心目标。

2. 幼儿园健康教育的分类目标

幼儿园健康教育的分类目标是将健康所涉及的内容进行归类，然后按总目标再确定各类别的分目标。分类目标的确定有利于提高健康教育内容组织的系统性及完整性，有助于年龄阶段目标的确定，并为其具体化、指标化提供了充足的理论依据，减少了具体教育活动过程中的盲目性和形式化。据所掌握的文献资料发现，目前对幼儿健康教育进行分类时，往往是将身体与心理的保健合在一起表述，心理健康没有作为独立的一类从总目标中分离出来。虽然在实际生活中身体健康与心理健康无法截然分开，但为了更深入、细化的研究，有必要将心理健康教育从健康教育内容中独立出来。这里将幼儿园健康教育分成六个方面，即生活卫生习惯、饮食营养、身体认识与保护、安全自护、心理健康、体育锻炼。同时，要确定相应的分类目标。为了表述的统一性及关照幼儿的发展，在下列目标的表述中均以幼儿作为目标表述的主体。

1) 生活卫生习惯
(1) 养成良好的作息、睡眠、排泄、盥洗、整理等卫生习惯。
(2) 知道初步的卫生常识，养成有规律的生活秩序。
(3) 有基本的生活自理能力。

2) 饮食营养
(1) 认识常见的食物，知道其名称、种类及主要特征，了解不同食物有不完全相同的营养。
(2) 养成爱吃各种食物的习惯。
(3) 养成良好的饮食卫生习惯，逐步掌握自己进餐的技能。

3) 身体认识与保护
(1) 认识身体的主要器官，并了解其主要功能。
(2) 知道预防常见病的简单知识。
(3) 学习保护身体最基本的方法。

4) 安全自护

(1) 了解水、火、电、煤气、刀具、常用药物的使用常识和注意事项。

(2) 知道简单的交通规则并愿意遵守交通规则。

(3) 学习避开危险场所,懂得应付意外情况(尤其是火灾、电击、地震、台风等)的最基本常识。

5) 心理健康

(1) 知道快乐有益健康,能够用正确的方式表达自己的情绪,掌握调节情绪的简单方法。

(2) 积极愉快地参与集体活动,性格开朗。

(3) 认识自己的性别,喜欢自己。

6) 体育锻炼

(1) 喜欢参加体育活动,养成运动的习惯。

(2) 遵守体育游戏规则,懂得听信号完成体育任务。

(3) 用感兴趣的方式练习基本动作,形成正确的身体姿态,提高身体素质。

(4) 在体育活动中养成勇敢、不怕困难的意志品质和乐观、合作的态度。

3. 幼儿园健康教育的年龄阶段目标

幼儿园健康教育的年龄阶段目标是以不同年龄段幼儿的身心发展特征为依据确定的目标,这有利于增强幼儿园健康教育的适宜性和发展性。以下所列的各年龄阶段目标仅供参考,各地方教育机构可根据幼儿的特点灵活掌握。

1) 小班健康教育目标

(1) 在身心保健方面,小班幼儿的健康教育目标包括以下内容:

① 了解盥洗的顺序,初步掌握洗手、刷牙的基本方法;学习穿脱衣服;会使用手帕或纸巾;养成坐、站、行、睡的正确姿势;能及时排便;有良好的作息习惯。

② 进餐时保持愉快的情绪,愿意独立进餐;认识最常见的食物,爱吃各种食物,主动饮水。

③ 了解身体的外形结构,认识并学习保护五官;能积极配合各种疾病的预防与治疗。

④ 知道过马路、乘坐交通工具、玩大型运动器械时要注意安全,了解日常生活中的安全常识。

⑤ 愿意上幼儿园,情绪较安定、愉快。

(2) 在体育锻炼方面,小班幼儿的健康教育目标包括以下内容:

① 能上体正直、自然地走和跑;能向指定方向走和跑;能在指定范围内四散跑、追逐跑;能步行1千米,连续跑约半分钟;能一个跟着一个走,走成一个圆;能较轻松地双脚交替跳着走。

② 能较轻松自然地双脚同时向前跳、向上跳;能从25厘米的高处自然地跳下。

③ 能双手用力将球向前、上、后方抛;能单手自然地将沙包等轻物投向前方。

④ 能在平行线(或窄道)中间走;能在宽25厘米、高(或斜高)20厘米的平衡木(或斜坡)上行走。

⑤ 能在65～70厘米高的障碍物(如绳子、皮筋、拱形门等)下钻来钻去;能手膝着地(垫)、自然协调地向前爬;能倒退爬;能钻爬低矮障碍物;能在攀登架上爬上爬下,或从网的

一侧爬至另一侧(必要时教师可以帮助)。

⑥ 初步学会听各种口令并做出相应动作;能边念儿歌或边听音乐做模仿操或简单的徒手操。

⑦ 会玩滑梯、攀登架、转椅等大型体育活动器械并注意安全;会骑小三轮自行车;会推拉独轮车;会滚球、传球、抛接球和原地拍皮球;会利用球、绳、棒、圈等小型多样的体育器材进行身体锻炼。

⑧ 喜欢并愿意参加体育活动;初步掌握体育活动的有关知识和规则,爱护公物;愿意帮助教师收拾某些小型体育器材。

2) 中班健康教育目标

(1) 在身心保健方面,中班幼儿的健康教育目标包括以下内容:

① 初步学会穿脱衣服、整理衣服;学习整理活动用具,能保持玩具清洁;有初步的生活自理能力。

② 结合品尝经验,进一步认识各类常见食物,爱吃各类食物的同时,懂得科学合理地进食,逐步形成良好的饮食习惯。

③ 进一步认识身体的主要器官,逐步形成接受疾病预防与治疗的积极态度和行为;在成人帮助下学习处理常见外伤的最简单方法。

④ 认识有关安全标志,能够在成人的提醒下遵守交通规则;不接触危险物品;遇到危险时能告诉成人,有初步的自我保护意识。

⑤ 愿与父母分床而眠。

⑥ 学习用适当的方式表达情绪,喜欢与别人分享快乐。

(2) 在体育锻炼方面,中班幼儿的健康教育目标包括以下内容:

① 能听信号按节奏上下肢协调地走和跑;能听信号变速走、变速跑;能听信号变化方向走;能前脚掌着地走、倒退走;能跨过低障碍物走;能绕过障碍物跑;能快跑 20 米,走跑交替(或慢跑)200 米左右;能在一定范围内四散追逐跑;能步行 1 500 米,连续跑约 1 分钟;能听信号切断分队走、一路纵队走。

② 能自然摆臂连续纵跳触物(物体离幼儿举手指尖 20 厘米左右);能双脚熟练地向前跳或双脚在直线两侧行进跳;能立定跳远,跳距不少于 30 厘米;能双脚站立,从高 30 厘米处往下跳,落地轻;能助跑跨跳平行线,跳距不少于 40 厘米;能单、双脚轮换跳,单足连续向前跳。

③ 能肩上挥臂投掷轻物;能自抛自接低(高)球;能两人近距离互抛互接大球;能滚球击物;能左右手拍球。

④ 能在宽 20 厘米、高 30 厘米的平衡木(或斜坡)上行走;能原地自转至少 3 圈不跌倒;能闭目向前走至少 10 步。

⑤ 能熟练协调地在 60 厘米高的障碍物(如圈、拱形门等)下较灵活地侧钻;能手脚着地(垫)、协调地向前爬;能手脚熟练、协调地在攀登架、攀登网或肋木上爬上爬下;能团身滚。

⑥ 能较熟练地听各种口令或信号并做出相应的动作;能听信号集合、分散、排成四路纵队(包括切断分队);能随音乐节奏较准确地做徒手操和轻器械操。

⑦ 会玩跷跷板、秋千等各类大型体育活动器械;会骑小三轮车、带辅轮的小自行车;会用球、绳、棒、圈及其他废旧材料(如易拉罐、可乐瓶、报纸等)开展小型多样的体育活动。

⑧ 具有一定的抵御寒、暑、饥、渴的能力和抵抗疾病的能力。

⑨ 喜欢并能较积极地参加体育活动,初步养成参加体育活动的习惯;能较自觉地遵守体育活动的规则;互助合作、爱护公物,能及时收拾小型体育器材。

3) 大班健康教育目标

(1) 在身心保健方面,大班幼儿的健康教育目标包括以下内容:

① 保持个人卫生,关心周围环境的卫生;进一步提高独立生活能力,初步养成良好的学习习惯。

② 初步理解不同的食物有不同的营养,身体需要各种营养;会使用筷子;进一步养成独立进餐的习惯。

③ 进一步认识身体的主要器官及重要功能,并懂得简单的保护方法;了解有关预防龋齿及换牙的知识;注意用眼卫生。

④ 初步了解应付意外事故(如火灾、电击、地震、台风等)的常识,具有粗浅的求生技能。

⑤ 知道男女厕所,初步具有性别角色意识。

⑥ 学会理解别人、帮助别人,性格坚强勇敢,有自信,有竞争和合作意识。

(2) 在体育锻炼方面,大班幼儿的健康教育目标包括以下内容:

① 能轻松自如地绕过障碍进行曲线走和跑;能快跑 30 米或接力跑;能走、跑交替(或慢跑)300 米左右;能步行 2 千米,连续跑约 1.5 分钟;能听信号左右分队走。

② 能原地蹬地起跳、连续纵跳触物(物体离幼儿举手指尖 25 厘米左右);能双脚熟练地改变方向(前、后、左、右、转身)跳;能从 35～40 厘米高处自然地跳下,落地轻稳;能立定跳远,跳距不少于 40 厘米;能助跑跨跳平行线,跳距不少于 50 厘米;能助跑跳远,跳距不少于 40 厘米;能助跑屈膝跳过高度约 40 厘米的垂直障碍,能连续向前跳跃多个高 40 厘米、宽 15 厘米的障碍物。

③ 能半侧面单手投掷小沙包等轻物约 4 米远;会肩上挥臂投掷轻物并投准目标(如直径不少于 60 厘米的标靶,投掷距离约 3 米);能抛接高球,或两人相距 2～4 米互抛互接大球。

④ 能在宽 15 厘米、高 40 厘米的平衡木上变换手臂动作(叉腰、平举、上举等)或持物走;能两臂侧平举闭目起踵自转至少 5 圈,不跌倒;能两臂侧平举单足站立不少于 5 秒。

⑤ 能熟练协调地侧身、缩身钻过 50 厘米高的障碍物(如拱形门等);能手脚协调、熟练地在攀登架或肋木上爬上爬下,能在单杠或其他器械上做短暂的悬垂动作;能在攀登绳(棒)上爬高约 1.5 米;能熟练地在垫上前滚翻、侧滚翻。

⑥ 能熟练地听各种口令和信号并做出相应的动作;能听信号迅速地集合、分散、整齐列队、变化队形;能随音乐节奏有精神地做徒手操和轻器械操,动作有力、到位。

⑦ 会玩低单杠、秋千、脚蹬车或其他大型体育活动器械;会踩高跷、跳绳(50 次以上)、跳皮筋;会运球、传接球、用脚踢(带)球;会用球、绳、棒、圈、积木、报纸、轮胎或其他废旧材料开展各种身体锻炼活动。

⑧ 具有抵御寒、暑、饥、渴的能力和抵抗疾病的能力。

⑨ 热爱体育活动,有积极参加各种身体锻炼的习惯;能自觉遵守体育活动的规则和要求,合作、负责、宽容、谦让、爱护公物;有集体观念;能克服困难,并体验克服困难取得胜利后的愉悦;能独立或合作收拾各种小型体育器材。

二、幼儿园健康教育的内容

幼儿园健康教育涉及下列内容：

（一）个人卫生习惯培养

幼儿个人卫生习惯的培养是幼儿园健康教育最重要的内容之一。在幼儿期，需要注意培养的个人卫生习惯主要有以下几个方面：

1. 生活自理能力

从幼儿期开始，就要让幼儿学会自己洗脸、洗手、早晚刷牙、穿脱衣服鞋袜、吃饭、收拾整理玩具和用品等。

2. 有规律的生活习惯

训练幼儿养成按时睡眠、定时饮食及大小便等有规律的生活习惯，使幼儿的一日生活有规律。

3. 清洁卫生习惯

教育幼儿养成勤洗手、勤洗头、勤洗澡，以及勤换衣、勤剪指甲、勤理发等清洁卫生习惯，学会使用自己专用的手帕、面巾和浴巾，或一次性使用的卫生纸巾等。

4. 学习卫生习惯

要培养幼儿养成良好的阅读和绘画书写习惯，保持正确的坐姿。注意用眼卫生，并保持书籍、文具的清洁整齐。

（二）环境卫生教育

通过环境卫生教育，让幼儿懂得保护和美化环境与维护和促进健康的密切关系，逐渐形成保护环境卫生的社会责任感，最终落实在自身的行为习惯之中。对幼儿进行的环境卫生教育可以从创设清洁整齐的幼儿园和家庭环境做起。

（三）生活方式的健康教育

对幼儿进行生活方式的健康教育，使幼儿初步认识到不良的生活方式对社会和自身健康会产生不良的影响，从而自觉遵守卫生道德、规范和政策法令，把对生活卫生的认识转化为良好生活方式的行为习惯。

1. 饮食与营养卫生教育

对幼儿实施的营养卫生教育应与饮食卫生习惯的培养同时进行，要特别注重以下几个方面：让幼儿初步认识人体需要各种营养素，并知道应从哪些食物中去获取这些营养素，特别是懂得要多吃富含粗纤维的蔬菜等食物；让幼儿初步懂得人体需要平衡的膳食，饮食要多样化，不可偏食和挑食；要培养幼儿良好的饮食卫生习惯，饭前洗手，进餐定时定量，不暴饮暴食，平时不乱吃零食和过多饮用冷饮，进餐前不要吃甜食，进餐时细嚼慢咽，不边吃边谈笑等。

2. 休息与娱乐卫生教育

要培养幼儿每日按时起居、有规律生活的习惯，即使在节假日也不破例。除了让幼儿有足够的睡眠时间以外，还应让他们学会其他的休息方式，动静结合。

3. 消费卫生教育

对幼儿进行消费卫生教育，让他们对日常生活中的各种消费品和消费服务给健康带来的影响具有初步的识别能力，自觉抵制来自社会各方面的消极的消费观念和行为，逐渐增强自我保健的意识，为形成稳固、健康的消费行为和习惯打下基础。

幼儿的消费方式主要是家庭成员尤其是父母生活习惯、行为方式和消费观念潜移默化的结果，也与大众传播媒介的宣传、各种社会关系的影响等因素有关。

4. 运动卫生教育

运动卫生教育的内容包括：帮助幼儿明白人的机体有很大的潜能，能够对各种类型的体育活动做出良好的适应；可以根据自己的身体特点选择适合的体育运动；体育运动的习惯对于个人的外观、身体机能、心理状态等都有直接的影响。通过运动卫生教育，最终使幼儿产生发展自身身体和运动能力的愿望，能有兴趣、积极参与体育活动，增强体质，提高生存能力。

(四) 心理卫生教育

通过心理卫生教育，逐步增强幼儿自身的心理强度，增强幼儿对外部压力和内在压力的认识、评价、容忍及解决问题的能力，以使幼儿更好地适应社会生活。对幼儿施行的心理卫生教育主要包括以下各方面的内容：

(1) 让幼儿学习适当地表达自己的情绪、情感和思想的技能和方法。

(2) 帮助幼儿培养积极的情绪和情感。

(3) 帮助幼儿改善与人交往的技能。

(4) 帮助幼儿形成与人合作、分享、沟通的品质和行为。

(5) 帮助幼儿增强积极的自我意识，能认同和接纳自我。

(6) 帮助幼儿发展自尊、自信、自主和自我控制的能力。

(7) 帮助幼儿养成良好的习惯及对健康问题的决策能力，抵制有损心理健康的行为。

知识拓展

幼儿常见疾病和防治[1]

一、佝偻病

1. 症状

佝偻病即维生素 D 缺乏性佝偻病，是由于婴幼儿、儿童、青少年体内维生素 D 不足，引起钙、磷代谢紊乱，因此产生的一种以骨骼病变为特征的全身、慢性、营养性疾病。佝偻病主要的特征是生长着的长骨干骺端软骨板和骨组织钙化不全。

2. 预防措施

多吃富含钙的食物，多食奶制品；适当补充营养素、维生素等。

二、肥胖症

1. 症状

单纯性肥胖是各类肥胖中最常见的一种，约占肥胖的 95%。单纯性肥胖患者全

---

[1] 闽试教育教师招考幼教知识点：幼儿常见疾病和防治[EB/OL].(2017-11-20)[2017-11-22]http://www.minshiedu.com/Item-11118.aspx.

身脂肪分布比较均匀，没有内分泌紊乱现象，也无代谢障碍性疾病，其家族往往有肥胖病史。这种主要由遗传因素及营养过剩引起的肥胖，称为单纯性肥胖。

2. 预防措施

规律的饮食、生活能减少体内脂肪，避免拉长两餐间的时间及在深夜进食。

三、缺铁性贫血

1. 症状

缺铁性贫血是由于体内缺少铁质而影响血红蛋白合成所引起的一种常见贫血，其症状有头晕、乏力、脸色苍白、气促等。

2. 预防措施

婴幼儿应及早添加富含铁的食品，如蛋类、动物肝脏、菠菜等，增加维生素C的摄入，多食新鲜蔬菜和水果，以利于铁剂吸收。

四、感冒

1. 症状

感冒是小儿常见病，一年四季皆可发生，主要表现为发热、鼻塞、打喷嚏、流鼻涕、咳嗽、咽痛等症状。

2. 预防措施

避免幼儿与感冒患者接触，特别是手的接触。

模块三　幼儿园健康教育的方法和途径

一、幼儿园健康教育的方法

幼儿的身心发育水平随着年龄的增长而改变，因此与之相应的教育目标与内容也需要不断更新，健康教育所采取的组织方法要注重针对性、多样性和趣味性。

（一）行动操练

行动操练是指让幼儿对已学过的生活技能、健康行为等进行反复练习，加深理解，形成稳定的技能和良好行为习惯的教育方法。幼儿园健康教育注重将获得的知识和形成的态度转化为良好的行为习惯，这是健康教育的最终落脚点。教育实践中的穿脱衣服、鞋袜，盥洗等生活技能的掌握都离不开行动操练。

（二）讲解演示

对于幼儿不容易理解的健康教育内容、不便于掌握或需要经过系统练习的行为技能等，可以通过讲解演示等方法来实现。讲解演示是指教师边讲解边结合动作演示，具体而形象地向幼儿传授有关健康的知识和技能，提高幼儿对健康的认识水平的教育方法。需要说明的是，演示的手段应多样化，尤其是运用电教手段进行直观而动态的演示，能激发幼儿的兴趣，增强幼儿对健康知识的理解。

(三) 感知体验

感知体验是指让幼儿凭借自身的感觉器官和实际行动来认识、判别事物，进而形成正确的健康态度并逐渐改善自己的健康行为的方法，这种"亲身体验、用事实说话"的学习方法受到幼儿的普遍欢迎。

> **小案例**
>
> 一、观察时间：2017年11月。
>
> 二、观察地点：幼儿园寝室。
>
> 三、观察对象：班级全体幼儿。
>
> 四、观察目的：使幼儿学会正确穿左右鞋，午睡时正确摆放鞋子，并逐步形成习惯。
>
> 五、观察实录：最近，我发现班上的孩子经常穿反鞋子，左右不分，睡午觉起床后也常常有找不到鞋子的事情发生，虽然经常反复提醒但没有多大改变。
>
> 六、分析与措施：
>
> 分析：受幼儿身心发展规律的影响，小班入园不到3个月的孩子，鞋子有时会穿反，这属正常。作为教师，我们必须适时针对孩子的发展情况，开展系列教育活动，有针对性地教幼儿学会正确穿鞋。可是，为什么起床时经常有小朋友找不到鞋子呢？通过仔细观察我发现，原来是睡觉前孩子们脱下鞋子以后，非常随意地将鞋子乱丢，东一只西一只，有的还干脆甩在过道上，一眼望去，简直是乱七八糟。有的小朋友从过道走过时不注意，就会将鞋子踢到床底下，于是就发生了起床时到处找鞋子的情况。虽然这是幼儿一日生活过程中一个很小的细节，但是我想，良好行为习惯的培养应该贯穿在幼儿一日生活的各个细小环节之中，只有这样，才能为班级良好常规的形成打下坚实的基础。
>
> 措施：
>
> （1）以玩游戏的方式和鞋宝宝的童话，围绕正确穿左右鞋、午睡时正确摆放鞋子，并逐步形成习惯等内容，开展一系列丰富多彩、生动有趣的教育教学活动，激发幼儿正确穿鞋、午睡时正确摆放鞋子，并逐步形成习惯的积极性、主动性。
>
> （2）生活活动中以幼儿易于接受的游戏方式持之以恒地提醒幼儿，变幼儿被动接受为积极主动再为自动的习惯养成过程，为幼儿终身这一良好习惯的养成打下基础。
>
> （3）关注个别能力差的幼儿，帮助其正确穿鞋和摆放鞋子，发现其进步及时在集体面前给予表扬，帮助其建立自信，和大家共同进步。
>
> （4）在班级微信群提出这一活动的内容和目标，请求家长大力支持和配合，在家睡觉时也以鞋宝宝的口吻向幼儿提出要求，形成家园合力，提高活动效果。
>
> （5）将开展系列活动所用的鞋宝宝纸板、孩子们的印章画作品小脚印、装饰涂色的鞋宝宝等布置成专题墙面，进一步激发幼儿的兴趣，使幼儿感受活动的快乐[①]。

---

① 胡华.幼儿园健康领域教学观察案例[EB/OL].(2012-06-15)[2018-2-28]https://www.jy135.com/html/changyongziliao/anli/201206/15-40158.html.

（四）情景表演

现场或通过录像向幼儿展示生活情景，让幼儿观察和分析情景中所涉及的健康问题。由于情景表演的主题源于幼儿的现实生活，因而能激发幼儿的兴趣，较好地帮助幼儿认识生活中可能遇到的同类问题和冲突，树立正确的健康态度和行为。

（五）讨论评议

幼儿园健康教育实践中，有部分教育内容不便于操作或展示，可以借助欣赏一些典型的文学作品来讨论、感知主人公的处境和内心体验。讨论评议是指在幼儿参与健康教育的过程中，让他们提出问题，发表自己的意见和看法，最后得出结论，形成共识的方法。这种方法能有效地帮助幼儿表达自己的真实想法，在讨论、评议中提高他们辨别是非的能力和对健康的认识水平。

（六）传播媒介的利用

传播媒介有大众传播媒介、视听手段、教学电视等媒介技术，其中大众传播媒介不同于其他媒介技术，它的目标人群数量较大，幼儿园健康教育过程中用得较多的是视听手段和教学电视。

二、幼儿园健康教育的途径

幼儿园健康教育的显性课程是健康教育活动，隐性课程可分为创设健康环境（包括物质环境和精神环境）和提供健康服务，这些措施可促进幼儿的生长发育和身心健康发展，有利于健康教育活动的开展。

（一）通过开展教育活动进行健康教育

1. 专门的健康教育活动

专门的健康教育活动是指教师专门为幼儿设计并组织的、以维护和促进幼儿身心健康为目的的教育活动。专门的健康教育通常是围绕某一个健康主题开展的，这些健康主题主要涉及幼儿的卫生教育、生活教育、安全教育、身体锻炼、心理健康教育等方面。

2. 与其他领域的渗透与融合

幼儿园健康教育除了专门的健康教育活动以外，在幼儿园的其他领域活动中也可以得到渗透与融合。例如，在组织幼儿园健康教育时，教师把健康与艺术领域紧密结合起来，为幼儿创设适宜的情境，使幼儿在艺术活动中认识和发展自我，培养良好的心理素质，从而较好地去适应现实环境，而这些内容可能通过传统的、专门的健康教育活动难以企及或实现。

（二）渗透在日常生活中的健康教育

幼儿健康意识及健康行为的获得与形成，仅仅依靠有限的健康教育活动是无法达到目标要求的，教师还应注意在幼儿日常生活的方方面面对幼儿进行相应的健康指导与帮助，并创造条件给予幼儿健康实践的机会，这是不断增强幼儿健康意识，使幼儿将健康认知转化为健康的行为和习惯的重要环节。系统的、有计划的健康教育活动与渗透在日常生活中的健康教育有机地结合起来，可以相互补充、相互促进。

1. 借助一日生活环节进行健康教育

幼儿园健康教育的出发点与归宿是培养幼儿养成良好的习惯、健康的行为，健康教育的内容涉及日常生活的全部范畴。教师要深入研究一日生活中的保育、教育因素,积极探寻日常生活中的健康教育的特点和规律,在每一环节渗透健康教育理念,主动实施健康教育策略。

2. 创设健康的环境

幼儿总是生活在特定的环境中,环境是幼儿能否健康生活、健康成长的不可忽视的影响因素。保教人员精心创设健康的环境,有利于促进幼儿的身心健康发展,提高幼儿的观察力、理解力、想象力、创造力,培养幼儿的良好品德和行为习惯。

(1) 物质环境的创设。幼儿园的物质环境包括外环境、基础设施及环境布置等。环境布置方面要遵循以下原则和要求:儿童化、艺术性、教育性、可操作性。

(2) 精神环境的创设。宽松、愉悦的精神氛围可以促进幼儿智力的发展,使幼儿的活动达到最优状况,同时有助于幼儿形成活泼、开朗、信任、自信的性格。精神环境难以量化评价,但它对幼儿的个性、情感和社会性的发展起着非常重要的作用,是幼儿园环境创设中必不可少的部分。

(三) 家园联合开展健康教育

健康教育是幼儿家庭教育的重要内容之一,主要包含以下几个方面:

1. 注重良好生活习惯的培养

家庭是培养幼儿良好的睡眠、盥洗、进餐、排泄等生活习惯的重要场所。幼儿年龄小,提倡通过养育过程对幼儿进行潜移默化、自然而然的教育和影响。家庭应当不断转变教育观念,注重幼儿各种能力的培养,真正实现其身心的和谐统一。

2. 创设健康、适宜的环境

幼儿家庭装修不要一味成人化,要给幼儿营造遐想、天真、烂漫的氛围;也不要片面追求"贵族化",豪华的装饰不一定能激发幼儿的兴趣。家庭中应留出属于幼儿的空间,让幼儿把自己喜爱的物品好好珍藏、仔细保管。

3. 发挥成人的榜样示范作用

家长应以身作则教育幼儿"学会认知、学会做事、学会做人、学会共处",把家庭当作培养幼儿情感、意志、能力的主要场所,为幼儿的童年幸福和终生健康奠定坚实的基础。

模块四 幼儿园健康教育活动设计与指导

一、幼儿园健康教育活动设计

(一) 幼儿园健康教育活动设计的基本思路

幼儿园健康教育活动的课程模式多种多样,具有代表性的主要有学科课程、主题教育活动、区域活动等。幼儿园健康教育要根据本领域的发展目标、不同的教育内容、本园的实际情况和本班幼儿的发展水平等,采用适宜的活动形式和指导方式,以实现教育目标。树立"为幼儿的发展而设计"的科学设计观,体现制订计划、实施计划、调整计划、修订计划、再实施计划的循环设计过程。

1. 幼儿园健康教育活动计划的撰写

(1) 关于活动目标。幼儿园健康教育活动的具体目标是健康教育总目标和年龄阶段目标的细化，在表述时应简洁清晰、准确具体、具有可操作性。对于教育目标，幼教工作者应深入理解，烂熟于心，以期将目标体现的教育理念落实到教育行为中。在教育过程中，不能刻板地理解教育目标的明确或细化问题，明确和细化绝不等于固定和僵化，教育目标将随着教育进程而发生变化。当教育进程符合预期的规划时，实现既定目标便顺理成章；当教育进程出现了新的契机，并且对幼儿的发展具有较高价值时，及时生成教育目标便是当务之急；当教育进程的发展与既定目标存在差异且排除了教育进程中的伪科学因素时，推翻或修改既定教育目标便显得必要。

(2) 关于活动准备。一个成功的健康教育活动需要教师进行多方面的准备，包括物质条件和环境条件的创设，幼儿的知识经验和心理准备等方面。幼儿知识和能力方面的准备是教育过程中幼儿强烈的学习兴趣和探究愿望得以维持的重要保证，也是幼儿能够得到更好发展的基础。同时幼儿的心理准备是不可忽视却又常常被忽视的方面，内心的期待将促使幼儿集中注意力、减轻恐惧、珍惜机会。例如，在组织利用户外大型器械或对技能要求较高的活动时，最好都给幼儿留下心理准备的时间和空间，否则不仅会使活动流于形式，而且很可能会伤害幼儿。

教师的准备涉及面很广，这里只谈有关教师自身的准备。幼儿的学习活动离不开教师的支持，而教师的知识结构、能力水平、对于教育活动发展变化的心理准备等，都将关系到教师如何才能更好地引导幼儿达成教育目标。即使本着"一切为了幼儿的教育"这一出发点，教师已有的知识及个人兴趣也仍然会在一定程度上左右幼儿园教育活动内容、方法及途径的选择。为此，在设计幼儿园健康教育活动时，教师应正确地认识自身知识结构方面的不足。例如，教师在准备进行纠正幼儿偏食挑食的教育时，不仅要做到全面了解饮食、营养方面的知识，而且要将营养知识以既科学又儿童化的语言表达出来，做到心中有数。

环境条件方面的准备对于不同性质的活动是不完全一样的，有些活动主要在园内开展，而有些活动可能需要利用更多的园外环境。但无论如何都应当及时创设有利于当前教育活动开展的环境条件。园内环境的创设应符合安全卫生、灵活多样、经济美观的要求，充分考虑幼儿与环境互动的需要，留给幼儿想象和创作的空间。

(3) 关于活动过程。活动过程一般包括活动导入、引导幼儿参与和思考、引导幼儿总结三个环节。

在幼儿园健康教育活动开展过程中，活动的内容、方式方法等方面都要受到幼儿的知识基础、能力发展水平和身心发展规律的制约，幼儿在活动过程中会遇到很多问题，产生许多困难，从而影响健康教育活动的继续进行。为此，在健康教育活动中，应特别重视教师的组织和引导策略。同时，幼儿的不成熟性，也决定了他们还不能成为完全独立的探究者，整个健康教育活动过程都离不开教师的帮助，需要教师去引导支持，激发幼儿的兴趣。这就要求教师应转变传统的组织者、传授者的角色，真正成为幼儿园健康教育活动的引导者、合作者，支持、鼓励幼儿大胆提出问题，引导幼儿讨论、探索、交流、分享，为幼儿的健康教育活动创设更加开放、宽松的探究环境。

(4) 关于活动延伸。好的教育活动不是止于特定的某一次活动，而是一个长期、持续的过程,特别是能力、习惯的培养,活动延伸不可缺少。活动延伸的方法可以是家园共育、领域渗透、环境创设、区角活动等。例如,教师利用15分钟时间教幼儿学会了正确的刷牙方法,在活动结束后就应该与家长联系,要求家长在家中督促幼儿按时以正确的方法刷牙,帮助幼儿巩固刷牙的正确方法,并养成良好的刷牙习惯。

2.幼儿园健康教育活动设计的具体格式

目前幼儿园非常重视整合性的教育活动,要想更好地整合幼儿园各领域的教育,必须首先把握各领域的特点和规律。就幼儿园健康教育领域,可以幼儿的健康成长为主线创设教育活动。幼儿园健康教育活动设计的格式一般如下:

【活动名称】

【活动目标】

【活动准备】

【活动过程】

开始部分

基本部分

结束部分

……

【活动延伸】

(二) 幼儿园健康教育活动中的相关设计

1.幼儿园健康教育活动中材料与环境的设计

(1)活动材料必须紧扣具体活动目标。幼儿园健康教育活动的目标确定以后,才能考虑设计哪些材料,并配合健康教育活动的内容达到健康教育活动的既定目标。整个活动所出示的材料都必须围绕活动目标设计,不要有任何多余的材料出现。有些材料确实很吸引人,能高度引起幼儿的注意力和兴趣,但是在活动中并不是必需的。对于这样的材料,教师就需要慎重考虑是否选用,因为一些过于花哨的材料容易使幼儿分心,导致他们因过于注意材料而忽略了教育活动本身,从而影响活动效果。

(2)活动材料应具有趣味性。选择和设计具有趣味性的活动材料,能激发幼儿的好奇心和探索欲望,从而增强活动效果。具有趣味性的材料特别适合较小年龄的幼儿,也适合刚参与探索活动的幼儿。事实上,任何一套好的材料都能适用于不同年龄段或能力相差悬殊的幼儿。

(3)活动材料的准备要充足。充足的材料是幼儿园健康教育活动开展的保证,特别是供幼儿操作的材料,更应保证有足够的数量。材料充足与否,直接影响幼儿探索过程的进行,影响幼儿知识经验的获取。数量足够的材料可以减少幼儿等待、闲逛和攻击性的行为,提高幼儿参与健康教育活动的积极性和效率。当然,为幼儿提供数量充足的材料,并不意味着给予幼儿的材料越多越好,也不是说每样材料的数量正好和幼儿人数相等,而是应根据活动的具体性质确定材料数量与幼儿人数的比例关系。活动材料的设计既要从幼儿科学探索过程的需要出发,还要考虑到客观条件的限制。

(4)选择合适的物理活动环境。物理环境是幼儿园健康教育活动的一个重要因素和条件。环境的空间大小、安静程度、温度、通风等都会在一定程度上影响幼儿的学习。很多健康教育活动可以在室外进行,有些活动则可以在室内进行,但无论是在室外还是在室内都应选择在安静、干净、空气清新的地方。

(5) 创设宽松的心理环境。宽松、和谐的人际氛围是开展幼儿园健康教育活动的必备条件之一。幼儿在这样的环境中没有任何压力,活动容易取得成功。教师和其他成年人要给予幼儿应有的信任,提供充分的机会让幼儿能够自主、独立地进行活动。教师的信任对年幼儿童尤其重要,这种信任是培养和增强幼儿自信心的基础,而自信心又是幼儿发挥其创造性不可或缺的因素。在活动中还应尊重幼儿,允许他们自由表达,并且教师要对幼儿的行为给予适时的评价。教师的评价不应让幼儿产生自己能力不足的想法,而应指明其现有的表现并未完全发挥他的真实水平和应有的潜力,这样才能激发幼儿的求知欲,并使幼儿产生继续探索的行为。

2. 幼儿园健康教育活动中导入活动的设计

(1) 利用多种物质材料。在组织幼儿园健康教育活动时,教师都会为幼儿提供多种物质材料,如实物、图片、模型、可操作的材料等,这些材料会引起幼儿的求知欲望,教师可以利用这些材料来导入活动。用材料来导入活动时,教师只要辅以简单明了的说明、提问或指令,幼儿就能很快地随着教师的设计思路进行健康教育活动过程。

(2) 利用环境设置。教师预先布置一个可以引出课题的环境,然后带领幼儿进入这个环境,由此导入活动。例如,在操场上放置一些皮球,幼儿看到后自然就会想到拿来拍,教师就可以问大家:"球有很多种玩法,你们想不想知道啊?"由此引出玩球这个主题。

(3) 利用直接指令或提问。在导入健康教育活动时,教师也可以利用直接指令或提问,开门见山地开始活动。例如,在认识安全标志的活动中,教师可以直接提问:"马路上有各种各样的标志,你们都认识哪些标志呢?"有时也可利用直接指令,如在组织活动的时候,教师提出以下问题请幼儿回答:"到马路边参观的时候看到了什么?""为什么不能在马路边上玩?"等。

以上几种方法应根据具体活动内容来灵活选择,可单独采用一种方法,也可多种方法结合起。但不管使用什么方法,都应从幼儿已有的经验入手,这样才能使幼儿比较自然地进入活动主题。

3. 幼儿园健康教育活动中活动方法的设计

在设计幼儿园健康教育活动时,活动方法的设计是很重要的一环。活动方法既包括教师教的方法,也包括幼儿学的方法。在幼儿园健康教育活动中,教师既要反复研究每一次健康教育活动的目标,还要对各种教学方法加以比较,从中选择对实现教育目标最为有效的方法。一般来说,设计活动方法时应考虑以下几点:

(1) 根据活动目标设计方法。幼儿园健康教育的方法是教师为实现健康教育目标而采取的方法,它是为活动目标服务的。在每次健康教育活动过程中,具体的活动目标又是不同的,因此需要采用不同的活动方法。例如,在介绍新知识时,教师可以安排一些观察、实验的方法,同时还可穿插一些信息交流的方法,在幼儿已掌握了一些知识内容的基础上,就可以采用游戏的方法来复习巩固。

(2) 根据本班幼儿的特点设计方法。要使活动方法在使用时能达到预期的效果,就必须从幼儿的实际水平出发,考虑幼儿能否适应这些方法。一般认为,幼儿年龄越小,越宜采用直观的、游戏的方法,随着幼儿年龄的增长,以语言为主要手段的方法可以适当增加。同时,幼儿年龄越小,在一次活动过程中采用同一种方法的时间要越短,因为年龄幼小的儿童注意力不易长时间集中。幼儿的知识经验基础不同,在运用方法时也要有所区别。在幼儿对某些知识已有一定的基础时,可以采用信息交流等间接的方法;在幼儿对知识或现象缺乏感性认识时,应尽量运用直观的手段。在设计方法时,还要注意班级特点,如幼儿在知识水平、思维灵活性、表达能力等方面的差异。总之,要从幼儿的实际出发设计活动方法。

(3)各种方法配合运用。在一次活动过程中,如果单纯使用一种方法,会使幼儿感到厌烦,注意力难以持久,从而影响预期目标的实现。不同方法除有各自的特点外,它们之间还有着互相渗透的关系,不能截然分开。例如,在运用观察法的过程中,离不开教师的提问和幼儿对观察结果的回答,即离不开信息交流中的谈话的方法。又如,在小实验过程中,也离不开观察法的运用。因此,在实际活动过程中,只有把各种方法配合起来灵活地运用,才能保证活动目标全面达成。

4. 幼儿园健康教育活动中教师语言的设计

在组织幼儿园健康教育活动时,教师的语言主要表现在讲解、谈话和提问上。为使教师的语言发挥应有的作用,教师语言的设计应注意以下几点:

(1)要有明确的目的性。教师的语言要围绕健康教育活动的目标来进行,使幼儿将注意力始终集中在活动的目标上,使健康教育活动过程始终保持在目标的导引下。例如,在"这些东西很危险"的活动中,教师应帮助幼儿认识到玻璃片、石子、水果刀、电插座、煤气开关等物品的危险性,并引导他们进行观察,告诉幼儿平时不去玩弄这些物品。而对于儿歌《这些东西很危险》中的内容,教师则不应对幼儿提出如背诵儿歌、表演儿歌等更多的要求。

(2)要具有形象性和富有启发性。由于幼儿的思维具有具体形象性、情绪性和情景性的特点,因此在健康教育过程中,教师运用生动形象的语言,不仅便于幼儿接受和理解,而且还可以激发幼儿探索的兴趣和积极性。为使语言具有形象性,教师可以抓住物体与现象特征,选择幼儿易于理解的词汇进行恰当的描述。

教师在活动中所提的问题或讲解,要能激发幼儿解决问题的愿望,并启发幼儿进行积极的思维活动。教师对幼儿的健康教育活动,主要是通过提出富有启发性的问题来实现的,特别是开放式的问题,其答案不是固定和唯一的,教师在活动中的启发性语言就显得尤为重要。

二、幼儿园健康教育活动指导

(一)明确任务,引起兴趣,导入活动

指导幼儿进行健康教育活动,从一开始就应明确活动的任务,激发幼儿的兴趣,使幼儿在好奇心的驱使下积极地投入到活动中去。教师在进行导入活动时,应注意导入方式要简短、有趣、有指向性。导入活动对于整个活动的开展很重要,成功的导入活动不一定能确保整个活动开展成功,但不成功的导入则完全有可能成为一次混乱活动的开始。

教师在指导幼儿进行健康教育活动时,应设计一些具有启发性、导向性的问题,以刺激和引导幼儿感知、操作、发现、思考,从而寻找问题的答案。在设计健康教育活动问题时可从

以下几方面考虑：首先，教师在交代幼儿操作、探索任务时，常常通过提问指明探索的方向，教师清楚说明活动的要求、步骤、规则等，使幼儿将注意力集中到活动目标的某一方面，以降低幼儿的盲目性、随意性。其次，在健康教育活动中教师要提供线索，引导幼儿取得成功。幼儿年龄小，知识经验少，思维水平低，有时教师必须通过提问等方式为他们提供一些能帮助解决问题或寻求答案的思维方式或线索，引导他们充分发挥自己的想象力和创造能力，结合已有的知识经验，创造性地解决问题，得出结论，体验成功的喜悦。再次，在遇到幼儿不感兴趣的活动内容时，教师可以设计一些问题来引起幼儿的注意。例如，在大班"认识安全标志"健康活动的组织过程中，教师可以带领幼儿到走廊里观看墙上的各种标志并提问："你在哪里看见过这些标志，它要告诉我们注意些什么？为什么这些地方有这种标志？如果没有这些标志会发生什么事情？"这样就很自然地提醒幼儿去注意认识标志及标志的作用了。

（二）细心观察幼儿的活动情况

在活动过程中，教师要善于观察、分析幼儿的表现和情绪，倾听他们的谈话，了解每个幼儿的思维方式和思维过程，不断刺激幼儿进行观察、比较和思考，促进幼儿的想象力及创造性思维不断发展。

幼儿在操作、探究中，难免会出现错误或遇到困难，教师应依据活动本身的特点对幼儿进行深入浅出的点拨、引导，这样才有助于幼儿对新知识、新经验的内化吸收，帮助幼儿解决学习中的困难，从而构建新的认知结构。

（三）坚持重视过程，多自由、少干预的指导原则

幼儿的年龄特点决定幼儿对活动的过程比结果更感兴趣，做活动的过程给他们带来的满足和剩余精力的释放远远胜过做的结果。幼儿的许多创造性的行为就表现在尝试和熟悉事物的活动过程之中。因此，必须改变过去采用的"嚼了喂"的教学方法，从研究教师的"教"转变为研究幼儿的"学"，为幼儿提供充足的活动材料，让他们自己去做、去看、去想、去经历，使教学活动真正成为以幼儿为主体的活动，教师在多给幼儿自由的同时，再给予必要的指导。教师可以用启发性的提问、少量的指令来代替强制性地灌输知识，引导幼儿充分进行各种感知操作、讨论等活动。允许幼儿在一定范围内，根据自己的生活经验、自己的意愿、自己的步骤和方法进行学习；允许幼儿为探索需要而移动位置；允许幼儿结伴合作探索或与同伴交流自己的发现、想法；允许幼儿提出不同的问题或者要求教师提供更多的材料……在活动过程中，教师要尊重幼儿，成为幼儿的好朋友，当好幼儿学习的支持者、合作者和引导者。同时，教师还要根据活动过程中幼儿不同的表现调整指导方式和内容，而不是用一种方式指导不同水平的幼儿。

（四）要注意结束活动的时间及方式

幼儿园健康教育活动作为正规的教育活动，有一定的时间限制。当活动达到了一定目标，幼儿的活动也达到一定的高潮时，可以考虑结束活动。在结束活动的时间及方式上，教师应注意以下几点：首先，为了不挫伤幼儿探索的积极性，以及考虑到幼儿的年龄特点，活动不要突然结束；其次，教师可采用多种方式结束活动，如简单小结、传达某些幼儿通过自己探索不可能得到的知识、安排继续学习的任务等；再次，可安排一些延伸活动，让幼儿继续探索，如让幼儿在活动区继续活动，提出一些新的问题让幼儿思考等；最后，可以指导幼儿一起整理活动材料，培养幼儿良好的日常生活习惯。

实践活动

实践项目一 小鸡找朋友（小班）[①]

【设计意图】

为了锻炼幼儿低头、弯腰、移动重心的能力,提高幼儿钻的动作协调性,我设计了《小鸡找朋友》这个游戏活动,希望幼儿在游戏过程中学会如何与同伴进行友好交往,体验与他人合作的快乐,从而激发幼儿的活动参与意识,培养幼儿的合作技能。

【活动目标】

（1）锻炼幼儿钻过70厘米高的障碍物,提高其钻的能力。

（2）培养幼儿参加游戏活动的兴趣和合作意识,感受与同伴合作玩游戏的快乐。

【活动准备】

（1）松紧带或彩绳2根,搭成小鸡、小鸭的家。

（2）材料：小鸡、小鸭的头饰若干（为幼儿人数的一半）；音乐磁带。

（3）幼儿已会小鸡走、小鸭走的动作；会唱"小鸡小鸭"的歌曲。

【活动过程】

1. 创设情境,做热身运动

教师为幼儿创设"找朋友"的游戏情境,让幼儿分别扮演可爱的小鸡小鸭,教师扮妈妈,随音乐做准备活动,边唱"小鸡小鸭"歌曲边做动作。

2. 教师示范,启发引导

教师启发幼儿进行钻的基本动作练习,使幼儿在愉快的游戏氛围中,体验与同伴一起玩游戏的快乐。教师站在场地中间,幼儿围在四周,教师边示范动作边以游戏口吻介绍游戏的方法："小鸡小鸭是好朋友,早晨都住在自己家里,听到妈妈的喊声,马上钻出自己的家,来到草地上,找好朋友做游戏。从家里钻出来的时候,一定要低头,不要碰到家门,看谁是个乖宝宝。"

3. 幼儿练习,巩固提高

教师请幼儿分别回到自己的家中蹲下准备,听到指令后从家里钻出来,到草地中间跟随录音做游戏。在活动过程中鼓励幼儿大胆与同伴共同愉快地玩游戏。然后请幼儿钻回家中蹲好,听指令继续游戏。

4. 及时纠错,科学评价

教师观察幼儿钻的动作,游戏后进行简单的评价,请动作协调的幼儿示范,指导低头弯腰的动作要领。

5. 放松活动

游戏结束时,教师带幼儿做简单模仿动作,轻轻放松整理。

[①] 潘瀚文.幼儿园优秀教案：小班体育活动：小鸡找朋友[EB/OL].(2017-07-24)[2018-2-28]http://www.unjs.com/fanwenwang/jiaoan/20170724000008_1403944.html.

【活动延伸】

回家后与家长继续玩游戏,同时还可创编其他钻的游戏(如钻山洞的游戏),而且逐渐增加动作的难度,将钻、爬动作结合起来进行游戏。

实践项目二　认识常见的安全标记(中班)[①]

【活动目标】

(1) 使幼儿认识生活中的安全标记,分析标记图的图案,了解这些标记的实际意义。

(2) 使幼儿通过寻找生活中的安全标记,了解生活中的安全标记和人的生命安全有着密切的联系。

(3) 使幼儿在制作安全标记的过程中,加强对安全标记的认识,培养一定的安全意识。

【活动准备】

(1) 常见的安全标记图,如红绿灯、禁止吸烟、禁止攀爬、禁止通行等安全标记图。

(2) 幼儿准备的一些安全标记。

【活动过程】

1. 认识标记

(1) 教师出示红绿灯的安全标记图,引导幼儿观察:这是什么,你在什么地方见到过这些标记?这个标记有什么作用?

(评析:由红绿灯引出话题,容易引起幼儿的注意,因为红绿灯在现实生活中比较常见,幼儿对它的了解也比较深刻,容易引起幼儿的共鸣)

(2) 结合日常生活,组织幼儿分组讨论:在马路上、商店里等其他地方还见过哪些安全标记?教师出示相应的图标。

(评析:在准备活动的过程中,请幼儿和家长共同搜寻不同地方的安全标记,来加深幼儿的印象)

2. 学习按照不同特征对标记进行分类

(1) 教师提示这些标记可以按照不同的方法分类,然后出示分类表格(按照地点不同进行分类)。

(2) 请幼儿操作。

(3) 幼儿评价同伴的分类是否有误。

(评析:通过分类来加深幼儿对这些标记实际意义的认识。通过幼儿自己的分类及对同伴的评价,层层递进,不断明确)

(4) 教师提问:"还有什么另外的分类方法?"提示幼儿可以观察图标上的不同,如有的安全标记上有一条斜画线,斜画线表示什么意思?让幼儿知道肯定与否定的标记。

(5) 教师组织幼儿学习将安全标记按照"肯定"与"否定"的标准分类,使幼儿进一步了解安全标记的含义。

---

① 佚名.幼儿园安全教育教案:认识常见的安全标记(中班)[EB/OL].[2017-11-20]. http://data.06abc.com/20110328/81193.html.

3. 了解安全标记与人们生活的关系,增强自我保护意识
教师提问:生活中,为什么要有那么多的标记?标记有什么用?
4. 小组制作标记
在我们的游戏中,小朋友也可以制作一些安全标记,如超市、娃娃家、公共汽车等地方可以制作什么标记,并做一做。
(评析:最后环节的设计,使首尾呼应,活动效果在这里凸显出来)

【活动反思】

在准备活动的过程中,通过利用家长资源,收集了各种地方、各种形式的安全标记,使幼儿在这方面积累了比较多的经验。因此,在活动中,幼儿探讨、思考的气氛比较热烈,在最后的自己设计环节里,幼儿更是各显神通,制作出了比较贴切、比较有新意的标记,如×××为娃娃家设计了一个很好的标记——"打雷的时候不能看电视"。通过这次活动,孩子已经掌握了安全标记方面的知识。

实践项目三 变废为宝好处多(大班)[1]

【活动目标】

(1)引导幼儿多感官参与创新思维活动,知道废物利用所带来的社会价值,体验变废为宝的乐趣。

(2)激发幼儿发明创造的欲望和探索精神,发展幼儿的想象力和动手操作能力,培养幼儿初步的创新意识。

(3)能用多种形式的废旧物品组合创新出各种物体、玩具,感受废旧物品组合创新的乐趣。

【活动准备】

《由废纸到吸水纸》故事挂图、废旧物品若干、用废旧物品制作的玩具若干、课件、制作玩具的废旧物品材料若干。

【活动过程】

1. 实物导入

出示利用废旧物品制作的玩具,让幼儿根据自己的生活经验说出这个玩具是用什么做成的,还能做成什么。

2. 欣赏故事《由废纸到吸水纸》

(1)结合挂图讲故事。

第一幅:画面上的人在干什么?写在纸上的字发生了什么变化?

第二幅:这么多的纸成了一堆什么?人们会怎样?

第三幅:人们发现了纸吸收水的原因,人们用这种纸做了什么?

第四幅:技术人员进行了什么实验?发明了什么?

(2)引导幼儿简单总结故事内容,让幼儿初步了解吸水纸是怎样发明的,并启发幼儿讲

---

[1] 佚名. 大班环保活动:变废为宝好处多[EB/OL]. [2017-11-13]. http://new.060s.com/article/2008/10/16/86204.htm.

出生活中变废为宝的故事。

3. 废旧物品用途多

(1) 教师提问:"小朋友你们见过什么样的废旧物品?它们能制作成什么东西?"

孩子们回答。

教师总结:"有烟盒、药盒、粉笔盒、鞋盒等,纸杯、挂历纸、蛋壳、旧电池、酸奶瓶、VCD片、玉米秸、竹竿等。它们能做成飞机、轮船、汽车、火箭、坦克、企鹅、高楼、大桥等。"

(2) 教师:"小朋友,你们真聪明,现在我们一起来看课件。"(请幼儿观看用废旧物品做的物品图片、玩具)

(3) 出示用废旧物品制作的玩具,让幼儿欣赏、玩弄,了解废旧物品的多种用途,并启发幼儿由单一向多面发散思维,说出幼儿园中利用废旧物品制作的玩具,看谁说得多。

教师小结:"小朋友,这些玩具非常漂亮,不过全是用废旧材料做成的,你们千万不要小看身边任何一件看似没用的东西,说不定用处可大了。所以,以后在日常生活中要搜集一些废旧材料,准备二次利用。这样既美化了环境,又能废物变宝。"

4. 组合创新和分组操作:小小设计师《我来变》

教师:"你们喜欢当一名小小设计师吗?(喜欢)那我们一起来动动小手选择不同的废旧材料,设计有趣的作品,比比谁设计的作品新颖独特。"(幼儿操作,教师巡回指导)

引导幼儿用不同的废旧物品,通过画、剪、粘贴、包装等组合创新出新颖独特的玩具和物品,从中体验成功的乐趣。

5. 活动结束

举办变废为宝作品展,对孩子的创新设计加以肯定和鼓励。

知识巩固

1. 什么是健康?幼儿健康有哪些标志?
2. 观摩一次幼儿园健康教育活动,分析其教育目标的确定、教育内容的选择是否恰当。
3. 在幼儿园选择大、中、小班各一个班,为每个班确定一个健康教育活动的目标,并选择教育内容,说明理由。
4. 幼儿园健康教育活动的形式有哪些?
5. 王老师要在班上开展一个新的体育游戏。为帮助幼儿掌握游戏,她反复详细地讲解了多遍。分配角色时,为了培养一位能力弱的幼儿,她特地请他担任主要角色,并不厌其烦地指导他。小朋友掌握该游戏后,情绪高涨,在小朋友的要求下,王老师让他们多玩了半小时。

请运用组织幼儿体育活动的有关理论,分析王老师教学行为的不足之处,并说明理由。

单元 3　幼儿园社会教育

学习目标

- 了解幼儿园社会教育的特点；
- 了解幼儿园社会教育的目标；
- 掌握幼儿园社会教育的内容；
- 掌握幼儿园社会教育的方法和途径；
- 能够设计幼儿园社会教育活动；
- 能够对幼儿园社会教育活动进行评析。

案例导入

情境一

吃午饭时间，按照我们班的惯例，先吃完的孩子就去书架上选择图书进行阅读，也可以阅读自己带来的书，或者借阅其他幼儿的。

这一天，小芸带来了一本迷宫书，大家都很喜欢。看书时间，小洁突然和小芸发生了争吵，我询问缘由，小洁理直气壮地对我说："蔡老师，小芸不把她的书借给我，她不分享！"小芸却觉得很委屈："我自己还要看的，借给她的话，我自己就没书看了。"

情境二

户外活动时，小轩和小晨都选择了积木建构，但是活动开始一会儿后，其他选择积木建构的幼儿已经开始慢慢呈现自己的作品雏形，他们俩却只顾着死守自己面前的积木以防被对方抢走。

为此，我让小轩和小晨看看别人的建构状态及进度。他们发现其他能够分享自己手中积木的幼儿已经建构起较为壮观的作品，独自建构的幼儿则只建起了半成品或者小型作品，他俩则什么都没有建成。之后，小轩和小晨开始松开自己紧护积木的手，先是自顾自地搭建，发现材料不足后，慢慢地两人开始互相分享，合作建构[①]。

---

① 聚优.幼儿园教学案例分析：让孩子真正学会分享[EB/OL].（2016-04-19）[2018-02-28]. http://www.jy135.com/jiaoyu/185963.html.

幼儿园社会教育是以发展幼儿的社会性为目标,以增进幼儿的社会认知、激发幼儿的社会情感、培养幼儿的社会行为等为主要内容的教育活动。它把社会作为幼儿园教育的内容,把社会领域教育作为幼儿园课程。

模块一　幼儿园社会教育概述

一、幼儿园社会教育的意义

幼儿园社会教育的意义是促进幼儿积极社会化,为社会培养合格的公民。

社会化主要是指个体学习社会中长期积累起来的知识、技能、观念和规范,并内化为个人的品格与行为,在社会生活中加以再创造的过程。例如,幼儿园请交警叔叔带领小朋友练习遵守交通规则,如图3-1所示。

图3-1　小朋友练习遵守交通规则

儿童是祖国的未来,对他们进行社会化教育关系到国家的进步、群体的和谐、社会的健康发展。民族素质的提高很大程度上取决于教育,尤其是奠定基础的幼儿教育,因而为社会培养合格公民是幼儿园社会教育的重要任务。随着社会的不断进步,社会对人才需求的内涵也在不断丰富,也给社会教育指出了方向。

微软亚洲研究院前院长、著名的计算机软件专家李开复曾在一篇文章中谈到21世纪最需要什么样的人才。

他指出:21世纪需要的不再是19世纪、20世纪那种听话、没有自己的意见、努力且有毅力的蓝领或者白领工人,更需要的是下面这7种人:

(1) 创新实践者。在如今竞争激烈的大环境下,一个公司唯一可以延续的竞争优势就是它的创新。很多东西都可以很容易地被模仿,只有创新很难被模仿。创新一旦被模仿,唯一的办法就是继续创新。所以,一批有生命力的、能够持续创新的员工是能够给企业带来持续竞争力的财富。

(2) 跨领域合成者。现在及未来,中国和世界更需要的不只是那些把一个学科学得非常透彻的人才,而是那些把自己学科学好的同时,又能够深入其他领域做一个跨领域结合的人才。原因其实非常简单,如果世界上有1 000种知识,一个人可以将这些知识学得很深,但是两个人的知识通过交叉碰撞又可以产生新的知识,3个人的碰撞就能产生10亿个组合。

(3) 高情商合作者。在21世纪,随着科技与通信技术的发展,世界的各个国家将连为一个整体,跨领域合作,跨国度合作,跨语言合作等都是必然趋势。所以,过去也许在很多领域中,一个孤僻自傲的天才会得到很高的重视,但是这种情况现在已经很大程度地发生了改变。在信息社会里,不管一个人在技术方面有多出众,如果他是一个孤僻自傲、不能合作,甚至引起团队无法工作的人,那么他对这个团队反而是一个负面的效果。

(4) 高效能沟通者。在21世纪,信息高速传播,而好的信息传播渠道还是人。人是靠沟通传播信息的。一个人的沟通能力很好,他就可以把一个很难懂的信息用易懂的表达方式传播给别人;一个人的沟通能力很差,他传播信息的效率就会相对较低,甚至无法完成传播信息的任务。所以,沟通能力也是非常重要的。

(5) 热爱工作者。如果一个人做的工作是他非常热爱和感兴趣的,那么这个人可能在睡觉、洗澡、吃饭时都在想他的工作,就会对工作有很大的热情,投入更多的精力,而且不会认为自己的工作是一件枯燥的事情,即孔子所说的"知之者不如好之者,好之者不如乐之者"。

(6) 积极主动者。有一位名人曾经说过,几百年之后,历史学家回顾今天,他们会说这个世纪里最重要的事情不是互联网,而是人有了选择。有了选择就要积极主动,然后需要管理自己。这是最重要的一点,也是我们从工业社会转变到现在的信息社会所发生的最重要的事情。

(7) 乐观向上者。成功者在面对苦难时的坚持、乐观和勇气是最重要的。人生的如意或不如意,更重要的不是取决于人生的际遇而是思想。乐观向上的人在遭遇挫折或失败时会积极总结原因,吸取教训,为下一次的成功做更大的努力,而不是自怨自艾,一蹶不振。因此,乐观向上者更容易成功。

李开复谈到的7种人才也给幼儿园社会教育以启示,即只有明白了社会最需要什么样的人才,才能明确教育目标、教育内容,逐渐使幼儿获得符合社会需要的品质。

在当今世界幼儿教育中,幼儿社会性能力的发展是放在第一位的。为什么需要社会性能力?社会性能力是人的潜能,人作为群居性动物,个体必然与群体产生互动、发展关系,所以与人交往的能力、与团体相处的能力,是一个人在社会生存中必备的重要技能。

幼儿的社会化是一个复杂的过程,积极的社会化并不会自然地发生,它需要教育者创设积极的教育环境,并对幼儿加以适当引导才能实现。幼儿园社会教育的研究就是要寻找创设积极教育环境与适当引导的原理与方法。

小案例

> 迎迎自出生起,就一直生活在一个三口之家,由保姆照顾着。由于工作繁忙,父母没有时间带迎迎外出参加各种活动,就连到小区散步也很少,而家中更是鲜有亲朋来访,加上照顾迎迎的保姆也是性格比较内向的人,所以迎迎在生活中除了父母、保姆,基本没有接触他人的机会。上幼儿园没几天,老师就向父母反映,迎迎很胆小,根本不敢和其他小朋友一起玩,还经常哭。

分析：儿童教育学家认为，要为孩子创造一个开放式的家庭环境，如果家长能在孩子社会交际处于萌芽阶段时，不失时机地提供各种各样的社会生活和人际交往体验，就可以预防孩子出现社交性退缩。倘若孩子对社交已有了畏惧情绪，家长要鼓励孩子勇敢地走出去，与同伴交往，而不能迁就他，把孩子禁锢在家里。对于可能存在"社交恐惧症"儿童的心理治疗，家庭和学校将承担十分重要的角色。首先要为孩子打造良好的家庭及社会交往氛围，让孩子恢复自信、乐观的性格。鼓励孩子多交朋友、多参加各种竞赛，并适时地给孩子以表扬和奖励，这将有利于提高他们的自信，激发他们的社交信心和兴趣，从而克服"社交恐惧"[①]。

二、幼儿园社会教育的特点

1. 计划性

与家庭社会教育不同的是，幼儿园社会教育具有预设性、计划性，具体体现在教育目标、教育内容、教育形式等方面。

2. 整合性

幼儿园社会教育与幼儿的文化背景联系越紧密，与幼儿个人的知识经验联系越紧密，就越容易被幼儿理解、学习和掌握。幼儿园社会教育还必须通过幼儿园与家庭、社区等进行有机联系，形成教育合力。

3. 潜移默化性

幼儿良好社会情感与态度的养成应渗透到幼儿各种活动和一日生活的各个环节之中，教师要创设一个能使幼儿感受到被接纳、关爱和支持的良好环境，同时将社会教育渗透到幼儿的各领域活动之中，寓社会教育于游戏活动之中。

模块二 幼儿园社会教育的目标和内容

一、幼儿园社会教育的目标

幼儿园社会教育的目标是社会教育活动开展的起点和归宿。在幼儿园社会教育中，有了明确的培养目标，才能选择恰当的内容与方法，从而实现这一目标。因此，教师应有高度的目标意识，以提高幼儿教育的质量。

下面将从层次结构和内容结构两个方面对幼儿园社会教育的目标进行分析。层次结构是指幼儿园社会教育的目标分为总目标（也称社会领域目标、课程目标）、年龄阶段目标（也

---

① 佚名.6招助宝宝远离"社交恐惧"[EB/OL].(2013-09-22)[2017-11-06].http://www.doc88.com/p-5773946117043.html.

称学年目标、学期目标)和教育活动目标。内容结构是指幼儿园社会教育的目标根据《3~6岁儿童学习与发展指南》(以下简称《指南》)分为人际交往目标和社会适应目标。

1. 幼儿园社会教育目标的层次结构

(1) 总目标。《纲要》对社会领域的目标表述如下：
① 能主动地参与各项活动，有自信心。
② 乐意与人交往，学习互助、合作和分享，有同情心。
③ 理解并遵守日常生活中基本的社会行为规则。
④ 能努力做好力所能及的事，不怕困难，有初步的责任感。
⑤ 爱父母长辈、老师和同伴，爱集体、爱家乡、爱祖国。

总目标是幼儿园社会教育的最终目的，是制定其他社会教育活动目标的重要依据。总目标是一种主要的价值取向，具有导向性、规范性、共同性等特点。

(2) 年龄阶段目标。《指南》以为幼儿以后的学习、生活和终身发展奠定良好的素质基础为目标，以促进幼儿体、智、德、美各方面的协调发展为核心，通过提出3~6岁各年龄段儿童学习与发展目标和相应的教育建议，帮助幼儿园教师和家长了解3~6岁幼儿学习与发展的基本规律和特点，建立对幼儿发展的合理期望，实施科学的保育和教育，让幼儿度过快乐而有意义的童年。

(3) 教育活动目标。在幼儿园的实际教育过程中，教师需要根据本园、本班幼儿的社会性发展的实际状况，依据幼儿社会性发展的总目标和年龄阶段目标，为帮助幼儿的社会性发展提供适宜的活动，这些具体的教育活动都有特定的目标，也就是教育活动目标。

2. 幼儿园社会教育目标的内容结构

《指南》从健康、语言、社会、科学、艺术5个领域描述幼儿的学习与发展。每个领域按照幼儿学习与发展最基本、最重要的内容划分为2~3个方面(子领域)。每个方面(子领域)由学习与发展目标和教育建议两部分组成。

《指南》对社会领域的内容是从人际交往和社会适应两个方面表述的。人际交往目标包括：愿意与人交往；能与同伴友好相处；具有自尊、自信、自主的表现；关心尊重他人。社会适应目标包括：喜欢并适应群体生活；遵守基本的行为规范；具有初步的归属感。具体表述如下：

(1) 人际交往目标如表3-1~表3-4所示。

表3-1　愿意与人交往

年　龄	3~4岁	4~5岁	5~6岁
目　标	① 愿意和小朋友一起游戏 ② 愿意与熟悉的长辈一起活动	① 喜欢和小朋友一起游戏，有经常一起玩的小伙伴 ② 喜欢和长辈交谈，有事愿意告诉长辈	① 有自己的好朋友，也喜欢结交新朋友 ② 有问题愿意向别人请教 ③ 有高兴的或有趣的事愿意与大家分享

表 3-2 能与同伴友好相处

年 龄	3～4 岁	4～5 岁	5～6 岁
目 标	① 想加入同伴的游戏时，能友好地提出请求 ② 在成人指导下，不争抢、不独霸玩具 ③ 与同伴发生冲突时，能听从成人的劝解	① 会运用介绍自己、交换玩具等简单技巧加入同伴游戏 ② 对大家都喜欢的东西能轮流玩耍、分享 ③ 与同伴发生冲突时，能在他人帮助下和平解决 ④ 活动时愿意接受同伴的意见和建议 ⑤ 不欺负弱小	① 能想办法吸引同伴和自己一起游戏 ② 活动时能与同伴分工合作，遇到困难能一起克服 ③ 与同伴发生冲突时能自己协商解决 ④ 知道别人的想法有时和自己不一样，能倾听并接受别人的意见，不能接受时会说明理由 ⑤ 不欺负别人，也不允许别人欺负自己

表 3-3 具有自尊、自信、自主的表现

年 龄	3～4 岁	4～5 岁	5～6 岁
目 标	① 能根据自己的兴趣选择游戏或其他活动 ② 为自己的好行为或活动成果感到高兴 ③ 自己能做的事情愿意自己做 ④ 喜欢承担一些小任务	① 能按自己的想法进行游戏或其他活动 ② 知道自己的一些优点和长处，并对此感到满意 ③ 自己的事情尽量自己做，不愿意依赖别人 ④ 敢于尝试有一定难度的活动和任务	① 能主动发起活动或在活动中出主意、想办法 ② 做了好事或取得了成功后还想做得更好 ③ 自己的事情自己做，不会的愿意学 ④ 主动承担任务，遇到困难能够坚持而不轻易求助 ⑤ 与别人的看法不同时，敢于坚持自己的意见并说出理由

表 3-4 关心尊重他人

年 龄	3～4 岁	4～5 岁	5～6 岁
目 标	① 长辈讲话时能认真听，并能听从长辈的要求 ② 身边的人生病或不开心时表示同情 ③ 在提醒下能做到不打扰别人	① 会用礼貌的方式向长辈表达自己的要求和想法 ② 能注意到别人的情绪，并有关心、体贴的表现 ③ 知道父母的职业，能体会到父母为养育自己所付出的辛劳	① 能有礼貌地与人交往 ② 能关注别人的情绪和需要，并能给予力所能及的帮助 ③ 尊重为大家提供服务的人，珍惜他们的劳动成果 ④ 接纳、尊重与自己的生活方式或习惯不同的人

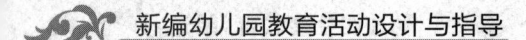

(2) 社会适应目标如表 3-5～表 3-7 所示。

表 3-5　喜欢并适应群体生活

年　龄	3～4 岁	4～5 岁	5～6 岁
目　标	① 对群体活动有兴趣 ② 对幼儿园的生活好奇，喜欢上幼儿园	① 愿意并主动参加群体活动 ② 愿意与家长一起参加社区的一些群体活动	① 在群体活动中积极、快乐 ② 对小学生活有好奇和向往

表 3-6　遵守基本的行为规范

年　龄	3～4 岁	4～5 岁	5～6 岁
目　标	① 在提醒下，能遵守游戏和公共场所的规则 ② 知道不经允许不能拿别人的东西，借别人的东西要归还 ③ 在成人提醒下，爱护玩具和其他物品	① 感受规则的意义，并能基本遵守规则 ② 不私自拿不属于自己的东西 ③ 知道说谎是不对的 ④ 知道接受了的任务要努力完成 ⑤ 在提醒下，能节约粮食、水电等	① 理解规则的意义，能与同伴协商制定游戏和活动规则 ② 爱惜物品，用别人的东西时也知道爱护 ③ 做了错事敢于承认，不说谎 ④ 能认真负责地完成自己所接受的任务 ⑤ 爱护身边的环境，注意节约资源

表 3-7　具有初步归属感

年　龄	3～4 岁	4～5 岁	5～6 岁
目　标	① 知道和自己一起生活的家庭成员及与自己的关系，体会到自己是家庭的一员 ② 能感受到家庭生活的温暖，爱父母，亲近与信赖长辈 ③ 能说出自己家所在街道、小区（乡镇、村）的名称 ④ 认识国旗，知道国歌	① 喜欢自己所在的幼儿园和班级，积极参加集体活动 ② 能说出自己家所在地的省、市、县（区）名称，知道当地有代表性的物产或景观 ③ 知道自己是中国人 ④ 奏国歌、升国旗时能自动站好	① 愿意为集体做事，为集体的成绩感到高兴 ② 能感受到家乡的发展变化并为此感到高兴 ③ 知道自己的民族，知道中国是一个多民族的大家庭，各民族之间要互相尊重，团结友爱 ④ 知道国家一些重大成就，爱祖国，为自己是中国人感到自豪

应用《指南》时需要注意以下几点：

首先，正确理解"指南"与"标准"的含义。"指南"为指导、导向的意思，比喻辨别正确方向的依据。"标准"一般被定义为：衡量事物的依据或准则；可供同类事物比较核对的事物；榜样、规范等。所以，《指南》是指导而不是标准，《指南》中的目标是一种导向，是对我国 3～6 岁儿童学习与发展方向的引导，是对 3～6 岁儿童学习与发展水平的合理期望。

其次,实施《指南》需要遵守相关原则。具体原则包括以下几项:

第一,关注幼儿学习与发展的整体性。幼儿的发展是一个整体,要注重领域之间、目标之间的相互渗透和整合,促进幼儿身心全面协调发展。

第二,尊重幼儿发展的个体差异。幼儿的发展是一个持续、渐进的过程,同时也表现出一定的阶段性特征。每个幼儿在沿着相似进程发展的过程中,各自的发展速度和到达某一水平的时间不完全相同。要充分理解和尊重幼儿发展进程中的个别差异,支持和引导幼儿从原有水平向更高水平发展,使幼儿按照自身的速度和方式到达《指南》所呈现的发展"阶梯",切忌用一把"尺子"衡量所有幼儿。

二、幼儿园社会教育的内容

幼儿的社会性发展包括社会行为、社会情感和社会认知三个方面的内容,在幼儿的社会活动中又表现出明显的个性特征。幼儿园社会教育的内容应包括培养幼儿积极良好的社会行为、社会情感、社会认知和个性等方面。

(一) 社会行为

社会行为是指人们在交往等社会活动中对周围环境中的人或事情做出的态度、言语和行为等方面的反应,包括合作、助人、同情、安慰、节约、爱护环境、遵守规则、攻击、破坏、违反规则等。幼儿园社会教育就是帮助幼儿形成积极的亲社会行为,避免形成消极的反社会行为。幼儿园社会教育在社会行为方面的内容具体包括以下几个方面:

1. 帮助幼儿掌握交往技能,发展交往能力

帮助幼儿掌握交往技能,发展交往能力,就是要引导幼儿在与他人的交往活动中,自信得体地与人打招呼、与人交谈,懂得尊重别人的意见,懂得分享、谦让、轮流、遵守秩序,能使自己在交往中更受欢迎,能够与人合作,愿意帮助他人,对别人的难过表示关注和同情,有能力、有较好的方法解决自己或其他小朋友在交往活动中发生的矛盾,等等。

2. 引导幼儿遵守规则

规则是人们在社会活动中为了最大限度地保护最大多数人的利益而共同制定的限制性要求,它规定了在什么场合可以做什么、不可以做什么等。规则的意义在于使人们的活动有序、有效,减少不必要的损失。幼儿是在接受或反抗社会规则的过程中逐渐适应社会生活的。引导幼儿需要遵守的规则主要包括家庭生活规则、游戏规则、学习活动规则和社会公共场所规则等。

(二) 社会情感

社会情感是人们在社会活动中因自己的需要是否得到满足而产生的主观感受。社会情感可以分为积极情感和消极情感,其中积极情感包括快乐、高兴、自豪等,消极情感包括悲伤、沮丧、愤怒等。社会情感的教育,就是要引导幼儿在社会认知过程中形成积极的情感体验,学会认识、调控自己的情绪、情感。

(三) 社会认知

社会认知包括两方面内容:一方面是对社会经验的认知过程本身,即心理的活动过程,包括观察、记忆、注意、推理、想象等过程;另一方面是经过认知过程获得的社会性知识经验,

包括对自己、对周围的人和事及自己与它们和它们之间的各种关系的认识,对不同社会行为、社会角色的理解,对处理、调整各种社会关系的行为规范的理解和掌握。

1. 自我意识

自我意识是对自己的认识。教师应因势利导,引导幼儿从以下几个方面认识自己,并逐渐学会比较客观地进行自我评价,发展自己的自尊心、自信心:

(1) 对自己表面特征的认识,了解自己的身体、喜好等基本特征,其中包括性别自认。

(2) 对自己优缺点的认识,学会发现自己的优缺点,接纳自己。

(3) 了解自己的情绪反应,初步学会调控自己的情绪。

(4) 了解并敢于表达自己的感受、想法,遇到不清楚的问题敢于大胆提问。

(5) 学会独自选择活动内容和形式,形成初步的对自己的行为负责的意识。

2. 对周围人的认识

(1) 了解父母的工作和工作场所,感受生活中父母对自己的爱;懂得爱父母,并懂得用一般的表达方式表达自己对亲人的感谢和爱,知道不打扰他们工作或休息。

(2) 关心、理解幼儿园的同伴和教师,愿意与他们共同友好地进行各种活动;了解幼儿园其他工作人员的工作,知道他们的工作都是为幼儿服务的,懂得感谢、尊重他们的服务。

(3) 了解社会上其他工作岗位上的工作人员的劳动,了解他们的劳动给大家带来的方便和愉悦,懂得尊重这些劳动人员和他们的劳动成果。

3. 对周围环境的认识

(1) 了解并能说出自己家所居住的社区,认识社区附近的公共设施和服务,认识公共场所和公共服务的常见标志等。

(2) 初步了解自己的家乡,知道家乡的名胜古迹、风景习俗等,并能因此感到骄傲,产生爱家乡的情感。

(3) 爱祖国。引导幼儿认识国旗、国徽、国歌、首都,懂得它们都是祖国的标志,要尊敬这些标志;了解自己生活的行政区域,知道祖国有辽阔的疆土;了解并且感受、喜爱祖国的文化传统和风俗习惯,为英雄人物、历史传说和祖国对世界的贡献感到骄傲;了解祖国是个多民族的国家,知道常见的少数民族的风俗习惯、文化传统和生活方式等。

4. 对社会环境和文化生活的认识

在幼儿园社会教育中,教师应有意识、有计划地把一些当前对大的社会生活环境和文化生活的认知内容渗透于幼儿园教育活动之中。这些认知内容具体包括以下几点:

(1) 社会文化和社会生活。了解我国的社会生活习俗、传统节日及法定节日;初步了解现实生活中经常听闻的异域文化特点、风俗习惯、节日等。

(2) 社会经济。初步了解劳动和利益关系、市场与买卖关系、货币与理财关系等有关社会经济生活的粗浅知识,初步学习处理不同社会关系的基本技能,发展适应不断变化的社会环境的能力。

(3) 社会历史。对家庭和幼儿园所在社区的历史变迁有所了解,初步了解代表自己生活城市发展变化的重要标志,进一步了解祖国发展历史中有影响力的人物、思想和事件等。

(4) 社会地理。初步了解环境与人类生活、发展的关系,形成保护自己周围小环境的意识;对人类生活的大环境有粗浅的了解,如地球、太阳等,培养热爱科学的情感和积极探索的学习热情。

(四) 个性

幼儿在社会生活和交往活动中必然表现出其个性特征,而幼儿的社会性发展水平和个性发展特点又互相影响、互相限制或促进彼此的发展。教师在对幼儿进行社会教育的同时,要有意识地影响幼儿的良好个性的发展,注意培养幼儿良好的个性品质。性格是个性的核心,教师应利用各种教育机会,培养幼儿活泼开朗、乐观向上的性格。

模块三 幼儿园社会教育的方法、途径和注意事项

一、幼儿园社会教育的方法

(一) 直观形象法

直观形象法是幼儿园多种教育活动普遍采用的方法,是指教师借助实物等直观材料的演示,或引导幼儿参与实际活动等,使幼儿形成正确认识和良好社会性行为的教育方法。引导幼儿适应社会环境、社会规则、人际交往等方面的内容,常采用此类教育方法。直观形象法包括参观法和示范法。

1. 参观法

参观法是根据幼儿园社会教育的目的和内容,组织幼儿在园内或园外通过对实际事物和现象的观察、思考,获得新的社会知识与社会规范的教育方法。参观法能使幼儿园社会教育活动与幼儿的实际生活紧密联系起来,使幼儿通过身临其境、耳闻目睹来接触社会,以得到教育。例如,参观少年宫、敬老院、图书馆、超市、邮政局等。在参观活动的组织过程中,教师需要注意以下几方面:

(1) 参观前的准备。参观前的准备工作包括:选择参观的内容和地点;确定参观前后和参观过程的路线;制订参观活动计划;做好物质的准备和检查。

(2) 参观活动过程的组织。出发前,向幼儿简单介绍参观的地点、内容和参观过程中的要求,激发幼儿参观的愿望和兴趣;参观路上,注意幼儿的安全,防止幼儿走失,向幼儿介绍沿途的风景、设施等,进一步调动幼儿参观的兴趣;到达参观地点后,教师要清点幼儿人数,全班整齐编队;参观过程中,教师要用提问、提醒等方法不断引导幼儿把注意力集中于观察的主要内容上;教师要以灵活的方法结束参观活动,既让幼儿感到意犹未尽,又不使幼儿感到被迫离开。

(3) 参观活动应注意的问题。参观尽量安排在上午,上午幼儿的精神饱满,参观的效果会更好;参观活动前,教师除了要事先了解参观内容之外,还应与被参观单位的工作人员进行协商;参观结束后,教师应适时组织幼儿就参观内容进行谈话活动,以帮助幼儿加深参观印象,巩固参观效果。

> 小活动

社会教育活动：参观食品店[①]

【活动目标】

(1) 产生参观食品店的兴趣，尊重营业员的工作，形成礼貌待人的品质。

(2) 初步形成给食品分类的能力。

(3) 了解食品店里的主要食品，知道食品可以分类，了解营业员的工作与我们生活的关系。

【活动准备】

(1) 选择好参观地点。

(2) 制定好参观路线。

【活动过程】

(1) 通过谈话，引起幼儿对参观食品店的兴趣，并提出参观要求：参观食品店里卖什么东西，营业员是怎么卖东西的。

(2) 带幼儿参观食品店。

① 引导幼儿观察食品店里的食品，告诉幼儿每种食品的名称。

② 引导幼儿观察食品店除了卖糖果、糕点外还卖什么，从而使幼儿知道食品店是卖吃的东西的地方，建立食品店的正确概念。

③ 引导幼儿观察食品店里营业员和顾客的活动。请幼儿记住营业员和顾客之间的简单对话。

食品店里有什么人？他们在干什么？

营业员是怎样卖食品的？他们是怎么对待顾客的？

④ 请幼儿仔细观察营业员是怎么放置食品的，使幼儿知道不同的食品要分开放置，建立初步的分类概念。

(3) 幼儿在教师带领下进行购物活动，感受营业员对大家的热情服务。

(4) 参观活动结束后，幼儿与营业员礼貌道别，组织幼儿回园。

(5) 参观后让幼儿进行谈话活动。

① 请幼儿回忆食品店里卖什么。

② 没有食品店会怎样？

【活动延伸】

收集与食品有关的东西，如各种包装袋，在活动区开展"食品商店"游戏。

---

① 佚名.国考教师资格证考试备考技巧：中班社会领域活动之参观食品店[EB/OL]. (2017-10-21) [2017-11-16]. http://nx.huatu.com/2017/1116/1503761.html.

【案例评析】

该活动选择的参观对象是与幼儿的生活紧密联系的食品店,是结合幼儿的生活经验开展的。参观的步骤清晰,任务明确。参观的形式多样,既观察静态的食品,也观察营业员与顾客之间的活动,还让幼儿实践,进行购物活动,这样既让幼儿进行了社会认知(食品店的食物、食品的摆放、营业员与顾客的活动),又发展了幼儿的社会行为(学会购物、学会与营业员打交道)。活动延伸则巩固了幼儿社会学习,以便幼儿在实践中正确应用。

2. 示范法

示范法是指教师通过自己的语言、动作所做的教学表演,为幼儿提供具体的模仿范例的教学方法。在语言活动、科学活动的教学中,教师应经常运用语言示范,发展幼儿叙述、描写、创造性讲述及朗诵能力;在美工、音乐、体育教学中则通过动作示范帮助幼儿掌握学习内容和动作。

示范法包括完整示范、部分示范、分解示范、不同方向示范等多种形式。在向幼儿传授儿歌、舞蹈、绘画等内容时,教师应做完整示范,便于幼儿理解和掌握;在教学活动中发现幼儿有难点、错误时,教师可再做分解示范,以帮助幼儿解决困难和纠正错误。示范可由教师示范,也可以请幼儿示范。

运用示范法时应注意以下几点:

(1) 示范或提供范例过程中的讲解要清楚、准确,动作、速度要适当放慢,重点部分应重复示范。

(2) 示范手段应多样化。

(3) 要与语言法紧密联系。

(4) 要与幼儿的行为练习相结合。

(二) 游戏化方法

游戏化方法在幼儿园社会教育中主要表现在两个方面:游戏活动教育化和教育活动游戏化。游戏活动教育化是指教师应充分挖掘在幼儿的各种游戏活动中有利于发展幼儿社会性的内容;教育活动游戏化是指教师应尽量利用游戏的形式进行相应的教育活动。

幼儿的游戏活动一般可分为创造性游戏和有规则游戏。创造性游戏是幼儿通过想象等创造性地反映现实生活的游戏活动;有规则游戏是成人为了对幼儿实施某方面的教育而编制的有一定规则的游戏。

运用游戏化方法时应注意以下几点:

(1) 注意幼儿发展的适宜性。

(2) 明确游戏规则。

(3) 教师要掌握指导游戏的技能。

(三) 语言法

语言法是指教师主要通过语言对幼儿进行讲解、劝说、指导等,以达到相应教育目的的教育方法。语言法是幼儿园教育中最普遍、最经常使用的教育方法,主要有讲解法、谈话法、讨论法等。

1. 讲解法

讲解法是指教师向幼儿说明一些简单的知识、道理、规则及其意义等,使幼儿明辨是非,懂得应该怎样做和为什么要这样做的方法。讲解法是幼儿园社会教育活动中运用得非常普遍的一种方法,无论是幼儿对人际关系的了解、对社会环境的认知,还是对社会行为规范的学习和对社会经验的汲取,都需要教师用生动浅显、富有感染力的语言进行讲解、启发和引导。

(1) 讲解法的优点。

① 效率高,可以使幼儿在较短的时间里获得较多的知识。

② 有利于教师发挥主导作用,根据教育目的对幼儿进行社会教育。

③ 主题明确,易于幼儿直接接受。

④ 反馈及时,教师可根据幼儿的回答得到反馈,便于调整讲解的内容和方法。

(2) 讲解法的局限性。

① 幼儿以听教师讲为主,没有充分的时间对所学内容及时做出反馈,幼儿学习的积极性、主动性不易充分发挥。

② 单调,幼儿的注意力容易分散。

③ 很难照顾个别差异。

(3) 运用讲解法的注意事项。

① 要有针对性地讲解。教师只需对那些幼儿不知道又无法实践或体验的、难以理解的内容进行专门的讲解,而对一些简单的或幼儿已经熟悉的内容,就无须再讲解。

② 讲解应形象直观。教师的讲解要清晰、准确、简明易懂、生动有趣、有感染力,在语速和音量上注意抑扬顿挫,要富有启发性和说服力,并且在角色上也要富于变化。

③ 讲解的方式应多样化。教师在讲解时可适当穿插提问、谈话等,使幼儿适当参与,吸引幼儿的注意力;除了形象直观的讲解外,教师还可以借助自己的动作演示、图片、视频等各种辅助教学手段帮助幼儿理解。

2. 谈话法

谈话法就是教师与幼儿相互提问、对答的教育方法。谈话法的运用可以使教师借助恰当的问题帮助幼儿分拣、提炼原有的社会知识经验,使之系统化、明确化。教师可以向幼儿提问题,也可以解答幼儿的问题。谈话法中幼儿的提问与回答是其真实思想活动的反映,有利于教师把握其思想实质。

运用谈话法时需要注意以下几点:

(1) 谈话的内容应是幼儿熟悉的事物,这样幼儿才会想说话、有话说,才能使幼儿在获取知识的同时在情感上产生共鸣。

(2) 提出的问题应具体、明确、难易适度。

3. 讨论法

讨论法是指幼儿在教师的指导下对某些具有社会性的问题、观点及认识相互启发、相互学习、交流意见的教育方法。讨论法的运用,有利于幼儿自由发表意见和感受,帮助幼儿养成独立思考的习惯,培养幼儿独立思考的能力,使幼儿懂得不同的人对待问题的看法不同,有利于幼儿摆脱自我中心意识。

运用讨论法时应注意以下几点：
(1) 讨论的主题应是幼儿熟悉的。
(2) 教师要通过提问调节讨论的节奏，使讨论不走题。在讨论过程中，教师不轻易评价，鼓励幼儿对问题及其他幼儿的意见发表自己的看法。
(3) 教师要努力创设宽松自由的气氛，让幼儿大胆发表自己的看法。
(4) 讨论结束时，教师简明阐述正确的观点，引导幼儿对问题做出正确的小结。

(四) 移情法

这里的移情是指设身处地地站在他人的位置和立场上考虑问题，理解他人的感情和需要。移情法是指通过故事、情景表演等形式使幼儿理解和分享别人的情绪体验，使幼儿在日后生活中对他人类似的情绪体验会主动地、习惯地产生理解和分享的教育方法。移情法在幼儿园社会教育活动中是一种很重要的教育方法。在移情训练中，教师往往通过让幼儿想象、表演，以及实际作用于被理解对象的行为等方式，使幼儿介入对被理解对象特殊情绪反应的关心、安慰等过程。这样，一方面强化幼儿对特定情绪的理解和分享，另一方面使移情训练在一定程度上导出良好的社会性行为。移情训练的主要途径有讲故事、续编故事、情景表演、生活情景体验、开展游戏等。

运用移情法时应注意以下几点：
(1) 创设情景应符合幼儿的年龄特点和生活水平。
(2) 情景训练一定要唤起幼儿的共鸣。
(3) 通过变换角色、身份扩大移情对象。
(4) 帮助幼儿形成良好的行为习惯。
(5) 教师应参与到活动中。
(6) 应将角色扮演和行为练习有机结合起来。

知识拓展

幼儿移情能力的发展阶段[①]

移情能力是一种既能分享他人情感，对他人的处境感同身受，又能客观理解、分析他人情感的能力。幼儿时期移情能力的发展要经过以下几个特殊的阶段：

(1) 婴儿期(1岁左右)。婴儿期的幼儿对他人情绪的反应是比较笼统的，绝大多数是从自身的感受和体验出发。例如，听到其他婴儿的哭声，自己也会跟着哭起来，这是由于他们想起了自身的经历，甚至有的婴儿认为那个哭声就是自己发出的。同时，婴儿期的幼儿也仅仅对他人较强烈的情绪有反应。

(2) 2~3岁。2~3岁幼儿的移情特征开始从"从自身的感受和体验出发"向"对他人情感产生共鸣"过渡。看到别的孩子受责罚，他们会感到很难过，有些甚至还会以模仿他人的方式向对方表示安慰。但由于"自我中心"的发展特点，他们识别、判断、体验他人情感的能力还不够，容易受外界刺激或别人情绪的影响。所以，2~3岁

---

① 佚名.幼儿移情能力的发展与培育[EB/OL].[2017-10-08]. http://edu6.teacher.com.cn/tkc142a/ztxx/rt65.htm.

的幼儿的移情大多还保留在模仿阶段。

(3) 3~4岁。3~4岁的幼儿开始走出自我中心,对他人情感的理解能力增强,能从一个人的表情来辨别和理解各种情绪,并能通过一定的方式来取悦他人,获得满足。例如,通过经验积累和良好的教育,孩子能理解爸爸妈妈很辛苦,并做出给父母倒水、帮父母做事等举动。同时,开始跳脱自己的经验与体验,主动从他人的角度出发,做出一定的情绪反应。

(4) 5~6岁。5~6岁幼儿的移情反应已经相当复杂,他们开始理解人在不同情景下会有不同的感受,尤其是开始注意到即使在同一情景下,不同的人也会有不同的感受。能理解角色地位和经验背景对个体情感的影响。例如,同伴受伤,他们不仅能体会到同伴的伤痛,还能感受到同伴将要面对的窘迫和困苦,也能理解大人受伤和小朋友受伤的感受会截然不同。

(五) 角色扮演法

角色扮演法是指通过模拟现实生活中的某些情景,让幼儿扮演其中的角色,以这个角色的身份处理问题、体验情感,了解他人的需求和感受,更好地掌握与角色相适应的行为特征和规范的方法。

1. 角色扮演法的特点和作用

(1) 可以有效促进幼儿的积极亲社会行为,减少消极反社会行为。

(2) 适合幼儿的年龄特点和兴趣需要。

(3) 全班幼儿共同参与,可以提高幼儿活动的积极性,有利于幼儿良好社会行为的发展。

(4) 促进幼儿角色承担能力的发展。

2. 角色扮演法的组织过程

(1) 开始环节。向幼儿介绍情景,引出问题,当情景出现困难时,用提问的方式引导幼儿思考、讨论并预测结局。

(2) 选择参与者。分析各角色的特点,请幼儿自愿担任角色。

(3) 讨论和评价。引导幼儿谈谈自己的理解,分析事件、行为、动机、后果等,让幼儿充分理解不同角色的责任、行为后果等。

(4) 集体扮演。让幼儿按照自己对角色的行为方式的理解扮演角色。

(5) 经验共享和类化。引导幼儿把问题情景和真实情景联系起来,讨论社会环境中大家普遍认可的行为方式,帮助幼儿归纳、整理感受和经验,引导幼儿说出自己类似的实际经验。

3. 运用角色扮演法时应注意的问题

(1) 引导幼儿将讨论的重心放在情感方面,即角色的内心活动、他人角色的特点和所处地位、解决问题的特点和技巧等。

(2) 情景内容要与幼儿的日常生活紧密结合,不能与幼儿的实际生活脱节。

(3) 角色扮演要循序渐进,开始时可以由教师示范表演。

> **小案例**
>
> 娃娃家游戏中,3个5岁多的女孩为谁做家中的妈妈争执不休。忽然,A女孩找到了理由:"今天老师表扬我很能干,只有能干的人才能做妈妈。"B女孩马上顿悟:"今天老师也表扬了我,我也很能干,我也可以做妈妈。"C女孩只好认输:"好吧,我做小孩,你们俩猜拳,谁赢了谁就做妈妈。"结果B女孩赢了,A女孩很不服气,说:"我当外婆,反正外婆是妈妈的妈妈。"①

(六)强化法

强化法是指教师采取一定的方法,对幼儿已经出现的行为进行巩固或纠正的方法。强化法的具体实施包括肯定、表扬、鼓励等正强化手段和批评、惩罚等负强化手段。

1. 表扬鼓励法

积极的暗示胜过消极的制裁,肯定积极的表扬鼓励优于消极的惩罚。表扬鼓励主要包括:口头表扬和鼓励;眼神、动作、表情等无声的表扬和鼓励;物质表扬和鼓励;权力、委托方面的表扬和鼓励;文字表扬和鼓励等。

> **小案例**
>
> 案例:妈妈经常带着小庆在小区玩耍,看见有邻居和认识的人经过,妈妈都会主动和别人打招呼,还让小庆一起:"小庆,这是我们对面的王阿姨,打个招呼吧。""小庆,你看一楼的张奶奶过来了,张奶奶昨天还夸小庆可爱呢,向奶奶问个好。""隔壁的小明也下来玩了,小庆正好去和明明一起玩球,两个人更好玩的。"在妈妈的"鼓动"下,小庆很自然地跟大家打招呼问好,得到了很多夸奖,小庆玩得更加开心了。
>
> 分析:从案例中可以看出经常性的训练非常必要。有些社会交往技能是必须"教给"幼儿的,如怎样参与到别人的游戏活动中去,怎样对同伴的友善行为做出回应,怎样与同伴分享食物、玩具,怎样给予同伴关心、帮助和同情,以及在这些时候应该说什么话、做出什么样的表情和动作等。经常向孩子讲述这些,比单纯让孩子模仿别人效果要好得多。关于家庭教育方式的许多研究发现,如果家长热情而态度明确地要求孩子遵守社会礼节所要求的各种规则,那么他们教育出来的孩子往往能表现出懂规矩、善于和别人交往;相反,那些不经常向孩子提要求、纵容孩子的家长,培养出的孩子往往是攻击性强、不受同伴欢迎的,这类孩子对别人提出的要求常采取对抗的态度②。

---

① 黄培.同伴交往对幼儿社会性发展的作用[J].中国教育发展研究.2010(01):56-57.
② 佚名.让宝宝成为"社交达人"的六种方法[EB/OL].(2011-11-21)[2017-08-26]. http://www.wangxiao.cn/youer/68682063110.html.

2.批评惩罚法

批评惩罚是对幼儿的错误行为给予否定评价。教师用批评惩罚的方法表示对幼儿的行为方式和习惯、态度等的不满意，帮助幼儿辨别是非，纠正消极行为。

二、幼儿园社会教育的途径

幼儿社会学习具有随机性、长期性和实践性的特点，因此，幼儿园社会教育应具有潜移默化的特点，即将社会教育渗透到一日生活的各个环节，通过自然的形式对幼儿进行熏陶，如将社会教育渗透到幼儿的交往、探索活动、游戏中等，使幼儿适应环境、内化规则。幼儿园除了正规的社会教育活动外，生活活动、区域活动、户外活动、家园共育的渗透教育等都对幼儿的社会教育具有重要作用。在教育实践中，要根据幼儿园社会教育的目标、内容，幼儿的年龄特点等，对社会教育的组织途径进行科学选择和有机结合，从而达到教育目标的实现。幼儿园社会教育的途径主要包括专门教育活动、随机教育活动、家园合作及社区教育。

（一）幼儿园的专门教育活动

幼儿园的专门教育活动是指幼儿园教师根据教育目的和教育计划，结合本班幼儿的发展规律和特点，选择合适的教育内容，采取合理的教育方式和方法，对幼儿进行社会教育的形式。专门的教育活动包括集体教学活动、区域活动、游戏活动等。

1.集体教学活动

集体教学活动是指教师有目的、有计划地围绕某个社会内容，采用合理的教育方法对幼儿进行社会性教育的活动，即社会领域的教学活动。

集体教学活动的优点主要表现在以下几个方面：

（1）每一个社会教育活动都有明确的目标来指导活动的开展。

（2）教师具有清晰的设计思路及有条理的组织原则。

（3）在集体教学活动中，教师能直接控制、明确地传递教育意图。

2.区域活动

区域活动是指教师在一定空间内设置各种区域，让幼儿根据自己的兴趣和需要选择内容和方式的活动。幼儿园的活动区域包括活动室、睡眠室、走廊等，教师可在这些区域投放材料和设施供幼儿活动使用。

教师应把区域活动视为集体教育的延伸。有时教学过程中会出现操作材料的不足，教师可以在区域角里摆设材料，供幼儿课余时间操作，从而加深印象，促进幼儿理解和应用，同时也可以对特殊幼儿进行特别辅导。

教师要注意发挥区域活动的社会教育功能。例如，引导幼儿建立规范意识；幼儿自己安排自己的活动内容，可以增强幼儿的自我意识；幼儿自由分组、交流，培养幼儿团结合作的良好品质；区域活动比较自由，幼儿可以按自己的兴趣、爱好选择活动，从而获得课堂上学不到的经验。

（二）幼儿园的随机教育活动

教育首先是作为人的一种生活过程而出现的。离开这一基本主题，教育就没有意义。《指南》也指出，幼儿的社会性主要是在日常生活和游戏中通过观察和模仿潜移默化地发展起来的。成人应注重自己言行的榜样作用,避免简单生硬的说教。

1. 日常生活中的随机教育

幼儿园是幼儿生活的第二环境。幼儿园就是一个小社会,幼儿在这里学会学习,学会做人,学会生活。因而,要充分发挥幼儿园的小社会功能,有效地促进幼儿社会化。

幼儿园应把社会教育渗透于幼儿的一日生活当中,以一日活动的各个生活环节为课程,把各环节之间的转换过程作为培养幼儿规则的重要内容来抓,如把盥洗、午睡、吃点心、整理自己的物品等都作为教育内容。在培养幼儿生活常规的教育中,教师应互相配合,按整个生活的常规顺序培养幼儿有序而不散乱的好习惯。常规的课程,有些需要在一天之内多次重复,有些需要日复一日地重复,以促使幼儿早日养成良好的习惯,这将使幼儿终身受益。

在一日生活及各项活动中实施社会教育,包括以下几个环节:

(1) 早晨来园的礼貌教育:向老师和同伴问好,和家人说再见。

(2) 晨间劳动:如擦桌椅,浇灌花草,给小动物喂食,培养爱劳动、做事认真的意识。

(3) 晨间洗手:培养讲卫生、排队和节约用水的意识。

(4) 值日生劳动:培养做事公正、服务他人的意识。

(5) 进餐:培养爱惜粮食、文明进餐意识,养成不暴饮暴食、饭前洗手、饭后漱口的良好进餐习惯。

(6) 如厕:培养生活自理能力。

(7) 午睡:培养穿脱衣服的正确姿势,正确睡姿,以及不打扰别人的意识。

2. 其他领域活动中的随机教育

其他领域活动包括阅读文学作品与艺术活动等。例如,文学作品有《小猫钓鱼》(教育幼儿做事一心一意,要有毅力)、《狐狸与乌鸦》(教育幼儿不轻信他人,学会识别善恶)、《龟兔赛跑》(教育幼儿要谦虚,不要骄傲);艺术活动有"我的好妈妈""画小区""李小多分果果"等。

(三) 家园合作及社区教育

《纲要》提出,社会教育要与家庭、社区合作,引导幼儿了解自己的亲人及与自己生活有关的各行各业人们的劳动,培养其热爱劳动者并尊重劳动成果的意识。充分利用社会资源,引导幼儿实际感受祖国文化的丰富与优秀,感受家乡的变化和发展,激发幼儿爱家乡、爱祖国的情感。

1. 家园合作

《纲要》指出,家庭是幼儿园教育的重要合作伙伴,要积极争取家长的理解、支持和主动参与。家园合作有利于教师了解每个幼儿的家庭状况及家庭教育情况,了解幼儿的兴趣、爱好、生活习惯,同时也了解幼儿社会性方面的缺点和不足,以便更有针对性地进行社会教育。家园合作有利于家庭教育和幼儿园教育保持一致。幼儿园和家庭作为幼儿社会教育的两个重要场所,只有协调一致,才能充分发挥教育的整体作用,保证幼儿社会性的协调发展;否则,就会削弱、抵消教育的效果。家园合作的方式多种多样,主要包括家访、个别交谈、设置家园联系园地、开展家长开放日活动、成立家长委员会、开展家庭教育讲座、开展亲子活动、家教经验交流、开设教师信箱等。

(1) 家访。家访可以使教师更详细地了解幼儿的家庭状况和幼儿各方面的表现,也有助于增进教师和幼儿及家长的情感交流,使教师取得幼儿和家长的信任与支持,并能够有针对性地和家长合作,提出教育建议。

教师家访时应该注意:家访不是向家长"告状",也不是向家长发号施令,应该本着了解幼儿、了解情况、接受建议或提出建议的目的和家长及幼儿进行交流,并注意交流的方式和态度,使家长和幼儿易于接受。

(2) 个别交谈。教师把幼儿在园内一天的表现告知家长并和家长进行简短的交流,就有关问题及时沟通。个别交谈有利于教师和家长及时了解幼儿的情况,并利于教师指导家长的教育。

(3) 设置家园联系园地。在家园联系园地中,幼儿园可以宣传下列内容:幼儿社会教育的资料、文章;幼儿园社会教育活动的计划及对家长的一些配合、协助方面的要求;家长在孩子社会教育方面的经验和体会;家长对幼儿园社会教育活动的建议,等等。注意,家园联系园地的内容应根据情况适时更换,做到及时、有效、针对性强。

(4) 开展家长开放日活动。幼儿园邀请家长来幼儿园听课或参观,把幼儿园的教育情况向家长公开或公布,使家长更加了解幼儿园教师的工作,了解自己的孩子在幼儿园的情况,并进一步发现孩子的特点和需要,据此改进家庭教育。

(5) 成立家长委员会。家长委员会可以作为幼儿园的一个部门定期开展工作,并发挥家长在幼儿社会教育方面的优势。

(6) 开展家庭教育讲座。家庭教育讲座是由幼儿园教师或幼教专家就某一主题开展讲座,以帮助家长树立正确的教育观念,为家长提供家教方面的指导。

(7) 开展亲子活动。幼儿园作为一个重要的幼儿教育机构,应充分发挥其资源优势,开展多种形式的亲子活动,如亲子游戏活动、亲子运动会等,还可以开设亲子教育学校、亲子教育热线、亲子图书馆等,宣传幼儿教育的先进理念,指导家庭亲子教育。

(8) 家教经验交流。许多家长在教育孩子的过程中积累了很多宝贵的经验,幼儿园应该为家长搭建一个交流的平台,发挥家长之间的教育作用,这也是家园合作、指导家庭教育的一种很好的形式。

(9) 开设教师信箱。在和家长联系的过程中,多数家长都愿意当面和教师交流,但是也有一些家长由于工作忙没有时间和教师见面详谈,或者由于其他原因不能或不愿意当面和教师交流。针对以上情况,各班可以利用教师信箱和家长及时联系与沟通。

除了以上介绍的方式外,教师还可以通过打电话、发电子邮件、家教咨询、家园小报等方式加强幼儿园与幼儿家庭的联系。

家园合作时应注意以下问题:要取得家长的信任;要及时有效地与家长沟通,让家长意识到家园合作都是为了孩子的发展;要保持家长与幼儿园在教育观念、教育态度上的一致;要充分挖掘、利用家长资源;要适时地让家长参与幼儿园的决策。

2. 社区教育

《纲要》指出,幼儿园应与家庭、社区密切合作,与小学相互衔接,综合利用各种教育资源,共同为幼儿的发展创造良好的条件。

社区是幼儿社会化的第三课堂。社会教育要培养、造就符合社会需要的人才,就必须走向社会、融入社会。为此,幼儿园应充分利用社区中的人力资源、物质环境等拓展幼儿学习的空间。

三、幼儿园社会教育的注意事项

幼儿园社会教育的注意事项包括以下几点：

1. 要有明确而必要的制度

结合社会生活实际，帮助幼儿了解基本行为规则或其他游戏规则，使幼儿体会规则的重要性，学习自觉遵守规则。例如，经常和幼儿玩带有规则的游戏，遵守共同约定的游戏规则；利用实际生活情景和图书故事向幼儿介绍一些必要的社会行为规则，并说明为什么要遵守这些规则；在幼儿园的区域活动中创设情景，让幼儿体会没有规则的不方便，鼓励幼儿讨论制定规则并自觉遵守；对幼儿表现出的遵守规则的行为要及时肯定，对违规行为及时制止并给予纠正，如幼儿主动为老人让座时要表扬，幼儿损害别人的物品或公共物品时要及时制止并主动赔偿。

2. 要为幼儿提供交往的机会

社会性的发展离不开交往，所以要为幼儿提供交往的机会，并使幼儿正确理解交往是必要的。教师要创造交往的机会，让幼儿体会交往的乐趣。

幼儿园应多为幼儿提供自由交往和游戏的机会，鼓励幼儿自主选择、自由结伴开展活动。幼儿园组织活动时，可以经常打破班级的界限，让幼儿有更多机会参加不同群体的活动。

幼儿家长可以参考以下做法为幼儿提供交往的机会：

（1）利用到朋友家做客或有客人来访的时机鼓励幼儿与他人接触和交谈。

（2）鼓励幼儿参加小朋友的游戏，邀请小朋友到家里玩，感受有朋友一起玩的快乐。

3. 整体教育

幼儿的社会性发展包括社会认知、社会情感、社会行为的全面发展。三者互相联系，互为基础，不可割裂，在幼儿园社会教育中，应把三者整合起来。幼儿园社会教育经常过多地关注幼儿社会认知和社会行为的发展，忽视对幼儿社会情感的培养。例如，教师经常说："小朋友要互相谦让，懂得谦让才是好孩子。""你打人不对，快说'对不起'。""你（指被打的幼儿）快说'没关系'。"结果幼儿根本不理解此行为的意义，常常出现一些有悖教育目标的情景。例如，两名幼儿争抢玩具，其中一名幼儿理直气壮地喊："老师你看，他不谦让我！"再如，一名幼儿把别人打哭了，可是他毫无歉意地说了一声"对不起"就走开了，走了几步似乎想起了什么，又回来对还在哭的同伴大声指责："你还没说'没关系'呢！"实践证明，如果只是以说教的方式对幼儿进行教育，不关注对幼儿社会情感的培养，就会阻碍幼儿社会情感的发展，会导致幼儿社会认知的表面化、社会行为的不稳定化、社会体验的虚假化等现象。

4. 长期、随机教育

幼儿的社会性发展是一种长期、随机的发展，不是通过几次专门的教育活动就能实现的。因此，在幼儿一日生活的几个环节中，要捕捉各种教育机会，随时地、长期地对幼儿进行社会教育，只有持之以恒，并随时教育，幼儿的社会认知、社会行为、社会情感才能稳定下来，才能形成自己独特的人格。

5. 渗透教育

《纲要》中明确指出，各领域的内容要互相渗透，从不同角度促进幼儿情感、态度、能力、知识、技能等方面的发展。例如,在中班"假如我看不见"活动中,教师设定的活动目标之一是学习运用视觉以外的感觉探索事物。活动中,教师引导:"小朋友们都知道眼睛对我们很重要,那谁能说一说我们该怎样保护自己的眼睛呢?"孩子回答不用脏手揉眼睛、不长时间看电视等。可见,这个活动把社会教育与健康教育有机结合起来了。

在具体的教育活动中,首先,要把握其他领域教育活动中的社会教育契机,从不同角度促进幼儿的社会性发展;其次,社会教育应充分渗透到其他领域的教育中,与其他各领域有机结合。渗透教育示意图如图3-2所示。

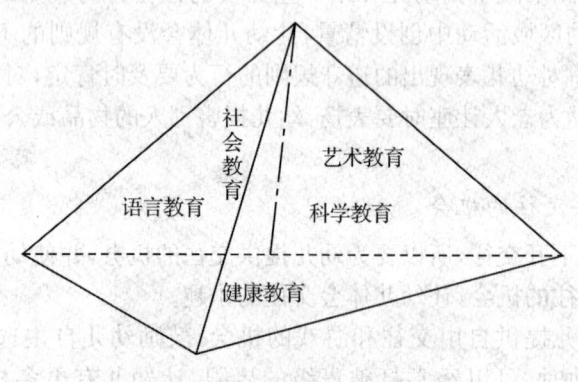

图3-2 渗透教育示意图

例如,对儿歌《节约用水》的学习就把语言教育和社会教育有机结合起来了。

节 约 用 水

小水管,低着头,
滴滴答答泪直流。
问它为啥哭,
低头不开口。
你要替它擦眼泪,
快去拧紧水龙头。

6. 家、园、社区密切合作

幼儿的发展是在与周围环境的相互作用中实现的,良好的教育环境对幼儿的身心发展具有积极的促进作用。家庭、幼儿园、社区是幼儿发展的三大环境。幼儿教育环境不只是幼儿园教育,家庭、社区也是两大重要的教育环境。家庭的教养方式、教育态度、邻里和社区居民的言行举止、精神风貌等,都会直接或潜移默化地影响幼儿。因此,教师必须主动与幼儿家庭密切配合、沟通、交流,使家长了解幼儿社会教育的重要性、目标、内容与方法,使家长能参与到培养幼儿社会性的过程中来。教师要主动与社区密切合作,让社区成为幼儿教育的第三大课堂。一方面,幼儿园要利用社区的教育资源开展教育内容,如幼儿园周围的自然景观、风土人情、历史遗迹、各种社会机构及人员等;另一方面,幼儿园要利用自身的教育资源优势为社区提供学前教育服务。

小案例

以下是对一个交往能力薄弱的幼儿的个案研究[①]。

案例描述：

宇宇今年3岁，他的爸爸是名现役军人，妈妈是普通职工。宇宇平时不喜欢与人交往，任凭老师怎么引导，他都不愿意参加活动，只是用畏惧的眼光盯着老师看。从宇宇的行为表现上看，他属于典型的社交退缩型幼儿。社交退缩是指幼儿不能主动与同伴交往，沉默寡言，不愿进入陌生的环境，不愿参加集体活动，表现出害怕、孤独、胆怯等行为特点。以下几则片段真实地记录了宇宇在幼儿园的情况：

片段一：早上来园

开学已有两个星期了，这周刚好轮到我上早班。那天，我早早来到班级等待孩子们来园，大约15分钟后，我陆续见到了一张张稚嫩的小脸，孩子们那一声声亲切的问好让我心花怒放。又过了5分钟，宇宇小朋友拉着妈妈的手低着头走进了教室，在自己的座位坐了下来，一副极不开心的样子，不管妈妈怎么劝说，他就是不肯向老师问早。

片段二：区域活动

区域活动时间到了，像往常一样，我让孩子们自由选择教室里的玩具玩。其他孩子都找到了自己喜欢的玩具，只有宇宇不哭不闹地在座位上摆弄自己从家中带来的玩具。游戏时宇宇总是自顾自地玩，只要有人邀请他，他就害怕地躲让。

片段三：放学回家

一天下午，到了放学时间，我把宇宇送到了晚晚班教室，让宇宇等待爷爷来接他回家。在我转身要离开时，他忙拽住我的衣角不放，并用无助的眼神看着我，嘴角不停抽动。我询问后得知，原来宇宇不想和一些不认识的孩子一起留在晚晚班，更不愿与其他班的孩子一起玩。于是我就留下来陪在他身边，直到爷爷来接他为止。

原因分析：

宇宇性格内向，不善于用语言表达自己的想法，也不善于与同伴交往，这种性格的养成与家庭教育有很大的关系。我向其家人了解到，宇宇生活环境单一，父母工作繁忙，亲子沟通交流的机会较少，时间一长，宇宇就变得沉默寡言。宇宇自幼缺少同龄的玩伴，不知如何与同伴交往，这更加重了他与人交往时的紧张感。此外，宇宇入园后大多由爷爷接送，爷爷接送时只关心孙子的健康问题，其他事情一概不问，导致宇宇的社交退缩问题没有得到及时干预。针对这种情况，宇宇的父母也很着急，有点束手无策。为了帮助宇宇改变其不善交往的性格，我采取了一系列的措施。

[①] 徐姣艳.对一个交往能力薄弱的幼儿的个案研究[EB/OL].(2013-09-22)[2017-11-06]. https://wenku.baidu.com/view/f9ad7400f78a6529647d5364.html.

解决对策：

针对宇宇的情况，我尝试从以下几个方面来提高他的社会交往能力：

1. 幼儿园教育

（1）系列教育活动。针对宇宇交往能力薄弱的情况，我特地在班级开展了"小手拉小手""你是我的好朋友"等系列教学活动，逐步培养宇宇与同伴互相帮助、谦让、合作、分享等交往意识。

（2）游戏活动。游戏活动是发展幼儿社会交往能力的重要途径。我选择、设计了有益于发展幼儿社会交往的游戏，把交往意识与交往能力的培养渗透到游戏中去，寓教于乐。

一次美术活动中，我特意安排了一个游戏环节，让幼儿向自己的好朋友借一样美术工具。别的幼儿都开始走动起来，寻找"目标"，只有宇宇端坐在座位上，时而低头，时而左顾右盼。我走过去问他："宇宇，你看，完成这幅画还需要别的东西吗？""我……我还少一支红蜡笔。""哦？那你可以先向旁边的小朋友借一支。"看着他一副极不情愿的表情，我在一旁耐心地鼓励他："宇宇，快说啊，小朋友肯定会借给你的。"犹豫了一会儿，他终于鼓起勇气，大声对旁边的甜甜说："你可以借我用一下红蜡笔吗？"说完，宇宇的脸顿时涨得通红。甜甜很爽快地答应了，宇宇接过红蜡笔害羞地笑了。这时，我对宇宇说："你看，做到了吧！只要你大胆地把自己不能解决的事情说出来，肯定会得到老师、同伴的帮助。"

（3）节日活动。节日活动可以为幼儿创造愉快的交往机会，提高幼儿的交往能力。例如，教师节那天，我在班里举行了讲故事比赛，所有幼儿都做了精心准备。比赛开始前，我向宇宇妈妈要了一张宇宇的故事演讲稿，万一宇宇忘词了，我可以提醒他一下。比赛正式开始了，轮到宇宇时，我蹲下来拍拍他的肩膀，小声地在他耳边说道："不要紧张，大胆讲吧，如果忘记了，老师会提醒你的。"他听后点了点头。没想到，宇宇发挥出色，越讲越精彩，博得了小朋友、教师及家长一阵阵的掌声。演讲结束后，宇宇得意极了，滔滔不绝地跟身边的小朋友讲述比赛时的状况。从那以后，我发现宇宇自信了许多。

（4）随机教育。生活中的交往是最真实、最自然的，抓住生活中的契机开展随机教育，能达到事半功倍的效果。

一天午睡起床后，幼儿们穿好衣服准备去吃点心，大部分幼儿动作较快，穿戴完毕走出午睡室，只有宇宇和嘉嘉落在最后。我正准备吩咐他俩加快速度，突然听到这样一番对话：

宇宇："嘉嘉，你今天中午睡着了没有？"

嘉嘉："没有啊。"

宇宇："那我们就不能做朋友了，老师的手你也不能拉。"

嘉嘉："为什么呀？"

宇宇："老师说过不睡觉就不是好孩子，老师不会跟你拉手的。"

说完，宇宇跑到午睡室门口，看到我站在那儿，连忙牵起我的手说："徐老师，我们拉手，我今天睡着了。"

随后，嘉嘉闷闷不乐地走出来，好像自己真的犯了大错误。我赶紧把嘉嘉拉到身边，握住两个人的手，说："今天宇宇乖乖睡午觉了，是个好孩子，嘉嘉衣服穿得整齐，也是个好孩子，老师愿意和你们拉拉手。以后宇宇监督嘉嘉睡午觉，嘉嘉帮助宇宇穿好衣服，你们两个做一对好朋友，好吗？"

(5) 个别教育。我与宇宇建立了母子般的师生关系，在园期间，我经常找机会与他聊天，牵牵他的小手，抚摸抚摸他，只要他取得一点进步我就会鼓励表扬他，增强他的自信心。聊天过程中，我逐步要求他和老师、同伴、家长见面时说"你好"，告别时要说"再见"，请求别人帮助时要说"请"，接受别人帮助后要说"谢谢"，无意中打扰别人要说"对不起"，接受别人道歉时要说"没关系"，等等。此外，针对宇宇的情况，我认真做好观察记录，及时与宇宇父母联系，了解他在家中的情况，不断调整教育方案。

2. 家庭教育

培养幼儿社会交往能力不能仅靠幼儿园教育，还需要家长的支持和配合。

(1) 亲子交流。我要求宇宇的父母在正常情况下坚持天天来园接送宇宇。每天接送时我都和他们交流宇宇的情况。为了锻炼宇宇的表达能力，我建议家长每天抽出一定时间，陪宇宇玩游戏，或让宇宇参与家务劳动，从而创造交谈机会。谈话的主题可以联系宇宇在幼儿园的生活，如"你在幼儿园看到了什么好玩的事情？""今天和哪些小朋友一起玩了？"等等。

(2) 社会教育。我建议宇宇的父母带宇宇走出家门，为宇宇创造更多与同龄人、陌生人交往的机会。例如，在节日期间领孩子去广场、公园；让孩子与同龄人自然交往；领孩子去超市、商场，让孩子与导购员、收银员交流。我还同宇宇父母商议，让父母把每次外出时宇宇的情况反馈给幼儿园。

反思与总结：

三个月过去了，宇宇在老师和家长的帮助下，发生了根本性的变化，不再畏惧陌生人，不再拒绝小朋友的友好邀请，能够真正融入班集体中。我意识到，要提高幼儿的交往能力，既不是一朝一夕就能完成的，也不是仅凭说教就可以达到目的的，而是需要教师做一个有心人，需要社会、家庭、幼儿园三方共同配合，为幼儿创设各种交往环境，并进行悉心指导。

模块四　幼儿园社会教育活动设计与指导

一、幼儿园社会教育活动设计

(一) 幼儿园社会教育活动设计的思路

确定了教育目标并选择了教育内容之后,教师要设计教育活动的具体方案,将方案清晰地表述出来,写成教案。幼儿园社会教育活动的设计主要包括活动名称的设计、活动目标的设计、活动准备的设计、活动过程的设计及活动延伸的设计。

1. 活动名称的设计

活动名称是教育活动的名字,要能比较概括地反映出教育活动的内容、发展目标。

活动名称设计的要求包括以下几点:

(1) 在活动名称后面,一定要写清该活动属于哪个年龄段,如"哥哥姐姐真能干(中班)""我们的城市(大班)"。

(2) 活动名称的设计没有特殊的要求,在设计名称时应尽量符合儿童化的特点,如"小鬼当家""学做小客人"等。

2. 活动目标的设计

活动目标是教育活动预期的结果,即教育活动要达到的目的。

活动目标设计的要求包括以下几点:

(1) 目标表述的角度要一致,或者从教师的角度出发,或者从幼儿的角度出发。例如,中班社会教育活动:哥哥姐姐真能干。

其活动目标为:

① 了解大班幼儿的生活、学习情况。

② 激发幼儿向大班哥哥姐姐学习、争做大班小朋友的愿望。

对上述目标进行分析,发现目标①中的行为主体是幼儿,此目标是幼儿的发展目标;目标②中的行为主体是教师,此目标是教师的教育目标。可见,这两个目标表述的角度不一致,可将其改为:

① 了解大班幼儿的生活、学习情况。

② 产生向大班哥哥姐姐学习的愿望,争当大班小朋友。

(2) 目标设计要符合幼儿的年龄特点。例如,将大班活动目标定为"学习准确使用'谢谢''你好''再见'等礼貌用语",这样的目标要求过于简单。又如,将小班活动目标定为"了解有关台湾的基本知识,知道台湾是我国不可分割的一部分",这样的目标难度过高。

3. 活动准备的设计

为保证活动的顺利进行,在活动开展之前,需要做一些活动准备,主要包括物质准备、环境创设准备、知识和经验准备。其中,物质准备包括活动场地的选择与布置,教具的选用和制作,有关设备器材的种类、数量的确定与人员配备等。

(1) 教师的准备。教师的准备包括物质准备和环境创设准备。

① 物质(各种教具、玩具等)准备。教师根据活动的设计准备好仪器,如录音机、幻灯片、计算机、图片等。

幼儿园常见活动中教师的物质准备如下:

亲子游戏"小刺猬摘果"的物质准备包括:用绒线做成的兜兜和塑料篮子各七八个,碎布屑若干、碎海绵若干,录音机和磁带等。

"爱意摇篮曲"活动的物质准备包括:布娃娃或毛绒动物、歌曲《摇篮曲》和电子琴。

"小鬼当家"活动的物质准备包括:纸币、购物篮若干,超市场景布置,商品上贴上价格标签。

"假如我看不见"活动的物质准备包括:盲杖、眼罩若干,残疾人图片,眼睛图片,音乐录音,各种玩具、书、水果等。

② 环境创设准备,如座位的摆放、环境布置、情景表演、角色扮演等。

幼儿园常见活动中教师的环境创设准备如下:

在"小鬼当家"活动中,环境创设准备包括:银行、医院区角设置等。

在"认识书店"活动中,环境创设准备包括以下两方面:一是联系书店,希望营业员热情接待,配合园方搞好参观活动;二是召开家长会,向家长介绍参观书店的意图和指导孩子阅读的方法。

(2) 幼儿的准备。幼儿的准备包括知识经验准备和物质准备。

① 知识经验准备,如事先参观、事先学习等。

幼儿园常见活动中幼儿的知识经验准备如下:

在"小鬼当家"活动中,知识经验准备包括:认识人民币,会识别人民币的不同面值;让幼儿去超市自主购物,并讨论购物的心情,所购商品的用途、价格等;向父母了解家庭一个月各类经费的开支状况。

在"我的妈妈真辛苦"活动中,知识经验准备包括:开展活动之前,请幼儿在家观察妈妈劳动的情形,如有可能,可请家长带孩子参观自己的工作场所。

在"学做小客人"活动中,知识经验准备包括:让幼儿请家长在最近一段时间带自己去亲戚、朋友家做客。

② 物质准备,如要求幼儿从家中带一些材料、幼儿自己动手制作材料等。

幼儿园常见活动中幼儿的物质准备如下:

在"我会包饺子"活动中,需要幼儿自己从家里带擀面杖。

在"我的爸爸"活动中,需要幼儿带爸爸的照片。

4. 活动过程的设计

幼儿园社会教育的目标、理念最终是通过教师组织的教育活动对幼儿产生影响的。教师所设计的活动过程要紧扣活动的目标,为活动目标的实现服务。活动过程的设计通常包括三个环节:活动开始、活动展开、活动结束。

(1) 活动开始。幼儿是否对活动感兴趣,是否积极参与活动,都与活动的开始形式密切相关。一般来说,活动的开始有以下一些形式:

① 设疑开始。疑问可以由教师直接提出,也可以以谜语、儿歌的形式间接提出。

② 图示开始。教师可以利用彩图、标本实物、课件来导出活动。

③ 故事开始。活动开始前让幼儿听一段短小的故事,是社会教育活动常用的一种开始方法。

④ 情景表演。创设一定的情景或利用情景来进行模拟表演,把幼儿带到教育活动中。
⑤ 游戏开始。以游戏的形式开始,在游戏中渗透社会教育。
需要注意的是,教育目标不同的活动,开始形式也是不一样的,教师应该根据教育目标、教育内容和幼儿实际情况选择恰当的开始形式;开始部分的时间一般控制在3~5分钟,否则会影响展开部分的教学效果。
(2) 活动展开。活动展开是社会教育活动的核心部分,它承载着活动的主要内容。教师在这一部分必须要抓住的重点如下:
① 以多种形式让幼儿参与活动,如角色扮演、移情、实践等,调动幼儿的各种感官,让幼儿成为活动的真正主角。
② 最终能实现教育目标。
③ 在活动过程中要尊重幼儿的想法。
(3) 活动结束。常见的结束方法很多,如作品展示、语言总结、教师布置任务等。

5. 活动延伸的设计

活动延伸是指在教育活动结束后,教师继续设计一些与活动主题相关的辅助活动,使教育内容渗透到一日生活中,使幼儿受教育的时间能够持续,使教育的目的能够更好地实现。活动延伸的形式可以是家园共育、领域渗透、环境创设、区角活动、游戏等。

(二) 组织幼儿园社会教育活动的注意事项

1. 组织的活动应尽量使幼儿动手参与

研究表明,活动的开展若只停留在"教师讲,幼儿听;教师演示,幼儿看"的基础上,对幼儿的发展起不到太大的作用。只有让幼儿动手参与了,才能使幼儿理解教育内容,才能使幼儿得到最优的发展。

2. 幼儿参与时可能不如成人做得好,应给予理解

幼儿的身心发展水平较低,在参与活动时难免会出现一些差错,成人要予以理解,允许幼儿犯错误,给予幼儿锻炼的机会,使其发展得更好。

3. 教师的提问应有针对性、导向性并具体化

教师的提问不够清晰、偏难或偏易,都会影响幼儿参与活动的积极性。教师要根据幼儿的发展水平提出难易适当的问题。教师的提问应尽量引导幼儿发散思维,问题答案的多样性也可使更多的幼儿有回答问题的机会,使幼儿的能力得到锻炼。

4. 避免使用成人化的语言或专业术语

成人化的语言使教师无法和幼儿进行有效沟通。例如,一位教师问:"有一只小蜗牛很无聊,家里只有它自己,小朋友想想用什么办法能让小蜗牛快乐起来?"小朋友的回答是"它太热了"。可见,"无聊"这样的语言影响了教育效果。

二、幼儿园社会教育活动指导

(一) 幼儿园社会教育活动的指导策略

1. 建立亲密友好、积极有效的师幼关系

教师要与幼儿建立起友好的关系,让幼儿能感受到自己是被关心、被爱、被尊重的,这有

利于幼儿形成积极的自我概念。如果用严厉、苛刻的态度对待幼儿,只能使对幼儿的教育变得徒劳。

2. 创设能使幼儿感受到被接纳、关爱和支持的良好学习环境

教师应该给予幼儿无条件的关爱,无论幼儿长相怎样或表现怎样。美国著名儿童发展专家斯坦利·格林斯潘(Stanley Greespan)认为,照料者和孩子相互关爱,对培养儿童的同理心和爱的情感很重要。如果教师给幼儿持之以恒的关心和体贴,幼儿也会从中学会关心和体贴他人。如果教师和幼儿之间不能有良好的情感沟通,幼儿长大后就不容易对周围的人表现出慈爱、温情。

3. 利用多种社会资源对幼儿进行社会教育

除了幼儿园自身的资源,还要充分考虑幼儿家庭、社区可利用的教育资源,并充分挖掘当地具有本土特色的教育资源,以及当地可利用的自然环境资源。成人要充分利用各种资源环境对幼儿进行社会教育。

(二)幼儿园专门社会教育活动的实施策略

1. 关注幼儿在实际生活中的感受和体验,结合具体情况进行教学

社会教育来源于生活,最终也将回归生活。脱离幼儿的实际生活对幼儿进行社会教育,幼儿很难真正地心有所感,因而需要关注幼儿在实际生活中的感受和体验。

2. 注重情感体验,重视对幼儿情感态度的培养

在实际的教育活动中,教师更多关注的是对幼儿社会认知和社会行为的教育,往往忽视对幼儿真实情感态度的培养。虽然情感态度不像认知、行为那样看得见,但是情感态度是人的行为的动力源泉,因此,教师应重视培养幼儿的情感态度。

3. 注重给幼儿提供实践练习的时间和机会,促使幼儿将社会认知转化为积极的社会行为

英国著名教育家洛克(Locke)曾说:"儿童不是用规则教育可教好的,规则总是被他们忘掉。你觉得他们有什么必须做的事,你便应该利用一切时机,甚至在可能的时候创造时机,给他们一种不可缺少的练习,使这些练习在他们身上固定下来。这样就可以使他们养成一种习惯。这种习惯一旦养成,便不用借助记忆就能很容易、很自然地发生作用了。"

教师应注意为幼儿提供丰富多样的物质材料,以促使幼儿主动积极地探索学习。教师要创设条件,为幼儿提供尽可能多的参与实践的机会,促使幼儿在多样化的活动方式中自己动手实践、体验、思考。凡是幼儿能够动手的,就要放手让他们去做;凡是周围环境中可以见到的,就应该带领幼儿去实地感知。根据幼儿社会教育具有实践性的特点,教师对幼儿进行社会教育应避免口头说教。

4. 创设和谐、愉快的活动氛围,有效发挥师幼互动的作用

(1)教师应观察了解每个孩子,研究如何找到在活动中与每个孩子沟通的特殊方式,如用眼神、手势、语言等各种方式发挥师幼互动的作用。

(2)教师在活动中应根据幼儿自身的发展变化对幼儿进行评价,善于发现每个幼儿的进步和长处,并能给予及时的表扬和鼓励。

(3)教师应重视发挥幼儿间的社会交往作用,在活动中引导幼儿自己制定必要的活动规则,形成良好的常规。

实践活动

实践项目一　我是小男（女）孩（小班）①

【活动目标】

(1) 引导幼儿区分男孩和女孩的明显外貌特征，知道自己是小男孩还是小女孩。

(2) 激发幼儿对自己性别的喜爱之情。

【活动准备】

(1) 小男孩和小女孩的图片。

(2) 可爱的小服饰若干。

【活动过程】

(1) 区分男孩和女孩。

教师："今天老师想要出个难题考考大家，首先我想请两位小朋友上来表演节目。谁愿意上来？"

教师请一名男孩和一名女孩上来表演节目。

(2) 师生讨论。

教师："小朋友，你们说说看他们两个谁是小男孩谁是小女孩啊？"幼儿自由回答。"那我们是怎么知道他是小男孩，她是小女孩的呢？"幼儿："看看他们的头发。"教师："对了，除了看看头发，我们还可以看看小男孩穿的衣服是怎样的，小女孩穿的服饰又是怎样的，对不对？"教师请幼儿说一说小男孩与小女孩穿的衣服有什么不同。

(3) 教师："那现在我来请小朋友说一说自己是小男孩或是小女孩，而且也说说自己喜欢做什么事。"幼儿自由回答。

(4) 教师："其实小男孩和小女孩都很可爱，老师一样喜欢你们。"激发幼儿为自己是小男孩或是小女孩感到高兴的情感。

实践项目二　着火了，怎么办（中班）②

【活动目标】

(1) 了解在不同场所遇到火灾后简单的自护、自救方法，增强自我保护意识。

(2) 学习仔细观察画面，认真思考，尝试大胆讲述、辩护自己的想法。

【活动难点】

帮助幼儿将独特的见解融合、提升，实现从"认知建构"到"认知冲突"，最后到"机智转变"。

---

① 佚名.小班认知活动教案：我是小男（女）孩[EB/OL].[2017-09-28].http://data.06abc.com/20110827/84690.html.

② 许艳.中班社会活动教案：着火了，怎么办[EB/OL](2016-01-13)[2017-11-06]http://html.study.teacheredu.cn/el/proj_835/article/37004/4151179.htm?ms=1452654220383

【活动准备】

(1) 经验准备：听过消防车的警报声。

(2) 物质准备："遇到火灾怎么办"的 Flash 动画；消防车的警报声录音，颁奖音乐；泼水、灭火器、人救火和"119"火警电话四个立体标志；用于安全知识竞赛的题卡，贴有 1 和 2 的游戏牌；游戏用的红花贴纸和选手竞争榜，安全小卫士奖牌；电话模型两部，安全通道标志；绿、黄两种颜色的地垫等。

【活动过程】

1. 导入

(1) 教师："欢迎来到安全小卫士训练营！我们要先训练，再比赛。谁能顺利过关，谁就能获得安全小卫士的大奖牌。"

(2) (播放消防车的警报声)教师："听！这是什么声音？可能发生了什么事情？"

(3) 教师："遇到火灾怎么办呢？让我们一起来看看。"

2. 安全知识培训：遇到火灾怎么办

(1) 播放动画的第一场景，关键提问："小朋友在户外发现房子着火了，该怎么办？"

互动环节一：出示代表答案的四个立体标志，幼儿选哪种答案，便坐在这种答案标志的垫子上。关键提问："哪种方法能更快更安全地把火全灭掉？"

互动环节二：幼儿再次做出选择。

教师小结：在户外发现有东西着火了，用水浇和用灭火器都有一定的效果，但是我们是小朋友，首先要学会保护好自己，最快最安全的方法还是迅速拨打"119"火警电话，消防员叔叔能很快地将火扑灭。跑进火场灭火是很危险的事情，小朋友不能做哦！

(2) 播放动画第二场景的前半段，关键提问："油锅着火了，煤气可能会爆炸，非常危险，小朋友该怎样保护自己呢？"

教师小结：遇到这种情况不能害怕、慌张，最好的保护自己的方法就是赶紧从家里跑出去，再拨打"119"火警电话报警。

(3) 情景模拟游戏：请幼儿模拟拨打"119"火警电话报警。

教师小结：请记住拨打火警电话时一定要讲清楚着火地点的正确地址，这样消防员才能迅速赶来灭火。提醒幼儿"119"火警电话不能随便拨打。

(4) 播放动画第二场景的后半段，关键提问："如果跑不出去，我们应该怎样保护自己呢？"

教师小结：当家里着火了，跑不出去，应先拨打"119"火警电话，再迅速跑到离着火地点远的房间，先关好门，再打开窗户求救，最后用湿毛巾捂住口鼻蹲下等人来救。

(5) 播放动画的第三场景，关键提问："哎呀！图书城着火了，小朋友怎样又快又安全地跑出去呢？"

教师小结：公共场所发生火灾时，不能慌，要顺着安全通道箭头指示的方向迅速跑出去。我们每到一个公共场所，首先要关注安全通道标志，它能帮助我们迅速逃生。请小朋友找找我们所在现场的安全通道标志在哪里。

3. 游戏：安全知识竞赛

(1) 教师："刚才小朋友学习了许多在火灾中怎样保护自己的知识，现在我们的安全小卫士竞赛开始啦！"

(2) 教师交代玩法、规则。玩法：教师当考官，幼儿当参赛选手，在身上贴好选手号，站在垫子外面。考官念防火知识选择题，选手作答，如果选择1则站到号牌为1的垫子上，如果选择2则站到号牌为2的垫子上。选择完后，考官公布正确答案，答对的选手将红花贴在竞争榜上自己的选手号下。最后看谁的红花最多则获胜，给红花最多的选手颁发安全小卫士奖。规则：考官报完题后，选手不能说出答案，听到"请选择"时立即选择要站的垫子，听到考官倒数5、4、3、2、1之后就不能改变选择。

(3) 带领幼儿游戏。

(4) 宣布获胜者，播放颁奖音乐，颁发安全小卫士奖。

4.防火演习

(情景：突然警报拉响)教师："小朋友，不好了。这里可能有危险，我们赶快撤离现场。"(带领幼儿从紧急出口撤离)

安全知识竞赛题：

(1) 小朋友若在火灾现场，你是救火还是撤离？(1.救火；2.撤离)

教师小结：小朋友若在火灾现场，应该迅速撤离，因为小朋友还小，保护自己的生命是最重要的，灭火的事应该交给消防员等大人来处理。

(2) 家中着火跑不出去了，小朋友跑到远离火的房间后要做的第一件事是什么？(1.先关门不让烟进来；2.先开窗户呼救)

教师小结：应该先关门，这样烟就进不来，你才好去开窗呼救。

(3) 在公共场所遇到火灾，用什么办法离开火场又快又安全？(1.坐电梯；2.走楼梯)

教师小结：烟雾、高温、热气很容易涌入电梯，电梯很可能会出故障或变形而不能使用，所以走楼梯离开火场又快又安全。

实践项目三　生活中的防盗（大班）[①]

【活动目标】

(1) 结合生活实际，了解防盗的设施与方法。

(2) 乐于探索、交流与分享，激发求知欲、创造力。

(3) 提高自我保护的意识与能力。

【活动准备】

(1) 幼儿收集各种防盗设施、方法的图片资料。

(2) 介绍电视监控、报警系统、电子门、保险柜，观看有关录像。

(3) 画有住宅小区、银行、博物馆、超市、幼儿园的图片。

(4) 红色水笔每人1支。

【活动过程】

1.利用生活经验引出课题

讨论：你们家有没有被偷过东西，是怎么回事？（从幼儿熟悉的生活内容入手，幼儿会踊

[①] 佚名.大班社会活动：生活中的防盗［EB/OL］.（2017-11-13）［2018-02-28］. http://edu.pcbaby.com.cn/388/3880504.html.

跃参与,描述绘声绘色,兴趣被充分激发)

2.了解各种防盗方法

(1)幼儿介绍自己了解的防盗方法。(借助实物投影仪,把幼儿准备的图片资料通过大屏幕展示)

(2)幼儿布置展板,教师鼓励幼儿观看并相互介绍。(活动前与家长的沟通非常有效,在家长的支持下,孩子准备的材料非常丰富:有各种各样的门、防盗窗、猫眼、围墙及外墙上嵌着碎玻璃的照片;有从网上下载的从古至今形状各异的锁,包括指纹锁、密码锁、插卡锁等的图片资料;有密码箱、锁、家庭报警器等实物。在银行工作的家长还拍摄了运钞车、全副武装的防暴运钞员的照片;在公安局工作的家长提供了警车、警员的照片;在外企工作的家长打印了电子门、保安室的资料)

这个环节,教师应有意关注幼儿的个别差异,尤其是在活动前重点帮助个别能力差的幼儿准备材料,使他们在此时能感受到同伴的欣赏与鼓励,激发学习的欲望。

(3)鼓励幼儿把自己知道的更多的防盗方法介绍给大家。

在整个交流中,教师注意归类提升,如幼儿讲到"卷帘门"时,请大家介绍还知道哪些防盗门。注重拓展,如孩子讲到电子探头时,抓住话题讨论展开,并在幼儿讲到相关内容时播放拍摄的红外线报警系统、电子门等录像,用生动的画面帮助幼儿拓宽视野。注重体验,当幼儿介绍家庭报警器时,请他临时在活动室的门上安装,当场演示;讲到密码锁时,请幼儿猜密码,感受密码的奇妙功效。注重新课题的及时生成,如幼儿在讨论时提及电子警察,"公路上还有哪些电子装置?"教师把问题抛给孩子,让他们作为一个新的课题在活动后继续去探究。

3.讨论,提高自我保护意识

(1)"有了这么多的防盗方法是不是一定安全了,为什么?"

(2)"原来,小偷是会想尽坏主意去偷东西的,所以我们在平时生活中还要注意些什么?"

(3)"如果我们真的发现了小偷该怎么办?"

幼儿教育的出发点与归属点是提高幼儿的生活质量和保护自己的能力。这一环节的讨论,旨在帮助幼儿养成随手关门、上锁,开门先看猫眼等生活习惯,知道有危险情况先打"110"报警电话,提高安全意识。

4.游戏:设计防盗方案

(1)鼓励几个小朋友结成一组,在新建的住宅小区、银行、博物馆、超市、幼儿园的图纸上画上不同的防盗方法。

小组的共同探究,增加了幼儿之间相互交流与协作的机会,在观点的相互碰撞中幼儿能从同伴那里得到更多的信息、经验,不断思考、完善自己的观点。同时为了完成任务,幼儿必须做出合理的分工,获得有益的经验。

(2)巡回指导时鼓励幼儿设计发明新颖的防盗方法。

在开放的有准备的环境中,幼儿的创造力得以充分展示,图纸上的设计丰富多样,有警犬等动物守门,更有高科技的触报系统,有的幼儿还运用了科幻动画片的情节并加以独特改良。

5.幼儿介绍自己的设计创造

(略。)

知识巩固

1. 如果幼儿只与成人交往或只与同伴交往,对幼儿的社会性发展是否有影响?为什么?

2. 东东在午睡后想和小丽一起玩,不巧的是,小丽刚刚睡醒,只想单独待着。感到沮丧的东东变得具有攻击性,想通过身体接触来引起小丽的注意。东东的行为从轻轻触碰升级到用力推,然后就是打。小丽号啕大哭起来。如果你是老师你会如何帮助他们?请说明你的理由。

3. 乐乐在幼儿园和小朋友玩游戏时学会了分享玩具,但是回到家后,处在一个以独生子女为中心的环境中,他又轻易地形成了独占玩具的行为方式。

请问:

(1) 乐乐的行为体现了幼儿社会教育的什么特点?

(2) 了解这一特点之后教师应当注意怎么做?

单元 4 幼儿园科学教育

学习目标

- 了解幼儿园科学教育的特点;
- 了解幼儿园科学教育的目标;
- 掌握幼儿园科学教育的内容;
- 掌握幼儿园科学教育的方法和途径;
- 能够设计幼儿园科学教育活动;
- 能够对幼儿园科学教育活动进行评析。

案例导入

行为记录:活动开始了,我在桌上给每位小朋友准备了一杯水,"请每位小朋友来闻一闻水是什么味道的?"幼儿说:"没有味儿。""那我们怎样把水变得有味道呢?"小赵第一个举手回答说:"在水里加些果珍,水会变得甜甜的,我妈妈在家经常给我泡果珍喝,很好喝。"其他的幼儿也跟着说:"老师我在家里也喝过的。"我出示了准备好的材料(糖、盐、果珍),"老师准备了一些可以让水变得有味道的材料,一会儿请大家尝尝看放了这些材料后,水会变成什么味道?"我讲完操作的要求后,幼儿就开始实验了。只见小赵拿着自己的杯子先来到了装果珍的杯子前,放了两勺果珍,他喝了一口说:"好甜啊。"然后他换了一杯水,来到装盐的杯子前。他没有马上尝试,而是站在旁边看朋友笑笑喝水,他问笑笑:"好喝吗?"笑笑说:"不好喝,好咸啊。"听了笑笑的话后,他想自己感受一下,于是用勺子装了一点点盐放到自己的水杯中,然后慢慢地喝了一小口,尝了尝说:"有点咸,是盐的味道。"他转过头来告诉后面的小奕:"这个要少放点,有点咸。"小奕说:"咸的,我不要喝。"接着,他们又去尝试其他的材料了①。

幼儿园科学教育是幼儿全面发展教育的重要组成部分,不仅可以丰富幼儿有关自然界

---

① 佚名.中班案例《闻一闻、尝一尝》[EB/OL].(2013-08-31)[2018-02-28]. http://www.jy135.com/html/changyongziliao/anli/201308/31-51497.html.

的知识,而且能激发幼儿对自然的关心和兴趣,使幼儿初步形成对周围人和事物的正确态度,对幼儿的发展具有十分重要的意义。

模块一　幼儿园科学教育概述

幼儿园科学教育是指幼儿在教师的指导下,通过自身的活动,对周围物质世界进行感知、观察、操作,发现问题及寻求答案的探索过程;是幼儿获取广泛的科学技术经验和具体事实,主动建构表象水平上的初级科学概念,学习科学方法和技能,发展智力的过程;是幼儿发展好奇心,感受自己的能力,得到愉悦的情绪体验,产生学习科学技术的兴趣,以及关注、爱护自然界和人工自然的过程。

一、幼儿园科学教育的特点

幼儿园科学教育具有以下特点:

1. 教育内容具有启蒙性、生活化和生成性

幼儿园在开展科学教育活动时,应当选取易于理解、简单、具有启蒙性的科学知识和经验,教育内容还应贴近幼儿的实际生活。另外,教育要善于开发和利用幼儿感兴趣的事物和想要探究的问题,使其扩展为幼儿园科学教育的内容。

2. 教育过程要能引导幼儿主动探究

幼儿园科学教育应使幼儿积极主动地探究客观事物,从而不断强化或调整幼儿对客观事物原有的认识。

3. 教育活动的结果能使幼儿获得广泛的科学经验

幼儿认识事物的特点使幼儿不可能获得真正的科学知识和科学概念,幼儿园科学教育活动要引导幼儿通过探究活动获得广泛的科学经验。

4. 教育价值具有可持续性和多向性

幼儿园科学教育活动能否使幼儿获得可持续发展的、具有终生价值的大目标是衡量科学教育活动成败的核心原则。此外,作为幼儿认识事物的活动,科学教育活动所实现的教育价值是多方面的,如认知价值、科学精神、审美价值等。

5. 教育组织方式具有多样性和灵活性

幼儿园科学教育活动应当注重幼儿自发的个别探究和小组探究活动,不要只将上课或教师组织的集体活动看成幼儿园科学教育活动的主渠道。此外,幼儿园科学教育更多的应是随机教育,也就是要将幼儿园科学教育活动灵活地渗透于幼儿的一日生活中。

二、幼儿园科学教育的意义

幼儿园科学教育具有以下意义:

1. 有助于满足及发展幼儿的求知欲和科学兴趣

3~6岁的幼儿对周围的事物有极大的好奇心,对科学的求知欲开始萌芽,这是幼儿学习的内驱力和学习获得成功的先决条件。有计划的科学教育为幼儿亲

动画
科学教育的必
要性

自参与各种科学活动并从中得到积极的反馈提供了良好的机会,促使幼儿逐渐产生对科学的持久兴趣,这种兴趣对其以后的全面发展有着极大的影响。

2.有助于促进幼儿语言、智力等各方面的发展

科学教育可以为幼儿创设丰富的环境,丰富幼儿的科学知识,并使其知识趋于系统化、条理化,使幼儿逐步发现事物之间的规律和关系。同时,幼儿的语言、智力等各方面正处于迅速发展期,科学教育能以客观事物为媒介,促进幼儿语言、智力等各方面的发展。

3.有助于帮助幼儿积累科学经验,掌握学习科学的方法和技能

早期科学经验是幼儿以自身的感觉器官直接接触周围世界所获取的感性经验。这类经验对幼儿十分重要,能帮助他们认识、理解、解释周围世界和自身,从而适应周围世界,增强自我保护能力。

4.有助于发展幼儿的自信心、主动性、独立性、创造性等品质

各种各样的科学活动,给予不同能力的幼儿在自己的水平上显示能力的可能性。科学活动实践证实了幼儿都可能在有趣的科学探索过程中有所发现,获得成功,从而促进自信心的发展。同时,科学教育所创造的良好的环境气氛对幼儿创造力的发挥也起着重要的作用。

三、幼儿园科学教育的原则

幼儿园科学教育的原则是教师在开展科学教育活动时必须遵守的基本准则,是从幼儿园科学教育的总目标出发,根据幼儿园科学教育的规律和幼儿学科的规律制定的。幼儿园科学教育的原则主要包括以下几点:

1.教师指导和幼儿探索活动相结合的原则

教师指导和幼儿探索活动相结合的原则是指在幼儿园科学教育中,既要让幼儿通过自己的探索活动学习,又不能忽视教师的指导作用,要把二者有机地结合起来。教师指导可以克服幼儿在自发的科学探索过程中的盲目性和偶然性,使幼儿的科学探索过程成为具有明确目的、能够取得一定结果的学习过程,也就是说教师的指导可以使幼儿在科学探索的过程中少走弯路,使幼儿能够在极短的时间内掌握所需要的科学文化。另外,教师对幼儿的科学探索过程进行指导可以降低幼儿探索的难度,排除可能出现的困难,提供必要的指引和帮助,从而保证幼儿的科学探索过程取得一定的结果;幼儿在日常生活的自发探索活动中也许不能发现的现象,在教师的指导下就完全可能深入地探索下去。总之,教师的指导能优化幼儿的科学探索过程,使其朝着积极的方向发展,并最终获得成功。

教师指导和幼儿探索既不是截然对立的,也不是毫不相干的,而是紧密地联系在一起的,是同一过程两个不同的侧面。教师指导是对幼儿探索过程的指导,而幼儿的探索则是在教师的指导下进行的探索。教师的指导不是代替幼儿的主动探索,而是帮助幼儿更好地进行科学探索。教师不可能简单地把"科学"从自己的口袋转移到幼儿的口袋中,而必须让幼儿通过自身的探索活动建构对科学的理解。教师只是幼儿学习科学的引路人。

教师的指导包括直接指导和间接指导两种方式。

所谓直接指导,就是教师用直接的方法教给幼儿科学知识、科学方法和技能,以及基本的行为规则。教师可以直接告诉幼儿某些事物的名称,也可以通过提出富有启发性的问题引起幼儿自己的探索或思考,组织、引导幼儿之间的讨论和交流,或者以幼儿的水平参与其探索活动,共同得出结论。例如,在科学活动"好玩的七巧板"中,幼儿用七巧板拼船形轮廓,

一名幼儿拿了一块梯形板,在船形轮廓上转来转去就是找不到合适的位置,此时教师没有急于介入指导,而是在一旁观望。幼儿又试了试,然后将这块梯形板先放下,将其他几块七巧板拼好,最后只剩下这一块了,他又试了试,位置还是不适合,此时他有点泄气了,教师就上前鼓励说:"你真聪明,再仔细看看梯形的斜边在哪里,顺着斜边的方向找位置,一定会成功的。"于是,幼儿拿着梯形板转来转去,突然发现将梯形板反过来,斜边的方向对了,就找到合适的位置了。

间接指导是指教师为幼儿提供科学探索的机会与条件,包括丰富的材料、充足的空间、充裕的时间等,让幼儿通过自己的探索得出结论。例如,在科学活动"乌鸦喝水"中,幼儿尝试在瓶中放入沙子,看看瓶中的水面是否会升高。可是瓶子的口较小,怎样将沙子放入瓶中又不使沙子洒出来呢?幼儿拿起沙盘,慢慢地往瓶中倒,立刻就有沙子洒到托盘中。一旁的幼儿过来合作,用手挡着沙盘的边缘,对准瓶口倒,结果还是不行。幼儿又商量找个小勺子来舀,可是瓶口太小,还是有沙子漏出来。有幼儿提议要是找一个一头大一头小的东西,就可以把沙子灌进去了。于是,幼儿们又开始琢磨起来,突然一名幼儿拿着一张纸说:"我们把这张纸卷起来试试吧!"在大家的合作下,幼儿把纸卷成了漏斗形,结果成功了,沙子一粒不漏地被灌到瓶中去了,大家欢呼雀跃。在这种情况下,教师并没有盲目地介入,而是以现场观察为主,让幼儿在充分的探究中自己发现问题,在不断的尝试中自主解决问题。这种指导就是间接指导。

这两种指导是相互联系的,在同一探索活动中有时用直接指导,有时用间接指导,它们是可以相互转化的。教师在指导时,特别是间接指导时,应耐心细致地观察幼儿的探索活动,了解幼儿的水平和探索方法及对探索活动的态度,以便更有针对性地进行指导。总之,教师要将直接指导和间接指导结合起来,做幼儿探索活动的指导者,不做旁观者、讲述者。

2. 集体活动、个人活动和小组活动相结合的原则

集体活动、个人活动和小组活动相结合的原则是指在幼儿园科学教育中应该采用多种组织形式开展教育活动,发挥各组织形式的优点。

集体教学的形式来源于伟大的教育家扬·阿姆斯·夸美纽斯(J. A. Comenius)的班级授课制理论。集体活动的优越性首先表现为高效率。全班幼儿学习同一内容,教师的教学只需面向全体、兼顾个别,就能基本达到目的。另外,在集体活动中,教师的直接指导较多,避免了幼儿的很多摸索性的学习过程。同伴之间的交流、讨论也为幼儿提供了相互学习和相互启发的机会。集体活动有集中学习的气氛和紧凑的时间安排,能使幼儿养成集体活动的习惯。但是,教师以班级为对象组织教学,很难顾及每个幼儿的个别特点和个别需要,更难做到对每个幼儿进行个别指导。同时,幼儿年龄尚小,他们还不能很好地适应集体的、正规的教学,有时在幼儿园集体科学活动中,教师几乎无法控制幼儿的活动。

个人活动使每个幼儿都有自由的发展空间,有利于培养幼儿的个性,充分发挥和体现幼儿的主体性,但对师生比例的要求过高。

在班级人数较多的情况下,采取小组活动可以保证每个幼儿有足够的材料进行操作,教师也能照顾到每个幼儿的学习情况。教师可以为每个幼儿提供自己选择内容的自由,让每个幼儿都能参加自己喜欢的活动,充分满足幼儿自主的需要。在小组活动中,幼儿能体验到与同伴交往的乐趣,并可以从同伴那里学到知识。教师也可以对各个小组的探索活动加以指导,这种指导比对每个幼儿进行个别指导轻松得多。

从表面上看,这三种不同形式的活动是对立的,但实际上是相互联系和统一的,它们都是幼儿的探索活动。人们通常认为幼儿的个人活动是一种探索活动,而集体活动就是教师对幼儿灌输知识,这是一种误解。即使在集体学习活动中,在教师的统一指导下,幼儿仍然有自己探索和操作的机会。这三种活动形式都具有某个方面的价值,但无论哪种活动形式都不是十全十美的,往往一种活动形式的优点恰恰是另一种活动形式的不足。从这三种活动形式的特点看,它们具有互补性,从相互之间的关系看,它们又具有互渗性。人们不能用一种"全"或"无"的观点看待这三种活动形式。实际上,集体活动中也包含很多幼儿自己的操作和探索活动及小组性的讨论活动,而且集体的学习和个人的学习也是互相影响的。个人的探索活动也会影响他人和集体,或演变成自发的小组活动,或在教师的组织下成为一个大家共同关注和参与的集体活动。

综上所述,在幼儿园科学教育中,应坚持集体活动、个人活动和小组活动相结合的原则。首先,集体活动能够在当前我国幼教师资力量不足的情况下基本满足让全体幼儿都得到科学启蒙教育的需要,是适合我国当前国情的教育组织形式,所以集体活动的形式不能轻易放弃,而要加以完善。其次,要充分重视组织、开展儿童个人的探索活动和小组的学习活动,并且把它们和集体教学活动联系、结合起来。此外,还要灵活、综合地采用不同的组织形式,甚至在一种活动中实现多种形式的结合。

3.科学教育和幼儿园其他教育相结合的原则

科学教育和幼儿园其他教育相结合的原则是指在幼儿园的教育活动中,科学教育不仅是其中的一个部分或领域,而且应该和其他领域结合起来。

教育是一个整体,其目的是促进幼儿的全面发展。科学教育和艺术教育、社会教育、语言教育等一样,都是作为全面发展教育的一个组成部分存在的。它们之间既有区别,又有联系。从纵向上看,科学教育和其他各领域教育的目标应与全面发展教育的总目标一致;从横向上看,科学教育应和其他各领域教育密切联系、相互协调、相辅相成,共同实现教育总目标。就教育内容而言,科学教育的内容涉及面广,和其他各领域的教育内容都有联系。在幼儿的生活中到处都有科学,都有科学教育的契机,幼儿园的各领域教育,也都和科学教育有关,使得科学教育更加有效。例如,科学教育与语言、艺术等领域的教育的结合,可以更好地通过其他活动来表达幼儿在科学活动中获得的知识,使学过的东西更加清晰,从而发展幼儿的想象力和创造力。

模块二 幼儿园科学教育的目标和内容

一、幼儿园科学教育的目标

幼儿园科学教育是有目的、有计划、有组织的教育活动,教育目标指明了教育要达到的要求,是开展教育活动的依据。幼儿园科学教育的目标不仅对教育内容、教育途径、教育方法和活动形式产生影响,而且直接影响教育结果。幼儿园科学教育目标是指教师在进行科学教育活动之前,在头脑中预先存在的科学教育活动过程结束时所要取得的效果,是对科学教育效果的期望和要求。

《纲要》对科学领域的目标概括如下:
（1）对周围的事物、现象感兴趣,有好奇心和求知欲。
（2）能运用各种感官,动手动脑,探究问题。
（3）能用适当的方式表达、交流探索的过程和结果。
（4）能从生活和游戏中感受事物的数量关系并体验到数学的重要和有趣。
（5）爱护动植物,关心周围环境,亲近大自然,珍惜自然资源,有初步的环保意识。
根据幼儿的年龄段,幼儿园科学教育的目标可以分为以下几种:

（一）小班科学教育目标

1. 知识方面的目标

（1）引导幼儿观察周围常见的个别自然物（如小猫、小狗、小草、石头等）的特征,获取粗浅的科学经验。初步了解它们与幼儿生活、与周围环境的具体关系。
（2）引导幼儿观察周围常见自然现象的明显特征,获取粗浅的科学经验,并感受它们和幼儿生活的关系。
（3）引导幼儿观察日常生活中直接接触的个别人造产品的特征及用途,获取粗浅的科学经验,感受它们给生活带来的方便。
（4）使幼儿学会以自身为中心区分上下、前后的空间方位,认识圆形、正方形、三角形等,形成早、晚的时间概念。

2. 方法技能方面的目标

（1）帮助幼儿学会运用多种感官感知物体的外部特征。
（2）帮助幼儿学会使用简单的工具。
（3）帮助幼儿学会通过目测等简单方法比较物体的形体、大小和数量的差别。
（4）引导幼儿用词语或简单的句子描述事物的特征或自己的发现,并与同伴、教师交流。

3. 情感方面的目标

（1）激发幼儿对周围事物的好奇心,使其愿意感知和摆弄他们能够直接接触到的自然物和人造物。
（2）激发幼儿探索自然现象和参与制作活动的兴趣。
（3）使幼儿喜爱动植物和周围环境,并能在成人的感染下表现出关心、爱护周围事物的情感。

（二）中班科学教育目标

1. 知识方面的目标

（1）帮助幼儿获取自然环境中的动植物及沙、石、水等无生命的物质及其与人类关系的具体经验,了解不同环境中个别动植物的形态特征和生活习性。
（2）帮助幼儿了解一年中每个季节的特征及其与人们生活的关系,观察常见的自然现象,获取感性经验。
（3）引导幼儿获取周围生活中常见的科技产品的具体知识和经验,初步了解科技产品在生活中的运用。

(4) 认识长方形、梯形、椭圆形等,学习以客体为中心区分上下、前后,形成昨天、今天、明天的时间概念。

2. 方法技能方面的目标

(1) 使幼儿学会观察、比较不同物体或同类物体的特征。
(2) 使幼儿学会使用工具,制作简单的产品。
(3) 使幼儿学会比较和概括,即对直接观察到的事物进行比较和概括,认识到事物的不同点和相同点。
(4) 引导幼儿用自己的语言描述自己的发现,与同伴、教师交流,并学会运用其他手段(如图表、绘画、作品展览等)展示自己的科学活动结果。

3. 情感方面的目标

(1) 激发幼儿的好奇心,引导幼儿探究生活中常见的自然现象、自然物和人造物,引导幼儿参与制作活动。
(2) 培养幼儿关心、爱护动植物和周围环境的情感和行为。

(三) 大班科学教育目标

1. 知识方面的目标

(1) 帮助幼儿初步了解不同环境中的动物、植物及其与环境的相互关系。
(2) 向幼儿介绍周围生活中的环境污染现象和人们保护生态环境的活动。
(3) 帮助幼儿获取有关季节、人类、动物、植物等与环境的关系的感性经验。
(4) 引导幼儿探索周围生活中常见的自然现象,获取有关的科学经验。
(5) 使幼儿逐渐学会以自身为中心区分左右,能认识几种常见的立体图形(如正方体、球体、长方体、圆柱体等),形成每个星期有七天和一年四季的初步概念。

2. 方法技能方面的目标

(1) 使幼儿学会主动运用多种感官观察物体的运动和变化,仔细观察自然现象。
(2) 使幼儿学会实验操作,验证推论和预测,并能对操作过程和结果进行思考、调整和修正。
(3) 使幼儿学会运用简单的工具和多种材料进行制作活动,能够发现物品和材料的多种特性和功能,并能表现出一定的创造性。
(4) 使幼儿学会推论和预测,即根据观察到的现象,结合自己已有的经验推想产生这些现象的原因,进行合理的解释,得出结论,并预测将来可能发生的现象。
(5) 引导幼儿用完整、连贯的语言与同伴、教师交流自己在科学活动中的做法、想法和发现,以及表达自己愉快的感觉。

3. 情感方面的目标

(1) 激发和培养幼儿好奇、好问、好探索的态度。
(2) 激发幼儿对自然环境和现代社会生活中科技产品的广泛兴趣,并能发现问题、提出问题、寻求答案。
(3) 使幼儿喜欢并能主动参与科学探索活动和制作活动。
(4) 培养幼儿主动关心、爱护周围环境的情感和行为。

二、幼儿园科学教育的内容

幼儿园科学教育的内容是幼儿园科学教育的重要组成部分,是幼儿园科学教育活动的有效载体,也是幼儿园科学教育目标的具体化,是实现幼儿园科学教育目标的重要手段和主要途径。

(一) 0～3 岁幼儿科学教育的内容范围

(1) 学习辨认亲近人的声音,能转向声音发出的方向。

(2) 能注视或指认周围生活环境中熟悉的人、物;能叫出周围生活中熟悉的人、物的称呼或名称。

(3) 观察人主要的感觉器官:眼(视觉)、耳(听觉)、鼻(嗅觉)、舌头(味觉)、手脚(触摸觉),能指认五官,能用手做简单的模仿动作;能尝试探索、感受其各自的功能。

(4) 尝试用动作、表情或简单的语言来表达自己的愿望、要求,如 1 岁左右的儿童想要喝水的时候,可用手指水瓶,2～3 岁儿童可以用语言来表达"我要……""我想去……"等。

(5) 在成人的带领下愿意接触大自然,如沐浴阳光、喜欢温顺的小动物、喜欢花草等。

(6) 知道自己的姓名、性别和年龄。

(7) 能通过视觉、触摸等辨别周围生活环境中常见物体的形状、大小、颜色、冷热、软硬等差别明显的特征。

(8) 通过玩水感受水、喜欢水,知道水能解渴。

(9) 根据生活经验感知最简单的数(如 1,2,3 等),能结合最熟悉的物体进行简单的数数,能够觉察和指认形状(如特征明显的三角形、方形等)、时间(昼夜)、空间(上下、内外)等明显的不同,能开始初步了解人、物、事之间的简单关系。

(10) 接触、观察并笼统比较物体的数量。

(二) 3～6 岁幼儿科学教育的内容范围

3～6 岁的幼儿接触的事物增多,活动范围明显扩大,他们的感性经验和知识积累逐渐丰富,认知能力也有了很大的提高。此阶段幼儿的科学教育内容范围主要体现在以下几个方面:

1. 人体

幼儿对人体的探索既是认识的需要(即满足幼儿好奇心的需要),也是健康教育的需要。幼儿认识和探索人体具有重要的意义:认识自己的身体,获得有关人体科学和健康的知识,为建立科学的自然观奠定基础。因而,认识和探索人体是幼儿园科学教育中不可缺少的内容,主要包括以下几点:

(1) 人体的结构、功能及保护。观察和探索人体的外部结构、功能及保护,初步感受和体验人体的内部生理活动。

(2) 人的心理活动。

(3) 人的自然生命的发展过程。

(4) 保护身体及维护身体健康。

2. 自然生态环境

幼儿周围的动植物和无生命物质(沙、石、土、水、空气等)都是构成自然生态环境的重要因素,同时也是幼儿经常接触的事物,都可以成为幼儿学习的内容。概括来说,自然生态环境方面的教育内容主要包括以下几方面：

(1) 自然界中常见的动植物及其与人、自然环境的关系。

(2) 自然界中无生命物质及其与人、动植物的关系。

3. 自然科学现象

自然科学现象方面的教育内容主要包括以下几方面：

(1) 气候和季节现象，如风的产生、雨的种类、各个季节的特点等。

(2) 天文现象，如地球存在于宇宙中、太阳发光发热、太阳距离地球很远、月球是地球的卫星等。

(3) 物理现象，包括光、声、电、磁、力、热等内容。

(4) 化学现象，如大米经过烧煮变成米饭、面粉发酵做成馒头、食物的霉变现象等。

4. 现代科学技术

对幼儿进行科学技术教育，让幼儿接触和了解常见的现代科技成果，感知科学技术对人类生活的影响，激发和培养幼儿对科学的兴趣，使幼儿萌发对科学家的崇敬之情。

现今，许多科技成果已经成为幼儿身边的常见物品，如电视、冰箱、洗衣机、手机、微波炉、电脑等。教师可以有选择地引导幼儿探究一些与生活密切相关的科技产品和技术。现代科学技术方面的教育内容主要包括以下几方面：

(1) 了解生活中常见的科技产品及其作用。

(2) 了解科学技术的发展，熟悉著名的科学家。

模块三　幼儿园科学教育的方法和途径

一、观察与科学实验

在幼儿园科学教育的途径和方法中，最基本、最常用的是观察法。

(一) 观察

1. 观察的概念

观察是知觉的一种特殊形式，是人类认识客观世界的主要方式，是认识活动的低级形式。人们在和客观事物接触时，首先通过各种感官获得事物的外部特征，然后经过思维层面上的分析、综合、抽象、概括等达到对事物本质特征的认识。没有丰富的材料，对客观世界不可能有清晰的认识，尤其是认知水平比较低的幼儿，观察是其认识客观世界的主要方式。

观察法是指教师有目的、有计划地组织和启发幼儿运用多种感官，去感知周围的事物与现象，获得具体的印象，并在此基础上逐步形成概念的一种教育方法。

观察可以分为直接观察和间接观察两种方式。直接观察是指利用感官进行的观察，间接观察是指借助仪器进行的观察。直接观察虽然可以避免因仪器带来的误差，但人类的感觉器官具有一定的局限性。借助仪器的间接观察可以弥补直接观察的不足，扩大人的观察能力，在精确度、数值和范围等方面比直接观察有优势。

2. 观察的意义

观察的意义主要表现在以下几点：

（1）提高感官的综合活动能力。在观察过程中，幼儿用各种感官直观、生动、具体地认识事物的特性，可以促进其各种感官的活动能力的发展。例如，儿童用手去触摸物体表面，感觉其粗糙或光滑及硬软等，用眼睛去辨别物体颜色、形状的不同，用舌头去品尝甜、酸、苦、辣的味道，用耳朵去倾听小鸟的叫声……在各种观察活动中，幼儿的感官得以发育，感觉能力得以提高。

（2）促进幼儿智力的发展。智力是人们认识、理解客观事物并运用知识、经验等解决问题的能力。智力包括观察力、记忆力、想象力和思维能力等。观察力是智力的重要组成部分，是在幼儿的观察活动中逐步发展起来的。幼儿园科学教育采取的观察是在教师有目的、有计划、有组织地指导下进行的，幼儿可以多角度、多层次、有顺序地审视观察对象，促进自身观察力的发展。观察还是一种复杂的心理活动过程，在观察活动中，幼儿不仅提高了感觉器官的机能，也促进了相关大脑皮层的发育，从而有效地发展了智力。

（3）培养幼儿对科学的兴趣。幼儿是天生的"科学家"，他们对未知世界有很多问题，在观察活动中，不会仅满足于解决已有疑问，还会提出更多的问题。在教师的帮助下和同伴进行讨论、争执或合作，共同寻找答案，如"蛇有脚吗？""它们是怎么走路的？"等，可以促进幼儿探索周围世界的兴趣和探索能力的发展。

3. 观察的分类

观察的类型很多，分类方法也有很多，以下划分不是绝对的，分类之间存在交叉现象。

（1）依据时间不同，观察可分为间或性观察和长期观察。

① 间或性观察。间或性观察是指间隔一段时间组织幼儿对某个物体或某种现象进行多次观察。每次观察都是在以前观察的基础上进行的进一步观察，以便加深幼儿对观察对象的认识。同时，每次的观察也都是对单个物体或一种现象的观察。

② 长期观察。长期观察是指幼儿在比较长的时间内连续对某一物体或现象进行观察，以便对观察物体质和量的发展变化过程有较完整的认识。幼儿对某一自然物或自然现象进行长期观察，对幼儿观察的持久性要求较高。通过长期、系统的观察，要求幼儿了解事物的生长过程，发现事物的变化和事物之间的相互关系和因果关系。

（2）依据观察者所在的位置，观察可分为室内观察和实地观察。

① 室内观察。室内观察即在室内开展的各种观察活动。一些需要在比较安静的环境中观察的科学教育内容，适宜在室内进行。

② 实地观察。实地观察是指在活动室外进行的观察，如参观建筑、寻找春天等。实地观察一般与采集、参观等活动结合。幼儿的思维是具体形象思维，经过实地观察，幼儿可以获得直接的经验，并在观察中培养热爱大自然的精神，学会保护大自然的方法，促进其认知、情感的健康发展。

（3）依据被观察对象的数量不同，观察可分为个别观察和比较观察。

① 个别观察。个别观察是指幼儿对特定自然物、自然现象或科技产品进行的观察，通过有目的地运用感官与周围某一事物直接接触，了解观察物的外形、特征、属性和习性等。

个别观察要获得的具体信息包括以下几点：一是物体的外形特征，如形状、颜色、大小、声音、气味、软和硬、粗糙和光滑、轻和重，以及弹性、黏滞度、光滑度、湿度等不同特性；二是物体的外部结构和功能，如物体的生存、生长习性和特点；三是物体相对的静态和动态；四是观察对象与周围环境的关系。个别观察是最基本的观察技能，它是其他各种观察的基础。

② 比较观察。比较观察是指幼儿对两种或两种以上的自然物或自然现象、科技产品等进行的观察比较。通过比较观察，幼儿能更正确地认识自然物或自然现象，并进行分析、比较，为对自然物或自然现象进行概括、分类奠定基础。由于比较观察需要较复杂的智力活动，因此适合在小班后期与中、大班进行。

4. 观察的活动指导

观察的活动指导主要包括以下内容：

(1) 尽可能提供实物、实景，让幼儿获得丰富的感性材料。实物和实景是保证幼儿观察活动取得成功的前提。幼儿的思维是具体形象思维，对事物的认识来源于具体、可观的生动形象。只有到实地进行观察，特别是带领幼儿外出观察实景和实物，才能使幼儿获得清晰的、准确的感性认识；而通过模型或图片使幼儿获得的感性经验是模糊的、不清晰的，有的甚至是错误的。

(2) 使幼儿调动各种感官观察事物的显著、本质特征，以激发幼儿的观察兴趣。观察是多种感官的协同活动，观察对象的特征也是多方面的，它们有着颜色、气味、味道、大小、形状、冷热、声音、手感等多方面的差异。在保证幼儿身心安全的前提下，让幼儿用眼睛去看，用耳朵去听，用手去摸，用鼻子去闻，有时还可以用舌头去尝，从而使幼儿对观察对象的属性有一个比较完整和丰富的认识。这样既使幼儿学习了观察的方法，又使幼儿的感知能力和观察能力得到了发展。

(3) 在观察中给幼儿提供亲自动手的机会，让幼儿通过对观察对象的操作、摆弄，了解观察对象的变化。

(4) 让幼儿学会观察的方法，运用提问激发幼儿进行思考。幼儿因为还未掌握一些初步的观察方法，所以观察事物较笼统、不够精确，教师在指导幼儿观察事物的同时，应有目的地教给幼儿一些最基本的观察方法。另外，在观察中，教师要围绕观察目的向幼儿提出问题，使幼儿明确观察方向，引导幼儿全面、系统、有序、有重点地观察，进而练习和掌握观察的方法。首先，引导幼儿学习有顺序、有层次地观察，如从上到下或从下到上、从左到右或从右到左、从整体到部分或从部分到整体等，这样可使幼儿对观察对象有整体的、较全面的认识。其次，引导幼儿有重点地观察，从物体的明显特征开始观察，如物体的鲜艳色彩、特殊气味、某一部分的奇异外形，或者不常见的声音，等等，然后再引导幼儿对事物的整体进行观察。最后，引导幼儿在观察中学会比较，一般是从物体的不同点开始进行比较，然后再观察相同点，不仅要引导幼儿比较物体的个别部分，还要引导幼儿对物体的整体进行比较。

(5) 鼓励幼儿表达、交流自己的发现。帮助幼儿用语言整理自己的观察结果，使之条理化、系统化，并鼓励幼儿用自己的语言来表达。这样既促进了幼儿之间的交流，又培养了幼儿的自信心和语言表达能力。

(6) 指导幼儿学会记录观察结果。记录是指幼儿用笔记录自己观察的过程和结果。尽管幼儿的记录极为幼稚，但是它对幼儿的发展具有极为重要的价值和意义。教师要帮助幼儿学会以下记录方法:表格记录法,数字、符号记录法,图画+文字记录法,连环画风格记录法等。

> 小活动

中班科学活动:观察动物行走①

【活动目标】

(1) 让幼儿发现动物的行走方式是多种多样的,激发幼儿观察动物行走的兴趣。
(2) 培养幼儿分类的能力。

【活动准备】

(1) 幼儿曾看过《动物世界》电视节目。
(2) 观察过自然角饲养的动物(乌龟、金鱼、龙虾、小鸟等)。
(3) 多种行走方式不同的动物的录像带和面具(每人一个)。
(4) 奖牌若干。

【活动过程】

(1) "你知道哪些动物是怎样行走的?"请几位幼儿学动物行走,激发幼儿探索动物行走方式的兴趣。

(2) 让幼儿观看录像,注意动物是怎样行走的。

教师提问:"你看到的是什么动物?它们是怎样行走的?"(让幼儿发现动物不同的行走方式,如鸟是用翅膀飞行的)

(3) "你们还知道哪些动物?它们是怎样行走的?"分别让幼儿做一做,大家猜一猜。例如,一幼儿爬,教师请大家猜是什么动物走来了,可猜乌龟、壁虎等。

教师小结:动物的行走方式是多种多样的,有的飞、有的爬、有的跑、有的游、有的跳。

(4) 启发幼儿讨论:哪些动物有多种行走方法?(如猴子会走、跑、跳、爬等)

(5) 教师与幼儿共同总结:自然界的动物各种各样,行走方法也各不相同,有的动物会用一种方式行走,如袋鼠等,还有的动物会用几种方式行走,如小鸟、兔子等。

(6) 游戏"动物运动会"。让幼儿每人自选一个动物面具戴好,按走、跑、跳、爬、飞、游6队集合(注:会几种行走方式的动物只能参加一队)。每队分别进行竞赛,以速度快的为优胜者,颁发奖品。

(二) 科学实验

1. 科学实验的概念

科学实验是指教师或幼儿按照预想的目的或设计,在人为控制下利用一些材料,通过简单的演示或操作对周围常见的科学现象加以验证的一种活动。幼儿科学实验的操作和演示

---

① 谢笛,朱福康,曲新陵,等.幼儿科技活动方案选[EB/OL].[2017-10-12]. http://jspx2.fjtu.com.cn/course1/tj1/ckwx/book6/book6_9.htm.

过程必须简便易行，一般应带有游戏性质。

科学实验能帮助幼儿理解一些简单的科学现象和知识，培养幼儿对科学的兴趣、求知欲望及动手操作能力。科学实验是在教师精心创设的特定条件下进行的，可以弥补在自然条件下观察的局限性，不用等待观察对象的出现。科学实验能充分调动幼儿的积极性，培养幼儿的动手操作能力。幼儿园科学教育中的实验是重复前人的实验，不要求有新的科学发现，往往是一些事物明显的、表面的因果关系，比较简单。

2. 科学实验的分类

根据不同的分类方法，科学实验可分为很多种。对于幼儿园科学教育而言，常用的分类标准有以下两类：

(1) 依据实验目的，科学实验可分为探索性实验和验证性实验。

① 探索性实验。探索性实验是指人们根据一定的目的创造一定的条件，探索前所未知的自然现象或物质性质的实验。

② 验证性实验。验证性实验是指对研究对象有了一定的了解，并已经形成了一定认识或提出了某种假说，为验证其是否正确而进行的实验。

探索性实验和验证性实验的区别在于对实验对象的认识是否已知。幼儿的科学实验既是探索性实验，又是验证性试验。从社会角度看，实验内容是已知的，属于验证性试验；但对于幼儿而言，实验内容是未知的，因此，也有探索性实验的特点。

(2) 依据实验操作者不同，科学实验可分为教师演示实验和幼儿操作实验。尽管幼儿所进行的实验很简单，但由于幼儿的认知能力和动手能力有限，因此教师演示实验仍是幼儿实验的重要组成部分。

① 教师演示实验。教师演示实验是指由教师操作实验的全过程，幼儿观察实验的过程、现象、变化和结果的一种实验形式。这类实验适用于 3～4 岁的幼儿，或者在实验条件不足的情况下采用。教师演示实验可以作为幼儿操作实验前的示范。教师对实验内容先进行演示，然后让幼儿模仿，按照教师演示的方法进行操作。教师演示实验的优点是实验目的明确，缺点是限制了幼儿的想法，不能充分发挥幼儿的自主性。

② 幼儿操作实验。幼儿操作实验是指由幼儿亲自动手操作并参加实验全过程的实验形式。这类实验适用于实验内容、实验要求比较简单，带有游戏性质的实验。在实验中，幼儿自己动手摆弄材料、仪器，充分观察实验过程中的现象和变化，还可以反复操作、多次尝试，满足幼儿的求知欲。因此，在幼儿操作实验中，幼儿的实验兴趣浓厚，由此获得的知识就更为牢固，教师应尽可能让幼儿有操作实验的机会。

3. 科学实验活动指导

科学实验活动指导根据实验操作者的不同，主要分为教师演示实验指导和幼儿操作实验指导两类。

(1) 教师演示实验指导。教师演示实验指导的内容包括以下几点：

① 正式实验前要做预备性实验。所谓预备性实验，是指在进行实验前，教师要预先将实验做几遍。预备性实验的作用表现在：一是计算实验过程中每个环节的时间；二是检验实验仪器和材料的情况，避免实验时发生事故而影响实验效果。如果演示实验是示范性实验，那么在

做预备性实验时还应考虑幼儿在操作时会遇到的障碍、实验中的关键点,以及应该如何引导幼儿去思考、哪个环节应该提出哪些问题、怎样的问题可以引发幼儿进一步的探索,等等。

② 在演示实验进行中,要使所有幼儿都能看清演示的过程。要做到这一点,一方面要求教师的操作必须熟练、规范,速度要放慢;另一方面要求科学安排幼儿的座位。幼儿的座位要根据仪器大小和安放的位置等进行安排。只有座位安排科学,才能便于幼儿观察,以保证每个幼儿都能看清教师演示的步骤及操作过程中出现的特性和变化。在演示实验中,随着实验的进程逐步出示仪器、材料,不要一次性全部出示,以免分散幼儿的注意力。

③ 教师的演示、讲解与提问要有机结合。教师应边演示边讲解,并设计一系列问题,在演示进程中启发幼儿在观察和思考的基础上回答问题,理解知识。对实验的讲解一定要简明,提问要有启发性,使幼儿始终处于积极的探索和求知之中,并确保师生之间的互动,切忌使实验演变成教师的表演。

(2) 幼儿操作实验指导。幼儿操作实验指导的内容包括以下几点:

① 实验材料、用具要充足。幼儿进行的操作实验一般比较简单,因此可用玩具、日用品等代替实验材料;实验材料要充足,保证每个幼儿人手一份或每个小组一份,只有这样,才能保证让每个幼儿都能参与到实验活动中来。

② 让幼儿学会使用实验工具,学习操作技能。幼儿操作实验是由幼儿独自进行的实验,即使再简单,也会有幼儿难以完成,这就需要教师在实验前对幼儿的发展水平进行甄别,对动手能力差的幼儿进行个别指导,帮助其学会使用实验工具。

③ 指导幼儿遵守规则,以保障幼儿的安全。在实验开始前,教师要用简短、通俗的语言明确说明实验要求。如果有些物品或实验环节不适宜幼儿操作,要灵活调整计划,以保障幼儿的人身安全。

④ 积极引导幼儿主动参与活动。为了保证幼儿操作实验的成功,必须引导幼儿积极主动参与和探索。在幼儿操作实验中,教师要鼓励幼儿大胆尝试、仔细观察,对于在实验中的新发现要给予肯定和表扬。

⑤ 指导幼儿交流实验所得和掌握记录实验结果的方法。在幼儿操作实验中,教师不仅要引导幼儿理解事物间的因果关系,还要鼓励幼儿表达和交流实验所得,以促进幼儿合作能力的发展。每次实验后,让幼儿做科学记录。在记录的时候,让幼儿学会用文字、数字、图画等方式记录实验结果。

小活动

中班科学活动:沉与浮[①]

【活动目标】

(1) 初步认识在水中哪些物体会沉和浮。

---

① 谢笛,朱福康,曲新陵,等. 幼儿科技活动方案选[EB/OL].[2017-10-12]. http://jspx2.fjtu.com.cn/course1/tj1/ckwx/book6/book6_9.htm.

(2) 仔细观察各类物体在水中的现象,发展观察能力。
(3) 掌握词汇:沉、浮。

【活动准备】

大盆若干,各种沉浮材料。

【活动过程】

(1) 提出实验要求:今天我们玩水,水盆里还有很多玩具,在玩时,你们看看有什么发现。

(2) 幼儿玩水,教师指导幼儿用多种方法制作各种材料。

(3) 讨论:让幼儿谈谈玩水时有哪些发现。

(4) 再次实验,提出要求:看看哪些东西是下沉的?哪些东西能浮在水面?还发现了什么?

(5) 小结:教师和幼儿一起将物体分成下沉的与漂浮的两类,并让幼儿讲讲还有什么发现。

(6) 第三次实验,提出要求:有什么办法让沉下去的东西浮起来、让浮起来的东西沉下去?启发幼儿找出其中的规律,如在浮起来的瓶子里装满水,瓶子就沉下去了;把沉下去的石头放在泡沫板上,石头就不会沉下去了。

【活动延伸】

向幼儿介绍鱼与潜水艇的关系,知道潜水艇就是仿照鱼既能浮出水面,又能沉到水底而设计出来的。

二、种植与饲养

种植与饲养是幼儿科学实践活动的重要组成部分,也是幼儿探索生命的重要方法。在种植和饲养活动中,不仅可以使幼儿观察动植物的生长和死亡的自然现象,了解生物与非生物之间的关系,理解生物科学的简单概念,还可以激发幼儿愉快的情绪体验,培养爱护动植物的情感和行为,掌握简单的劳动技能,进而养成热爱劳动的品质。

(一) 种植

1. 种植的概念

种植是指通过在园地或自然角种植花卉、蔬菜等,让幼儿认识自然,了解常见植物的播种、管理、收获等内容。种植既是幼儿园科学教育的方法,同时也是幼儿喜爱的活动,可以让幼儿在对周围植物的观察中,有意识地参与操作,种植一些蔬菜、花草等。通过种植活动,幼儿不仅观察了植物的外形特征,也了解了它们的生长过程。

2. 种植管理的内容

常见植物的种植管理主要包括播种、管理、收获等内容,如选种、浸种、移栽、浇水、松土、除草、追肥、收获、留种等工作。幼儿园科学教育活动中可以种植的植物包括以下几类:

(1) 种子:蚕豆、绿豆、红豆、扁豆、花生、芝麻、蓖麻、西瓜籽、丝瓜籽、南瓜籽、稻谷、麦子、小米、玉米等。

(2) 蔬菜：油菜心、白菜心、黄芽菜心、卷心菜心、芹菜、萝卜、土豆、大蒜、洋葱、芋艿、慈姑等。

(3) 树枝：杨树、柳树、悬铃木、松树、水杉等。

(4) 花卉：菊花、月季花、迎春花、水仙花、蔷薇花等。

3. 种植活动指导

(1) 选择合适的种植对象。种植活动选择的种植内容要符合本地区的特点和幼儿园的实际情况。幼儿年龄小，种植的技能差，因此在选择种植对象时，要根据幼儿的年龄特征及植物本身的特点来进行，一般以经常食用的蔬菜和一年生草本花卉为主。蔬菜应选管理方便、幼儿熟悉的品种；花卉宜选无毒、无刺、无刺激气味，花朵艳丽的种类。对于小班幼儿，比较适宜的植物是较大粒的种子，如蚕豆、扁豆、玉米等。中、大班幼儿除了可以种植较大粒的种子外，也可以种植一些颗粒相对小的种子，如牵牛花子、蓖麻等，还可以植株的方式进行种植。

(2) 指导正确的种植方法。种植活动一般在春、秋两季进行，以春季居多。种植必须掌握科学的方法，才能顺利完成种植活动，收获成果。

① 准备工作。

a. 整理一块不会长期潮湿，排水良好的土地。为了日后灌溉方便，最好还要接近水源或可以通过水管灌溉。

b. 选择适合当时天气的植物种类，如在夏天天气炎热时适合种植空心菜。

c. 注意所选植物的成长日期、收获时间是否符合需求。

d. 准备种植需要的工具，如可以挖土或翻土的锄头或铲子，可以拨土的耙子等。

② 播种。

a. 先将土翻好，让土晒晒太阳。

b. 撒下种子前将翻好的土整平，并将太大的土块敲碎，使土块直径约小于 5 厘米，但也不要太细小；不要再踩在土上面，以保持土壤的疏松、透气。

c. 将种子撒在土壤上层，不要太密，以免妨碍日后成长。

d. 撒下种子后，用耙子轻轻地将土拨动，让种子可以被土轻轻地覆盖，也可防止麻雀来啄食种子。

e. 浇水。

③ 灌溉。灌溉可以采用洒水的方式，也可以采用淹没的方式。采用洒水的方式灌溉时，不要用很强的水柱冲刷土壤或植株，可接上莲蓬头状的洒水器。此法在灌溉的同时可以洗去植物叶子上的尘垢，也较节省水，但保湿期不长，比采用淹没法灌溉进行的次数多。采用淹没的方式灌溉，即引水将所有土壤淹没后，并立即让水退去，其目的是让所有土壤充分潮湿。一般种植的植物较多时可用淹没法灌溉，以确保所有土壤都能同时浇湿。灌溉的频率应视天气与土质而定。在炎热的天气，若采用洒水的方式，可以 2~3 天洒水一次，若采用淹没的方式，则 5~7 天浇水一次。冬天则分别为 5~6 天和 7~10 天。

④ 施肥。在种植过程中，可以施化学肥及有机肥。施化学肥，成本较低，见效快，但效果短，而且容易因为施肥过量造成植株损伤。施化学肥时尤其不能让肥料黏附在叶面上，否则极易造成叶面受损。施有机肥，效果长，一般不会造成植株损伤，可以在种植前翻土时将有机肥料混在土壤中。另外，将自制堆肥混入土壤中既经济又可以改善土质，它属于有机肥的一种，但是不宜用于幼儿种植活动中。

⑤ 除草。杂草会和种植的植物争夺养分,因此必须将杂草拔除。拔除杂草时要注意,如果有些杂草已经结出种子且种子已成熟,尽可能不要让这些种子掉落在地上,也不要将这些有种子的杂草用于制作堆肥。

⑥ 收获。收获是一项富有乐趣又有意义的活动。幼儿将收获的种子进行分类,每一种选择粒大饱满的种子将其晒干、储藏。教师可将可以食用的果实分给幼儿品尝。

小活动

小班科学活动:种蚕豆①

【活动目标】

(1) 使幼儿认识蚕豆,学会种蚕豆的简单技能。

(2) 培养幼儿从小爱劳动、认真参加劳动的好习惯。

【活动准备】

选好园地,每人2~3粒蚕豆种子,铲子数把,水桶一只,茶杯数只。

【活动过程】

(1) 种植前的准备。教师带领幼儿共同整理好小园地(教师翻好地,挖好种植的小坑,幼儿捡去杂草及瓦砾)。

(2) 种植。出示蚕豆种子,让幼儿认识其形状,记住其名称。将幼儿分两组进行种植(每位幼儿取2~3粒蚕豆种子,小铲子一把,站在小坑前)。首先让幼儿观察教师示范种植的方法:用小铲子将坑里的土松一松,放入蚕豆种子(分开放,不要堆在一起),轻轻盖上土,再浇一杯水。幼儿种植时教师巡回指导,给予必要的帮助。

(3) 种植结束后讨论:蚕豆种下去了,以后该怎么办?

【活动延伸】

组织幼儿进行经常性的观察及管理,全班或分组参加浇水、拔草、观察、施肥等活动,看看蚕豆种下后的生长变化情况:发芽、长叶子、开花、结豆荚。组织幼儿收获、剥蚕豆、数数看一株蚕豆能结多少粒豆子等。

(二) 饲养

1. 饲养的概念

饲养是指幼儿通过在饲养角里喂养和照管小动物,从而了解动物的外形特征和生活习性的一种活动。饲养小动物对于幼儿来说是一件意义非凡的事情:在照料小动物的过程中,可以培养幼儿的责任心,让他们学会尊重生命;在对小动物进行观察、分类、比较、记录等的过程中,可以促进幼儿认知能力的发展,并使幼儿学习一些简单的劳动技能,也可以培养幼儿手脑并用的能力。

---

① 谢笛,朱福康,曲新陵,等.幼儿科技活动方案选[EB/OL].[2017-10-12]. http://jspx2.fjtu.com. cn/course1/tj1/ckwx/book6/book6_9.htm.

> **知识拓展**
>
> **适合幼儿园饲养的动物**[①]
>
> 　　幼儿园因受到场地、人员、经济条件等多种因素的限制,所以选择饲养动物的种类时,应根据各幼儿园的实际情况,并考虑幼儿的兴趣及教学的需要。一般应选择本地区常见的动物种类。外形美观、动作灵巧、叫声悦耳、性情温顺而又易于管理的小动物是比较好的选择。
>
> 　　幼儿园的自然角设置在活动室内,一般地方较小,而且大多数物品摆放在桌面上,所以最好饲养一些小型的、适合室内饲养的小动物,如蜗牛、蚂蚁、蝴蝶、金鱼、鲤鱼、鲫鱼、泥鳅、河蚌、田螺、螯虾、乌龟、蝌蚪、蚯蚓、小白鼠等。可根据季节选择几种小动物饲养,过一段时间再换另一些种类。
>
> 　　幼儿园的饲养角大多建在室外,可选择一些适合室外饲养的动物,如兔子、鸡、鸭、娇凤、鸽子、画眉、刺猬、山羊、松鼠等。

2.饲养活动指导

(1)选择合适的饲养对象。教师在科学教育活动中选择饲养的动物时,应选择一些比较温驯、对饲料要求不高、不易死亡,而且对幼儿没有伤害,包括不会传染病菌的小动物。例如,金鱼、小蝌蚪、蚕、兔子等。

(2)指导正确的饲养方法。饲养、照料小动物是一项长期需要耐心、细心的工作。教师必须给予指导,但不能包办代替,应让幼儿自己照料和管理,根据动物的习性特点进行喂食、搭窝、清洁等工作。

在饲养活动中,可以通过照顾小动物,让幼儿了解动物也是有生命的,培养幼儿形成"动物是人类的朋友,地球是人类和动物共同的家,人和动物要和谐生存,就要从关爱动物做起"的意识,激发幼儿关爱动物的情感,产生保护动物的行为。

小活动

小班科学活动:饲养小鸡和小鸭[②]

【活动目标】

(1)通过观察和比较,认识小鸡和小鸭的外形特征及生活习性。

(2)学会用语言描述小鸡和小鸭的特征,丰富词汇:毛茸茸、尖尖、扁扁、脚爪、脚蹼等。

[①] 佚名.第三章幼儿饲养与种植活动[EB/OL].[2018-02-28]. http://jspx2.fjtu.com.cn/course1/tj1/ckwx/book6/book6_3.htm.节选.

[②] 谢笛,朱福康,曲新陵,等.幼儿科技活动方案选[EB/OL].[2017-10-12]. http://jspx2.fjtu.com.cn/course1/tj1/ckwx/book6/book6_9.htm.

【活动准备】

(1) 小鸡和小鸭各一只,碎米、螺蛳及一盆清水。

(2) 有观察过或饲养过小鸡和小鸭的部分经验。

【活动过程】

1. 出示分别装着小鸡和小鸭的两个笼子

教师提问:今天我们请来了什么小客人呀?你是怎么知道的?

2. 放出小鸡和小鸭,引导幼儿观察

教师提问:

(1) 小鸡和小鸭走来走去的干什么?(找东西吃)

让小朋友喂碎米给它们吃。

(2) 谁吃到了碎米?为什么?[观察小鸡的嘴是尖尖的,小鸭的嘴是扁扁的(学说词汇:尖尖、扁扁),所以小鸡能吃到碎米]小鸡还爱吃什么?小鸭可以吃些什么?(螺蛳、菜叶等)

(3) 你喜欢小鸡和小鸭吗?为什么?(引导幼儿观察它们的头部及身体特征:圆圆的)

(4) (让幼儿摸摸小鸡身上的毛)小鸡身上的毛摸上去感觉怎么样?(毛茸茸的)

(5) (出示一盆水让幼儿观察小鸭在水中游泳的动作)谁最喜欢游水呢?(比一比小鸡和小鸭的脚有什么不同。丰富词汇:脚爪、脚蹼)

3. 和小鸡小鸭做游戏

带小鸡小鸭到户外草地上晒太阳、听音乐,学小鸡小鸭走路、吃食,模仿小鸡小鸭的叫声、小鸭的游水动作等。

【活动延伸】

在园内或家里饲养小鸡和小鸭,进一步了解它们的外形特征及生活习性,鼓励幼儿从家里带来米和菜叶来园喂养,共同关心、饲养小鸡小鸭,如切菜,泡米,天冷时为它们保暖等,培养幼儿对小动物的兴趣和责任感。

三、分类与测量

幼儿园科学教育活动中的分类与测量,是科学和数学活动的有机结合。科学教育活动中的分类与测量是观察活动的应用,也是认识客观事物的一种方法。

(一) 分类

1. 分类的概念

分类又称归类,是根据事物的特征把具有相同特征的物体集合成类的过程,即把一组物体按照某些特定的标准加以区分,抽取事物的共同特征进行概括的过程。属性相同的许多事物共同组成的一个群集称为"类"。例如,苹果、梨等可通称为水果,水果就代表事物的一个类别。客观事物是相互联系的,它们之间存在着种种不同的关系,其中一种关系就是类别关系。

幼儿园科学教育活动中的分类是指幼儿把具有某些共同特征的物体聚集在一起,以学习科学的一种活动。分类是观察过程的延伸,幼儿要对客观物体进行分类,必须在对事物进行观察的基础上,对所获得的材料进行分析、抽象、概括,形成概念。分类既是幼儿学习科学的一种方法,也是幼儿需要发展的一项重要技能。分类是幼儿抽象逻辑思维发展的基础。

尽管由于思维能力的限制,幼儿的分类水平较低,只能对简单、具体、熟悉的物体进行分类,但分类能力的发展对幼儿的全面发展具有广泛的意义。在分类过程中,幼儿可以掌握许多种物体的特征,从而帮助幼儿对周围事物进行抽象与概括,有助于幼儿探索事物之间的内在联系,使认识活动类化、简化。学习分类的方法、发展分类技能还可以培养幼儿善于探索外部事物的兴趣和习惯。

2. 分类的方法

客观事物的多样性决定了分类标准的多样性。根据不同的分类标准可以把事物分为不同的类别。对于幼儿来说,严格地按照事物的本质属性进行分类几乎是不可能的。在幼儿开始学习分类的时候,他们总是从物体外观的、明显的特征出发。幼儿常用的分类方法有以下几种:

(1) 挑选分类。挑选分类是一种较为简单的分类活动。挑选分类是指从许多物体中将具有某些共同特征的物体挑选出来,归为一类。例如,从许多幼儿中挑选出"他们都穿着绿衣服""她们都是女孩"等具有共同特征的幼儿。又如,从各种蔬菜、水果、花卉中挑选出蔬菜来。这种分类方法一般用于小班。

(2) 二元分类和多元分类。依据分类标准的项目数量,分类方法可分为二元分类和多元分类。

① 二元分类。二元分类也称是与否分类,"是"指从许多物体中选出具有某些属性的物品,"否"指排除不具备某些特征的物品。二元分类即将许多物体按某一标准分为"是"与"不是"两种。例如,将西瓜、梨、苹果、黄瓜、柿子椒、荔枝等放在一起,让幼儿进行分类:西瓜、梨、苹果、荔枝等都是水果,黄瓜、柿子椒等都不是水果。

② 多元分类。多元分类是指将物品按某些相同的标准分为两类或几类。例如,鸡、鸭、鹅等都是家禽,牛、羊、猪等都是家畜,虎、狮、狐狸等都是野兽,等等。又如,苹果、梨、香蕉等都是水果,黄瓜、甜椒都是蔬菜,桂圆干、红枣干都是干果,等等。

(3) 属性分类。属性分类是指依据事物的属性进行分类。属性分类还可以分为以下几类:

① 按事物的用途分类,如生活用品、交通工具等。

② 按事物的材料分类,如金属制品、木制品、塑料制品等。

③ 按事物的外部特征分类,如大小、颜色、形状、气味等。

④ 按事物的本质属性进行分类,如动物、植物、两栖类、哺乳类等。

3. 分类活动指导

(1) 提供丰富的感知材料,以此为基础进行分类。充分感知事物的特征是分类活动的前提。由于幼儿的思维处于形象思维阶段,幼儿对事物的认识局限于明显的外部特征,对本质特征认识不足,这一特点决定了幼儿对事物的分类必须依赖于对事物的直接感知和动手操作来进行。为实现这一目的,教师首先要提供充足的材料,其次要允许幼儿反复操作物体,使幼儿在具体的感知与操作中,获知物体的共性,比较物体的差异性,然后进行分类活动。例如,在纽扣分类活动中,教师要提供(也可和幼儿一起收集)大量大小、形状、颜色、材料、结构不同的纽扣供幼儿操作观察。在收集及操作观察纽扣的过程中,教师可启发幼儿边感知边讨论:这么多的纽扣有哪些是相同的,把相同的挑出来归为一组。教师要引导幼儿仔细观察、比较各种纽扣,帮助幼儿找出"相同的",才能使幼儿正确分类。

(2) 结合日常生活练习分类。幼儿的分类活动应结合日常生活进行。例如,在午休室里,幼儿的被子、衣服等生活用品都应每天自己整理好;游戏结束后,幼儿要按照一定的标准整理好玩具;在家里,吃完晚餐,要帮助家长收拾餐具等。这样,不仅锻炼了幼儿的分类能力,也培养了其思维的条理性及良好的生活习惯。

(3) 分类与游戏教学相结合。通过游戏活动教幼儿进行分类,可以激发幼儿对分类活动的兴趣,锻炼幼儿分类能力的发展。例如,在大班科学教育活动中,可以结合"超市"开展分类活动:事先准备好许多物品,让幼儿认真讨论各物品的特点和用途,要想在超市里快速找到要买的物品,必须首先清楚它属于哪一类物品。

(4) 指导幼儿学习不同的分类标准。每一种分类必须根据同一个标准进行,否则就会出现分类重叠和分类过程中逻辑错误。幼儿的分类思维不同于成人,他们往往根据自己的想法进行分类,分类依据也在不断改变。但只要各类别物体彼此不交叉和重复,该分类依据就可成立。在分类活动中,教师可以帮助幼儿学习根据不同的标准进行分类。

(二) 测量

1. 测量的概念

量是客观事物的属性,它分为连续的和不连续的两种。幼儿常见的是生活中存在的连续量,如高矮、大小、轻重、远近等。测量是指用量具或仪器来测定物体的尺寸、角度、几何形状或表面相互位置的过程的总称。幼儿园科学教育活动中的测量是指通过观察或运用简单的测量工具对物体进行的初级测量,包括长度测量、重量测量、体积测量等。客观事物是千差万别的,它们有不同的属性,人们一直在力图将它们数量化,以便进行精确比较。

测量可以帮助幼儿获得更多的直接经验;通过测量,可以帮助幼儿更准确地认识世界,获取关于时间、空间等方面的具体经验;运用简单的测量方法进行测量,对幼儿理解周围事物,并以数量做精确表达是非常有益的。将事物的属性及关系数量化是科学思维的重要组成部分,数量化思维也是幼儿思维发展的一个重要方面。通过测量,可以帮助幼儿学习简单的测量技能。

2. 测量的类型

测量主要包括观察测量、自然测量、正式量具测量等。其中,自然测量和正式量具测量是依据是否使用标准量具进行划分的。

(1) 观察测量。观察测量是指通过眼睛等感觉器官的直接观察来测量物体。例如,用眼睛来测量物体的大小、光滑程度等;通过皮肤来测量水的冷热;用手掂量物体的轻重等。观察测量一般适用于特征比较突出的观察对象,通过感官直接观察便可得出结论。但是,对于特征没有明显差异的物体,观察测量就难以达到效果,如差不多大小的两个鸡蛋,幼儿就很难将它们区别开来。

(2) 自然测量。自然测量也称非正式量具测量,指不采用标准的量具,而是运用一些身边常见的自然物,如木棍、纸条、绳子、手指、手臂、步长等作为量具,对物体实行测量的方法。自然测量是幼儿常用的测量方法,因为幼儿掌握标准的测量工具尚有困难。

(3) 正式量具测量。正式量具测量是指用标准量具对物体进行测量。虽然幼儿掌握标准量具的测量单位是有困难的,但这并不等于幼儿不能使用任何标准量具。适合幼儿使用的测量工具主要有尺子、天平、温度计、钟表、秤等。通过教师的示范和幼儿的操作,幼儿可以懂得这些量具的作用,初步掌握这些量具的使用方法。

3.测量活动指导

不同的测量类型有不同的要求,因此也需要不同的指导方式。测量活动的指导具体如下:

(1) 观察测量的指导重点。

① 运用不同的感官感知物体的不同特性。每种感官都有自己的适宜刺激,不同感官能感受物体的不同特性。眼睛可以认识物体的长短、大小、粗细、高矮、厚薄等特性;手可以感受物体的软硬、光滑程度、冷热等特性;肌肉的运动可以感受物体的轻重等特性。

② 用正确的量来描述物体的特征。物体的各种特性要用正确的量来描述。教师可以有意识地引导幼儿在周围环境中寻找哪些物体是大的,哪些物体是厚的,哪些物体是长的,等等。

(2) 自然测量的指导重点。自然测量可以增强幼儿对测量的兴趣,使幼儿初步掌握测量的基本知识。自然测量的指导重点是教会幼儿选用合适的自然测量工具。

① 学习测量物体的粗细。测量物体的粗细可以选用绳子做量具。幼儿测量前,教师要做好示范,让幼儿学会怎样拿住绳子,怎样固定绳子的一端。如果测量的物体较粗,移动绳子的次数要记录准确。比较物体的粗细应在分别测量之后进行。幼儿测量物体的粗细较为困难,教师必须加以指导。

② 学习测量距离的远近。测量距离的远近可用脚步或者绳子做量具。测量时,在起点和终点处放置实物或插上竹竿,起点和终点之间要画上线段。测量距离时,教师边做示范边讲解,让幼儿明确如何移动脚步或绳子,更要提醒幼儿记住移动的步数或绳子的段数。在测量时,教师要帮助幼儿了解测量工具不同,所数的数量也是不同的。

③ 学习测量物体的容积。测量物体的容积可用玻璃瓶或玻璃杯做量具。在测量前,准备好沙子或水、小桶等工具。测量时,把沙子或水装满要测量的物体,然后把装满的沙子或水倒入小桶中,再从小桶中倒入小玻璃瓶,记录装了多少瓶。

> **小案例**
>
> 游戏时,李老师请班里的小朋友亮亮和强强在教室的前方和后方分别用积木搭了一座亭子。数学活动时,李老师问:"怎样才能知道两座亭子哪一座高哪一座矮呢?"幼儿纷纷想办法,红红说:"把两座亭子放在一起比。""不行,不行,这样移动容易把搭好的亭子弄倒。"笑笑说,"用尺子量。""可没有尺子怎么办?""用铅笔……"有的幼儿想到用铅笔、小棒、毛线绳等自然物做计量工具。终于,在教师的指导下,孩子们测出了两座亭子的高矮[1]。

---

[1] 易林林.幼儿量的概念的教育[EB/OL].(2013-05-10)[2018-02-28].https://wenku.baidu.com/view/8acb4b6f0b1c59eef8c7b4f6.html.

（3）正式量具测量的指导重点。在学前教育阶段，幼儿已经有了通过测量来认识周围物体的需要。例如，在活动中，两个幼儿在比赛谁跑得快，谁扔得远，谁提得重等，这些事例说明幼儿已经开始构建测量的概念了。因此，需要让幼儿从小树立应有的测量意识，特别是培养幼儿用标准量具对物体进行测量的意识和习惯，它能够让幼儿更精确地认识事物，借以培养思维的精确性。标准量具的正确使用是保证测量准确性的前提。由于幼儿的认知水平和动手能力有限，在幼儿阶段主要让其掌握简单的长度测量、重量测量和温度测量3种测量和相应工具的使用。以下主要介绍测量工具的使用指导。

① 长度测量工具的使用。长度测量工具主要用于测量物体的长短、高矮、粗细等特性，有米尺和皮尺等。长度测量工具的使用指导包括：首先，让幼儿学会如何拿尺；其次，让幼儿明确测量不同的量需测量物体的不同部位：测量高矮时需测量物体顶端到底端的距离，测量长短时需测量物体左右两端的距离，测量粗细时需测量圆柱体的横切面，也就是一周的长度；最后，让幼儿学会记录结果，并对结果进行比较。

② 重量测量工具的使用。测量重量的标准量具有秤和天平等。秤有很多种，幼儿需要掌握的是常见的台秤和弹簧秤的使用方法。台秤的用法是：先验看台秤的指针是否指向中心的零，调零后再将物体放置在秤盘上，指针指向的数字就是该物体的重量。弹簧秤的用法是：把物体放在钩子上，弹簧秤的指针指向的刻度就是该物体的重量。天平是测量物体重量比较精确的量具，要求不同，它的使用方法也不同。如果比较轻重，把两种物体分别放在天平两端的托盘上，下沉的一端物体更重；如果测量物体的重量，天平一端的托盘放物体，另一端的托盘放砝码，根据砝码数量的多少计算物体的重量。

③ 温度测量工具的使用。这里以水银温度计为例。首先，让幼儿了解温度计的结构，一端是金属外壳，内有水银，遇热会上升。其次，教给幼儿温度计的使用方法：把温度计的金属一端放入热水中，水银受热膨胀，沿玻璃管上升，根据玻璃管壁上的刻度读出准确的温度。

正式测量之所以被称为"正式"，是因为其测量工具的标准化、测量工具使用方法的标准化，以及测量结果的标准化。只有这样，才能保证测量的精确性。记录测量结果可以采用表格记录和图画记录等多种方式。

四、科学阅读

1. 科学阅读的概念

科学阅读是指幼儿通过阅读包含科学知识的作品，包括故事、儿歌、谜语、百科知识等，学习科学的一种方法。早期科学阅读有利于扩展和丰富幼儿的科学经验，激发幼儿对科学的兴趣，引导幼儿学习科学，帮助幼儿理解科学概念。阅读活动可以由教师引导，也可以由幼儿自发进行。科学阅读能丰富幼儿的科学知识，激发幼儿的想象力，为其创造力的发展奠定基础。

2. 科学阅读的作品类型

科学阅读的作品包括科学诗、科学童话、科学故事、谜语等。

（1）科学诗。科学诗是科学内容与诗歌相结合的产物，阅读科学诗的目的是向幼儿普及科学知识。幼儿科学诗的种类繁多，有叙事诗、抒情诗、儿歌或歌谣等。幼儿最喜欢的是科学儿歌，科学儿歌直接表明物体的名称，描述物体的明显特征，句式灵活，可长可短，通常运用排比、设问、拟人等修辞手法,语言具有艺术性。因此,幼儿喜欢通过科学儿歌的形式学习科学知识。

(2) 科学童话。科学童话又称知识童话、自然童话,它用童话的形式向幼儿传授科学知识,实现了童话性和科学性的统一。科学童话的内容一般较浅显,情节安排也较简明,拟人是其常用的表达手法。

科学童话运用生动的人物形象、虚构的情节来描述事物的特征,让幼儿在感受趣味性的同时学习科学知识。科学童话不仅丰富了幼儿的科学知识,而且启迪了幼儿的智慧。

(3) 科学故事。科学故事是把科学技术上的发现、发明及发展,常见自然现象的科学道理,动植物的生活或生长习性,其他物体的特征、性能等知识融于有人物、情节的故事之中,是科学内容和故事的结合物。科学故事主要包括科学生活故事、幻想故事、科学家的故事等。

模块四　幼儿园科学教育活动设计与指导

幼儿园科学教育活动的设计,是将科学教育活动的各要素(目标、内容、材料、学习活动、媒介、时间、环境和方法等)按一定的方式进行编制和处理,从而形成特定的相互关系的过程。它一般分为三个层次:学科领域层次、单元教育活动层次和具体教育活动层次。这里的科学教育活动设计是指具体教育活动层次的设计,是根据已经拟订的学期、月或周计划对某一具体活动的设计。

一、幼儿园科学教育活动的设计要求

(一) 发展性

促进幼儿的发展是幼儿园科学教育活动设计的基本要求,幼儿的发展应是全面的发展。

(二) 趣味性

活动设计的着眼点应放在幼儿活动的趣味性上。通过科学教育活动,进一步激发幼儿探索科学的兴趣。

(三) 开放性

活动的形式和设计的思考等都应是开放性的。例如,提问不限于唯一的答案,形式不局限于单一性,活动还可以延伸到园外、社区等地进行。

(四) 活动性

要使幼儿在科学教育活动中,通过动手、动脑、动口等操作活动来与环境进行交往,主动发现,获得经验,使自身得到发展。因此,要为幼儿提供充分活动的机会。

(五) 整合性

要在活动过程的设计中完成活动目标、活动内容和活动形式各自的整合。活动目标中要有知识、能力、情感和态度的整合;内容中可有科学内容之间的整合,也可将科学内容和其他领域的内容整合。例如,以"春天"为主题的内容中还可容纳语言、美术、音乐等方面的内容。

二、正规性科学教育活动设计与指导

正规性科学教育活动的设计与指导,是指教师根据幼儿园科学教育活动的目标,有计划、有目的地选择课题内容,提供相应的材料,有步骤地开展幼儿科学探索活动,最终达到教育目标的形式。正规性科学教育活动是面向全体幼儿的科学教育活动。这里主要介绍活动目标的设计、活动过程的设计与指导、教师提问的设计。

(一)活动目标的设计

教师要根据幼儿园科学教育活动的总目标和该年龄阶段的目标,结合每次活动内容的具体特点,对幼儿提出全面、恰当的要求,使幼儿在活动结束时能够达到预定的目标。活动目标具体设计时,要注意以下几点:

(1) 尊重幼儿的发展水平,促进幼儿的发展。
(2) 内容和要求始终与总目标、阶段目标在方向上保持一致。
(3) 具体内容包括科学知识、科学方法和科学态度三方面。
(4) 表述应明确,且用行为目标的表述方法,如小班"请你摸一摸"的活动,可以设计以下三项目标:

① 通过触摸,使幼儿发现物体的冷热、软硬、光滑粗糙等属性,发展幼儿的触摸觉。
② 培养幼儿用手感觉物体特性的能力。
③ 激发幼儿探索科学的兴趣,发展和培养幼儿动手实践的能力。

(二)活动过程的设计与指导

活动过程是为实现教育目标而对教育内容和教育方法具体的、展开的运用,是正规性教育活动的核心环节。因此,活动过程的设计与指导是活动的关键。教师要依据活动目标,认真思考整个过程的各个步骤,认真指导。

1. 导入活动要求

从活动一开始,教师就应让幼儿明确本活动的任务,激发幼儿的兴趣,使幼儿在好奇心的驱使下投入到科学探索活动中去。活动导入的设计可考虑以下几种方法:

(1) 利用丰富的材料导入,如"看看小朋友面前有什么?"。
(2) 利用各种文学作品导入,如用猜谜来导入。
(3) 利用情景表演导入。
(4) 利用环境设置导入,如走进一间布置好的房屋,问幼儿"看到什么了?"。
(5) 利用直接指令或提问导入,即开门见山式的导入,如"看面前的水仙花"。

2. 基本活动要求

围绕目标,合理、充分地发挥材料的作用,有步骤地引导幼儿运用多种感官、多种方法进行感知操作,并学习用各种方式进行表达,使幼儿真正成为活动的主体。

一般来说,正规性科学教育活动中,其基本活动的设计和指导包括以下步骤:

(1) 教师提出有质量的问题,启发幼儿从多方面、使用多种方法与学习对象相互作用,去感知、操作、发现和思考问题。
(2) 教师观察、了解幼儿探索活动的情况,包括幼儿参与活动的主动性、积极性等,倾听幼儿的自言自语及和同伴的轻声细语,观察幼儿的情绪,观察幼儿是否在等待老师的帮助,等等。

(3) 要求和鼓励幼儿积极、勇敢地陈述自己的发现,表达自己的观点。

(4) 教师以简短的语言概括幼儿的发现,并再次提出有针对性的问题,启发幼儿在前面探索的基础上再作探索,寻求完整答案。

(5) 教师继续观察、了解幼儿的情况,并给予幼儿及时的帮助(提供材料、解决困难等)。

(6) 再次鼓励和启发幼儿描述自己的探索过程和方法,陈述自己的发现和问题,以及在活动中的感受等。此处要给足时间,用于幼儿表达、交流。

(7) 教师在幼儿充分交流信息的基础做出小结和评价,包括知识点(幼儿获取的经验或幼儿主动建构的表象水平上的概念),幼儿参与活动的积极态度,幼儿探索发现的过程和使用的方法,尤其是对善于思考、有所创造的幼儿和发展较差而进步的幼儿给予表扬和鼓励。

3. 结束活动的要求

由教师运用多种方式在自然状态下结束活动并继续布置任务,让幼儿延伸活动,在自然角、科学发现室、家庭或社区继续探索。还可以指导幼儿一起整理材料,培养幼儿良好的习惯。因此,结束活动的形式应该是开放式的。

(三) 教师提问的设计

教师对幼儿科学探索过程的指导,主要通过设计有质量的问题来实现。教师提出的问题有两种:一是封闭式的,其答案是限定的、唯一的,如"这是什么?""是不是啊?"等;二是开放式的,没有限定答案,如"你有什么发现?""你看它像什么?"等。教师应更多地向幼儿提开放式的问题,便于幼儿回忆并联系自己的经验,在已有经验和水平的基础上进行发散性和创造性思考,鼓励幼儿用自己的方法去操作、发现和创造,激发他们的表达欲望。

随着教师提问的步步深入,幼儿也就在无意中逐步深入到探索活动中去了。

知识拓展

科学教育活动中的提问[①]

在科学教学活动中,提问可以说是教学成功的基础。在同样的情景下提出不同的问题,幼儿探究的主动性、深度和广度是完全不一样的。提问是教师引导幼儿主动探究的技术之一,它能激励幼儿专注于探究活动和内部心理活动,真正实现幼儿的学习和发展。在科学活动中教师可以采用以下几种提问方式:

1. 鼓励性提问

鼓励性提问应面向全体而不是针对某个单独个体,教师应设法让更多的幼儿参与回答问题,或在某个幼儿回答之后让其他幼儿发表不同的看法或分享不同的观点。例如,"你们还在哪儿发现了凸面镜?"(汽车的后视镜,小区的转角处有凸面镜等),"你们知道山上的树木被砍下来后是怎样运送到木材加工厂的吗?","谁还有不同的想法?"等鼓励性的提问,扩大提问的参与面,逐步培养全体幼儿回答问题的兴趣和能力。

---

① 佚名.教师资格:试讲中你可以这样提问![EB/OL].(2017-04-06)[2017-10-18]. http://www.sohu.com/a/132279117_132139.

2. 发散性提问

发散性提问没有限定的答案,能够培养幼儿的独创性、变通性等,也有利于锻炼幼儿解决问题的能力。例如,在"有趣的声音"活动中,教师问:"你听到玻璃珠掉到地板上的声音是什么感觉?像你听过的什么声音?"在"认识空气"活动中问:"你们知道哪里有空气吗?"这就是发散性的提问,问题很开放,没有确定的答案,但是它可以很广泛地收集孩子们的想法,这样的提问可以促使幼儿积极思考,产生主动探索的欲望。

3. 层次性提问

苏联著名心理学家维果茨基认为:"只有走在发展前面的教学才是良好的教学,否则就将充当发展的尾巴。"幼儿的知识经验和水平有差异,为了让每个孩子都能在原有的基础上得到提高,在教学中设计的提问要体现层次性。例如,在"有趣的声音"活动中教师这样提出问题:"这些材料分别放到茶叶罐中发出的声音一样吗?""听起来有什么感觉?""像你们听到过的什么声音?"在这样有层次问题的引导下,孩子们积极思考与表达,回顾自己在操作中的发现,共同梳理经验,建构科学的概念。又如,"请小朋友看一看老师带来了什么,你们都认识吗?""这些东西有什么相同的地方?""它们上面的数字代表什么?""这些数字有什么作用呢?"问题的设计层层深入,从幼儿已有的生活经验入手,帮助幼儿一步一步地去思考、去探索、去发现,丰富知识,建构概念。层次性提问使幼儿在原有的基础上提升经验,体现了发展性原则。

4. 矛盾性提问

在探究和发现的过程中幼儿常常不去注意那些矛盾的事件,此时就需要教师提出矛盾性的问题,引起幼儿的注意,从而进行更深入的探究。例如,在"玩冰块"的小实验中,两个幼儿都认为倒入热水冰块会很快融化,但在实际操作中,两个幼儿的方法一样但冰块融化所用的时间却不同。教师及时抓住了孩子间的认知矛盾提出问题:"你们都用了倒热水的办法,为什么冰块融化用的时间一个短一个长呢?"这个问题在幼儿的认识中引起了已知与未知之间的矛盾,从而激发幼儿更进一步去探究的欲望。在反复地尝试和对比中,孩子们发现同样是热水,倒得越多冰就会融化得越快,所以用的时间就更短。再如,在"水在哪里"的活动中,幼儿对水果中挤压出的是不是水产生了疑问和争论,教师及时地抓住矛盾冲突提出问题:"到底谁说得对呢?水果中挤出来的是不是水呢?你们去装些水来比比看。"这样的指导有利于调动孩子们进一步探索的积极性,使幼儿的主动探究更加深入。通过对比和讨论,孩子们发现水是透明、无色、无味的,而果汁是有色、有味道的。在科学活动中,经常会出现矛盾冲突(可能是幼儿间的认知矛盾,也可能是幼儿自身原认知与新认知间的矛盾),这些都需要教师在活动中及时捕捉,运用矛盾性的提问及时地引领,帮助幼儿主动建构科学概念。

5. 开放性提问

开放性提问是在一定的问题情境中,启发幼儿从多维度寻找解决问题的方法,从而促进幼儿主动思考、主动学习、获得发展的有效方式。开放性的问题没有固定的答案,因此为幼儿提供了创造性的想象和思维空间。开放性问题的提问形式多种多样,如"如果……,那么……""你认为应当怎样做?""关于这个问题你还有什么看法吗?"等等。

例如,在玩沙的活动中,教师给小朋友出示了沙盆,沙盆里混装了鹅卵石、花生和绿豆,教师问:"怎么样把这些东西分开?"

文文说:"用手把鹅卵石、花生和绿豆拣出来,放到三个碗里就可以了。"

教师问:"还有什么办法?"

亮亮说:"先用筛子把最细的沙子筛下来,剩下的再拣出来就行了。"

教师又问:"还有谁有和他们不一样的办法?"

冬冬说:"我们三个人合作,一个人拣鹅卵石、一个人拣花生、一个人拣绿豆,剩下的就是沙子了。"

红红说:"拣的办法是好,可是绿豆也太小了,不好拣,会很慢,我们用两个筛子,一个用纱网,筛沙子,再用大一点的筛绿豆,这样就更好了。"

教师问:"哪种办法最方便、最快呢?"有的说冬冬的办法快,有的说红红的办法快,孩子们讨论得很热烈,最后教师说你们分组实验,用你们自己认为最快、最方便的办法来试试吧!

当教师向幼儿提出开放性问题时,会刺激幼儿产生具有新意的问题,从而促进幼儿创造性思维及解决问题能力的发展,而教师也能从幼儿的回答和提问中了解幼儿当前的知识经验水平状况。

6. 积极有效的追问

"追问",顾名思义就是追根究底地问原因、问下落。教师的追问往往是要了解幼儿为什么会这样想、为什么会这么说、为什么会这么做等。换句话说,追问就是教师想通过提问,来了解幼儿的所思所想。

例如,在"神奇的水柱"科学活动中,教师为幼儿提供了粗细不同、水位相同、小孔的高度相同的两个瓶子,分别标号为1号瓶和5号瓶。

教师提问:"你们认为哪个瓶子上的小孔喷出的水远?"

幼儿A回答:"我认为1号喷得远!"

幼儿B回答:"我认为5号喷得远!"

此时教师及时追问:"你为什么认为1号喷得远?""你为什么认为5号喷得远?"

幼儿A回答:"因为1号瓶子粗,所以我觉得它会喷得远。"

幼儿B回答:"因为小孔的高度一样,5号瓶细所以我认为它喷得远!"

教师的追问不仅使幼儿思考问题的逻辑呈现在大家面前,而且使教师了解了幼儿的思维过程,同时也为幼儿提供了"倾听、理解他人想法""发现他人问题""同伴互相质疑"等师生、生生互动的环境。在下一步的活动中,有助于教师有目的地引导,在解决问题的过程中引发更加广阔的探索思路。

三、选择性科学教育活动设计与指导

选择性科学教育活动是指由教师为幼儿创设一个宽松和谐的环境,提供各种科学活动设备和丰富多样的材料,引发幼儿的好奇心,使每个幼儿都按照自己的兴趣和意愿,从自己的发展水平出发,运用适当的方法和技能进行的科学探索活动。这种活动一般在自然角和科学发现室内进行。幼儿以个别活动为主,或两三人自愿组合;教师以间接指导为主,幼儿的自由度较大。

选择性科学教育活动的设计与指导,重点在于活动目标的设计、活动环境和材料的设置、活动过程的设计与指导等。

(一)活动目标的设计

选择性科学教育活动目标的设计和正规性科学教育活动目标的设计相同,在设计时还要注意以下几点:

(1)根据个别幼儿的情况设计具体活动目标。

(2)根据上一次正规性科学教育活动的结果来设计。例如,班上有的幼儿在主动探索方面能力弱,教师可针对其设计具体目标;上次活动中,由于时间关系,有许多小朋友对显微镜有进一步操作的愿望,教师就可以据此在选择性活动中具体设计教育目标。

(二)活动环境和材料的设置

创造和提供环境及物质材料是幼儿开展选择性科学教育活动的关键因素。

1.建构科学发现室(科技活动室、科学宫、科学探索室等)

对环境和材料(设备)的要求包括:材料应具有新奇性和趣味性、可探索性和可操作性、教育性和安全性、可观赏性和配合性(如将磁性材料和能磁化与不能磁化的材料放在一起,以供幼儿操作)。

动画
科学室的创设

具体提供的材料包括以下几个方面:

(1)探索生物材料和非生物材料。

① 生物材料,如动植物标本,包括种子、树叶、花卉、果实、昆虫、鸟兽等;非生物材料,如各种岩石、矿物、贝壳、纵横切面的树段等。

② 生物和非生物有关的科技产品。

(2)探索光的材料。

① 放大镜、平面镜、凹透镜、凸透镜、三棱镜、万花筒、调色板、调色盘、颜料、望远镜、显微镜等;能在放大镜下观察的各种标本和实物,如昆虫标本、化石、羽毛等。

② 有关光学的科技产品。

(3)探索磁和电现象的材料。

① 磁性材料:各种磁铁(马蹄形、棒状、条状、环状等)。

② 能磁化的材料:螺丝钉、指南针、铁夹、金属丝、别针、图钉、铁砂、铁片等。

③ 不能磁化的材料:果壳、纽扣(非铁的)、塑料制品、玻璃珠、纸、棉花等。

④ 其他材料:电池、铜丝、电珠、玻璃棒或塑料棒、毛皮,以及手电筒、小电扇、纸片等。

⑤ 有关磁和电的科技产品。

(4)探索声的材料。

① 乐器:三角铁、小铃、木鱼、锣、金属片琴、二胡等。

② 发声器和助声器:音叉、发声盘、发声板(竹板)、传声筒等。

③ 敲击用的棍棒：木棍、金属棒、竹条等。
④ 有关声学的科技产品。

(5) 探索力的材料。

① 定滑轮、动滑轮、斜面板、天平、机械手、不倒翁、小推车、小降落伞、陀螺，以及沙袋、砝码、小球、木块、金属片等。
② 在水中沉浮的材料：各类石头、玻璃珠、小钢球、金属品、砂、软木塞、棉花、积木、竹片、乒乓球、羽毛、泡沫塑料等。
③ 盛水容器：水盆、水箱、小水池等。
④ 各种玩具：电话机、电动或惯性汽车、电动火车、机器人、电动小汽艇等。
⑤ 各种生活用小机器：蔬菜喷洗机、磨碎机、水果榨汁机、铅笔刨削机等。
⑥ 有关力学的各种科技产品。

(6) 探索物质形态及其变化的材料。

① 水、油、牛奶、醋等液体材料。
② 蜡烛、冰块、奶粉、糖、盐等固体材料。
③ 不同质地的纸、杯子、吸管、加热器等材料和器皿。
④ 有关物质及其变化的科技产品。

(7) 感觉训练的材料和实物。

① 各种质地的纺织品和纸张，各种尺寸的无锋钉、螺丝钉，各种形状的物品，以及奇妙的箱子等，以训练幼儿的触觉。
② 各种气味瓶：装有醋、水、牛奶、香水、芝麻、花生、药水等能散发出浓郁气味的小瓶子，以训练幼儿的嗅觉。
③ 各种发声罐：装有砂子、豆子、玻璃珠、石块、纸屑等能发出不同声音的罐子，以训练幼儿的听觉。

(8) 测量工具。

① 各种标准测量工具：尺子、温度计、钟表、磅秤、天平、量杯等。
② 非正式测量工具：绳子、木条、杯子、盒子、短棍等。

(9) 制作工具和材料。

① 制作工具：锤子、剪刀、刀子、小刨子、凿子、磨子、订书机等。
② 各种制作材料：纸片、纸板、纸盒、木块、木条、竹片、竹条、绒线、绳子、布、草编、泡沫塑料块、糨糊、胶水、针等。

(10) 各种图书、画片和匹配小图片，供幼儿阅读、观看和做游戏用。

(11) 其他材料、实物和设备：地球仪、草本植物、花卉、水箱、沙箱、吹泡盒、磁铁盘、标本柜、书架等。

2.设置科学桌、科学角

教师在幼儿活动室的一角安放一张桌子，然后提供同类或不同类的可探索材料，让幼儿自主操作。具体材料可参照科学发现室设置清单，根据需要，数量可少可多。

3.设置自然角

教师在幼儿活动室内或活动室门口附近的向阳处设置一个分层架（桌子或柜子），放上易养的植物和金鱼、乌龟等小动物，也可放置一些贝壳、稻穗等，使幼儿随时可接近自然，探索自然。

（三）活动过程的设计与指导

选择性科学教育活动不需要全班统一行动，也无固定的步骤。活动过程的设计与指导要表现出以下步骤：

（1）合理组织活动，为幼儿提供丰富多样的材料，让幼儿自主选择、探索。

（2）当幼儿进入活动室后，教师要向幼儿介绍材料的名称和操作方法，帮助每个幼儿做好选择。

（3）幼儿开始探索后，教师要耐心、全面、细致地观察幼儿的活动。若有幼儿遇到困难，不要急于去帮助他，可鼓励幼儿反复探索，努力自己解决问题。

（4）对于反应快、操作灵敏的幼儿，可启发其进一步探索；对行动迟缓、怕困难的幼儿，要多鼓励，给予其适时、适度的帮助，以增强其继续探索的信心。

（5）鼓励幼儿相互交流、相互合作。

（6）整个活动过程，教师要以热情、平等、尊重的态度对待每一个幼儿，并以探索者的身份参与活动，使幼儿有一个轻松、愉悦、安全的心境参与探索，从而专心致志地进行活动。

四、偶发性科学教育活动设计与指导

偶发性科学教育活动是指在幼儿周围的世界里，突然发生的某一自然科学现象、自然物，或者有趣、奇特的科技产品和情景，激起幼儿的好奇心，使幼儿自发投入探索的一种科学活动。

由于偶发性科学探索是教师事先无法估计到的，带有偶然性，因此，教师不能事先进行设计，但是要以积极的态度去关心、指导，具体要做到以下几点：

（1）随时关心、观察、发现幼儿的活动。

（2）积极、热情地支持幼儿的自发性探索活动。

（3）正确引导、鼓励幼儿探索，和幼儿分享探索活动的成果。

正规性、选择性和偶发性科学教育活动是相互联系、相互补充或相互转换的。正规性科学教育活动的内容可延伸到选择性活动中去，选择性和偶发性科学教育活动的内容又可能转换成正规性科学教育活动内容，三者有机结合，整体发挥效能，最终实现幼儿园科学教育活动的目标。

📝 小案例

> 春天的早晨，孩子们陆陆续续来到幼儿园。早来的幼儿和值日生一起在给自然角里的各种植物浇水，突然发现一个花盆裂了一道大约2厘米宽的缝，孩子们觉得很奇怪：花盆为什么裂开了？花盆里面有什么？
>
> 教师通过提出问题，引导孩子们进行探究。幼儿把花盆撬开进行观察，最后发现是花盆里逐渐长大的小土豆把花盆撑破了。"土豆那么小，哪有那么大的劲？"有些孩子又产生了疑问。教师又利用饭后散步的时间带幼儿到操场上观察大树的根。孩子们终于悟道：植物的根真有劲[①]。

---

① 徐国保.第七章区域活动设计[EB/OL].[2018-02-18].http://www.doc88.com/p-0394524840433.html.

实践活动

实践项目一 一飞冲天（气球游戏）（小班）[①]

【活动目的】

(1) 初步认识空气与皮球和气球的关系。

(2) 享受集体做游戏的乐趣。

(3) 发展探索精神。

【活动准备】

皮球、气球、打气筒。

【活动过程】

(1) 出示未充气的皮球和充了气的皮球,让幼儿触摸和辨认,说一说它们两个有什么不一样。

(2) 启发幼儿想办法给未充气的皮球充气。

(3) 教师示范用打气筒给皮球充气,让幼儿感受皮球在充气过程中的变化,并说说皮球为什么鼓起来了,里面有什么。

(4) 老师再出示未充气的气球,请幼儿说说它的玩法。然后给气球充气,老师协助幼儿用橡皮筋把气球口扎紧,让幼儿尝试接抛气球。

(5) 解开橡皮筋,放开气球,让它飞出去。（在这个阶段无须深入解释,只当作一种游戏即可,引发幼儿的兴趣）

(6) 请幼儿也来玩放气球的游戏。给每位幼儿分发一个充了气的气球（不必充得太大）,请幼儿用手捏紧,然后一起放开,看看谁的气球飞得最远。

【总结分享】

请幼儿双手围圈,演示气球在充气过程中的变化。

【活动评价】

(1) 对活动感兴趣,能大胆讲述自己的观点。

(2) 知道气球充气前后的变化。

【活动建议】

(1) 内容可以扩展,组织幼儿用身体的不同部位碰击气球,促进身体的协调发展。

(2) 在益智区投放各种充气玩具,供幼儿在分区活动的时间自由操作,进一步感受空气和充气玩具的关系。

(3) 在日常生活中,教师可引导幼儿用不同的形式来表现气球,提高幼儿运用多种材料表现物体的能力。例如,画、剪贴、装饰气球,设计动物气球等,可由幼儿一人单独完成,也可集体制作"气球小世界"画卷。

[①] 聚优.幼儿园小班科学活动教案:一飞冲天（气球游戏）(2015-02-20)[2018-02-28][EB/OL]. http://www.jy135.com/jiaoyu/62008.html

（4）教师可组织内容丰富的亲子活动，进一步激发幼儿对气球的喜爱之情。例如，组织家长与幼儿一起吹气球，并在气球上面画上自己喜欢的图案，悬挂在活动室；以家庭为单位，组织运气球比赛，感受气球易飘浮的特点。

实践项目二　神奇的面巾纸（中班）[①]

【活动目标】
（1）了解面巾纸的纤维走向特性。
（2）感受面巾纸的神奇，萌发对科学现象的兴趣。
（3）发展观察能力和动手操作能力。

【活动准备】
面巾纸若干，带拎把的瓶子（里面装水）人手一个，报纸、白纸、皱纹纸、布等。

【活动过程】
一、游戏：拎一拎
（1）教师出示面巾纸和瓶子："今天面巾纸要和瓶子做游戏，游戏的方法是：用一张薄薄的面巾纸把这么重的瓶子给拎起来，不可以直接用手拎，只能请面巾纸来帮忙。你有什么好办法？"
（2）幼儿试一试、玩一玩，教师巡视。
（3）组织交流，邀请幼儿展示拎法，教师讲评。
（4）幼儿再次游戏。
（5）组织交流：为什么有的能拎起来，有的在拎的时候面巾纸就断了呢？
（6）分两组尝试将面巾纸顺着不同的方向卷起来，再拎一拎。第一组顺着短边卷，第二组顺着长边卷，再互换尝试。
（7）组织交流：你发现了什么秘密？（长边的承受力大）

二、游戏：撕一撕
（1）教师引导：为什么用长边拎的时候就不断，而短边会断呢？其实面巾纸里藏着秘密。想解开面巾纸的秘密吗？让我们来玩一个撕纸的游戏吧，先撕一撕短边，再撕一撕长边，看看能发现有什么不一样？
（2）幼儿游戏，教师巡回指导。
（3）组织交流：有什么不一样？（沿长边能撕成条条，沿短边只能撕成碎片）
（4）揭示纸纤维的走向特性：面巾纸里藏着的秘密是纸的纤维走向（边讲边用记号笔画出纸纤维的走向）。我们顺着纤维走向把面巾纸拧成绳，纸的纤维结合在一起，就能共同抵御外界拉的力量，这样纸绳就能拎起瓶子了。

三、游戏：拉大锯
（1）介绍游戏玩法：抽一张面巾纸，先在纸的边上撕一撕，找准纸的纤维方向，再卷一卷，做成面巾纸绳与桌子对面的好朋友勾一勾、拉一拉，边玩边念儿歌："拉大锯，拉大锯，姥姥家门口去看戏，你也去，我也去，大家一块儿去看戏。"

[①] 佚名. 中班科学活动：神奇的面巾纸[EB/OL]. (2012-12-29)[2017-10-21]. http://y.3edu.net/zbkx/96471.html.

(2) 幼儿游戏。

四、联系实际，拓展思维

(1) 教师提问："面巾纸里有纸纤维，还有什么纸也有纸纤维呢？"（幼儿自取报纸、白纸、皱纹纸，寻找里面的纤维走向，并用笔做上记号）

(2) 教师提问："这些纸里有纤维，你还能找到有纤维的其他东西吗？"（出示布，请幼儿回家跟家人一起玩布，找一找布的纤维走向）

实践项目三　动物是如何过冬的（大班）[①]

【活动目标】

(1) 理解动物是如何过冬的，知道动物过冬主要有四种形式：躲藏、冬眠、迁徙、换毛。

(2) 理解词汇：冬眠、迁徙等。

(3) 对探索动物世界的奥秘感兴趣，并具有较细致的观察能力。

【活动准备】

"动物过冬"的录像带及放映所需的录像机、电视机，各类动物的磁铁教具、动物胸饰、录音机、磁带等。

【活动过程】

1. 复习巩固"人们是如何御寒的"

教师引导："今天的天气真冷啊，我们都穿上什么衣服了？人们除了穿上厚衣服以外，还想出什么好办法来过冬呢？"

2. 科学教育"动物是如何过冬的"

教师引导："人们是这样过冬的，那么你们知道小动物是怎样过冬的吗？"

(1) 幼儿根据日常观察进行自由回答，教师不予评论。

教师引导："刚才小朋友说了很多动物过冬的办法，那么小动物们究竟是怎样度过寒冷的冬天的？现在，老师就来请大家看一段录像。"

(2) 幼儿观看录像一遍。

看录像的过程要求幼儿注意以下问题：录像上有哪些小动物？这些小动物是如何过冬的？

幼儿根据录像内容进行回答，教师根据幼儿的回答内容，出示相应的磁铁教具。

(3) 让幼儿再次观看录像，并在观看录像过程中定格画面，使幼儿进行动物过冬形式的归类。

教师引导："小动物们也很能干，它们也想出了很多办法来过冬，那么小动物们用了哪些好办法呢？我们再看一遍录像。"

看录像的过程要求幼儿注意以下问题：这些是什么小动物？它们是用什么方式过冬的？（根据定格画面，运用磁铁教具帮助幼儿进行归类）

躲藏：蜜蜂、蚂蚁（老鼠）等。

（幼儿用动作表示"躲藏"）

[①] 佚名. 大班科学教案：动物是如何过冬的［EB/OL］.（2017-11-21）［2017-11-28］. http://www.govyi.com/fanwen/dabanjiaoan/201711/fanwen_20171121090755_939391.shtml.

冬眠：青蛙、蛇、熊(蝙蝠、刺猬、蜗牛、蚯蚓)等。
(解释：冬眠就是不吃不喝也不动的意思)
迁徙：燕子、大雁、丹顶鹤等。
(解释：迁徙就是从一个地方搬到另外一个地方的意思)反复练习新词"迁徙"。
换毛：狮子、狐狸、狗、羊(鸡、鸭、兔)等。
(4) 巩固动物过冬的四种主要方式：躲藏、冬眠、迁徙、换毛。
教师引导："现在，我想问问小朋友，小动物想了几个好办法过冬？又是哪些好办法呢？"
(5) 教师总结：小动物们很聪明，想出好办法来度过寒冷的冬天，它们有的躲藏，有的冬眠，有的迁徙，还有的换毛。它们真是能干的小动物！

3. 结束部分
(略。)

知识巩固

1. 幼儿园科学教育活动的具体方法主要有哪些？(至少写出5个)
2. 阅读分析下列两则材料，并按要求回答问题。

A. 某大班教师设计了一个"有趣的魔术"活动。她让幼儿先用米汤在白纸上画画，等米汤的印迹干了以后，就什么也看不见了。这时教师用碘酒喷洒在纸上，原来画的画又能看见了。这个现象引起了幼儿很强的好奇心和很浓的探索兴趣。活动结束后，有一名幼儿问教师："为什么要用米汤画？用水画行吗？"也有幼儿问教师："用白酒或水喷洒在纸上能不能让画的画看见？"教师很耐心、很认真地告诉大家："因为米汤里有淀粉，淀粉和碘酒发生化学反应，引起颜色变化。所以，用水和白酒喷是不行的。"

B. 有一位幼儿问教师："小蜜蜂飞的时候为什么会嗡嗡叫？"教师认为这是一个很好的问题，就引导大家讨论，嗡嗡的声音是从哪里发出来的。有的说是嘴巴，有的说是翅膀。教师又让幼儿每人手拿白纸做"翅膀"，一边抖动一边学蜜蜂飞。幼儿发现纸在抖动的时候会发出声响，终于理解了蜜蜂的嗡嗡声是翅膀的抖动引起的。还有的幼儿说："电风扇转的时候也会发出呼呼的声音。""我知道蚊子飞的时候也会嗡嗡叫，肯定也是它的翅膀在飞动。"幼儿把自己发现的知识又迁移到其他类似的情景中。

请回答：
(1) 两则材料中的教师，哪一个取得的科学教育效果更好？为什么？
(2) 通过阅读材料，你认为教师对科学内涵的理解会对他的教学行为产生怎样的影响？
(3) 运用所学知识，说明教师应怎样提高自身的科学素养。

3. 某幼儿园科学发现室内，一个班的幼儿正在活动，教师们给每个幼儿发了一个气球、一个打气筒，要求每个幼儿给气球打气。有些幼儿力气小打不了，有些气球或气筒质量有问题也打不了，教师们很热情地帮幼儿寻找打不了气的原因，调换有质量问题的气球、气筒，忙得满头大汗，幼儿也玩得很高兴。

请回答：你认为这节课的科学教育教师的表现专业吗？为什么？如果不专业，你认为教师该怎么做？

单元 5　幼儿园数学教育

学习目标

- 了解幼儿园数学教育的目标；
- 掌握幼儿园数学教育的内容；
- 掌握幼儿园数学教育的方法和途径；
- 能够设计幼儿园数学教育活动；
- 能够对幼儿园数学教育活动进行评析。

案例导入

某大班教师在一次活动中,让幼儿用"5元钱"去买两件"商品"。有一位幼儿成功地买来了两件"商品",标价分别是"1元"和"4元"。但是,当该幼儿按照教师的要求用一道算式记录自己做的事情时,却令人不解地写下了"1+4=0"的算式。就连幼儿自己也感到奇怪:明明记下了自己做的事情——用"5元钱"买了"1元"和"4元"的商品后钱全部花完,却得到了一个错误的算式[①]。

模块一　幼儿园数学教育概述

幼儿园数学教育是指幼儿在成人或教师的指导下,通过自身活动对客观世界中的数量关系及空间形式进行感知、观察、操作、发现等,主动建构数学概念、形成数学能力的过程。

一、幼儿园数学教育的意义

1. 数学是现代科学技术的基础和工具

数学是研究客观世界中的数量关系和空间形式的科学。它产生于生产实践,与人类文

---

① 张慧和,张俊.幼儿园数学教育[M].北京:人民教育出版社,2004:4.

明同时诞生,并随着生产实践、科学技术的发展而发展,应用极为广泛。人的全部生活实践(衣、食、住、行)几乎都离不开数学,最简单的事例,如小朋友有几只手,班上有多少位小朋友等,均要用数量来表示。数学还被广泛地运用于音乐、科学技术、工业生产等各个领域,甚至自然界的生物,如花朵、蜗牛等也可用几何图形的组合予以表示。伽利略说:"数学是上帝用来书写宇宙的文字。"人们还赞誉数学"是打开未来世界大门的钥匙"。

近几十年来,随着现代科学技术的发展,特别是信息论、控制论、计算机的产生和广泛应用,数学日益渗透到各学科领域中,促进了各学科的发展,如生物数学的形成,它涉及数量遗传学、数量生态学、数量分子生物学、数量分类学等。生物的"数学化"也为数学的发展提供了肥沃的土壤,生物统计学、生物概率论、生物运筹学、生物信息论、生物控制论等新学科也相继产生。社会科学也不例外,数学现在已被广泛地运用于经济学、语言学、历史学、心理学、教育学和管理学、通信科学等各个学科中,从而提高了这些学科的科学性。

2. 数学是普通教育中的一门重要基础课程,是每个人应具备的文化素养之一

由于数学在自然及社会科学中具有很重要的地位和作用,因此数学历来是小学和中学的一门主要基础课程,也是一门工具课程。数学是学生学习其他文化科学知识、从事各种实践活动的必要基础知识和工具。

20世纪50年代苏联第一颗人造卫星上天震动了全世界,欧美国家纷纷探讨自己为什么落后了,找到的原因中很重要的一条是在人才培养方面,尤其是中小学的数学教育比苏联落后。1981年美国《华盛顿邮报》曾报道,在过去20年中,日本和苏联政府的教育计划提高了对数学的要求,而美国的中学和大学对数学课程的要求却降低了。苏联的高中毕业生,每年约有500万人学过两年微积分,而美国每年只有10.5万名高中毕业生学过一年微积分,因此众声疾呼美国中学数学教育的落后。这一情况不仅存在于中学,美国的早期数学教育也不例外。

1986年一份对美国、日本、中国台湾儿童数学水平的跨文化研究报告表明,美国儿童的数学程度最低。例如,小学五年级中,美国一个平均分数最高的班的平均分数比日本一个平均分数最低的班的平均分数还要低,比中国台湾一个平均分数最高的小学一年级班的分数略高一点。美国普通教育中数学教育质量不高,连美国联邦政府官员也直言不讳。因而近些年,出现了世界范围的"新数学教育"改革运动,目的是提高普通中小学生的数学水平,借以改善普通基础教育,以适应世界科学技术发展和竞争的需要。

3. 幼儿数学启蒙教育是幼儿生活和正确认识周围世界的需要

幼儿生活在社会和物质的世界中,周围环境中形形色色的物体均表现为一定的数量,有一定的形状,大小也各不相同,并以一定的空间形式存在。因此,幼儿自出生时起,就不可避免地要和数学打交道。教幼儿掌握一些简单的数学知识和技能,能使他们更好地认识客观事物,与人们交往,解决生活中遇到的各种有关问题。例如,在生活中,幼儿要用词汇"大小"来判别、表示和索取物体;"我要大的"——幼儿总是喜欢这样来表示他们的愿望;"请给妈妈搬个圆凳子"——幼儿需要具备简单的图形知识才能完成此任务。幼儿在认识自然界绚丽多彩的现象和事物时,只有将数、形知识的获得和运用结合在一起,才能达到客观、准确认识事物的目的。例如,认识小白兔的外形特征离不开必要的数学知识,幼儿必须知道小白兔有两只长长的耳朵、两只红眼睛、三瓣嘴、四条腿,还有一条短尾巴,这将"1、2、3、4"都包括在内

了。又如,早操儿歌:"早早起,做早操,伸伸腿,弯弯腰,两手向上举,还要跳一跳",其中包含了时间(早上)、数(两手)、空间定向(向上)等方面的简单数学知识。所以对幼儿进行初步数学教育既是幼儿生活的需要,又是其准确客观认识事物的必然要求。

4.进行幼儿数学启蒙教育能为幼儿日后小学学习数学创造有利条件

鉴于数学是现代科学技术的基础和工具,又是普通教育中的一门重要的基础课程,那么在幼儿入学前对其进行数学启蒙教育,将有利于幼儿顺利地在小学学习数学。据甘肃省对农村边远山区和一些少数民族地区小学一年级学生的调查,入学前接受过一年学前教育的幼儿不仅在学习习惯、语言的发展及品德行为等方面优于未接受过学前教育的幼儿,而且在语文和数学两门主要科目上的成绩优势也很明显。

二、幼儿园数学教育的特征

根据幼儿思维发展的特点及幼儿初步数学知识形成和发展的过程可以知道,幼儿学习数学的心理特点具有一种过渡的特征,具体表现为以下几点:

(1)从具体到抽象。幼儿的思维主要以形象思维为主,对物体的认识往往需要借助具体直观的材料,但数学知识是一种高度抽象的知识,需要摆脱具体事物的其他无关特征才能获得。例如,幼儿掌握"4"这一数量属性,是幼儿在摆脱了"4支铅笔""4个玩具""4个小朋友"等任何数量是4的物体的其他特征后,在成人的帮助下概括出的有关这些事物的数量共性。这与幼儿对于数学知识的理解需要借助具体的事物,有时还要借助动作从对具体事物的抽象中获得是一对矛盾。例如,问一个两三岁的幼儿"你家里一共有几个人?",他能列举出"家里有爸爸、妈妈,还有我",却回答不出"一共有3个人"。大班幼儿也存在类似的情况,他们在学习编应用题时,由于过分注意问题情景的细节,因此把题目本质的数量关系给忘记了,编出的应用题不是缺条件就是忘记提问题。在学习数的组成时,也会受日常经验中的平分观念的影响,如一个幼儿在学习"5的分合"时,认为"5"不能分成两份,因为"它不好分,除非先拿出一个"。这说明此时的幼儿还不能从事物的具体特征中抽象出数量特征。但事物的具体特征对幼儿的干扰,随着他们对数学知识的抽象性质的理解会逐渐减少。

(2)从个别到一般。幼儿数学概念的形成,存在一个逐渐摆脱具体形象、达到抽象水平的过程,同时在对数学概念的理解上,也存在一个从理解个别具体事物到理解其一般和普遍意义的过程。例如,幼儿在刚开始练习按数取物的活动时,由于对数的概括意义还不完全理解,往往会认为与一张数字卡(点子卡)相对应的只能取放一张相同数量物体的卡片,只有幼儿真正理解了数的概括意义以后,才知道可以取放多张,只要数量对应就行。又如,有些幼儿在刚开始学习数的组成时,对分合关系的理解往往还停留在它所代表的那一种具体事物上。教师首先让幼儿分各种不同的东西,如3个橘子、3个娃娃、3粒糖果等,并用分合式记录下来,接着教师提问"这些式子是不是一样的?",有些幼儿回答"不一样"。为什么会出现这样的情况呢?因为幼儿觉得它们表示的是不同的事物。只有随着学习的逐渐深入,幼儿才能慢慢认识到这些具体事物之间的共同之处,即它们所表示的数量是相同的,因而就可以用一个相同的分合式子来表示。对于其他数学知识的学习,幼儿也经历了同样的概括过程。

(3)从外部动作到内部动作。例如,在日常生活中经常会看到,有些小朋友在做10以内的加减法时,往往需要掰着手指来进行计算。随着年龄的增长,他们能逐渐把动作内化,能够依靠视觉在头脑中进行数和物的对应,甚至能直接用目测来确定两个数的和或差是多少。又如，有些孩子在理解数的分合关系及进行简单的数的运算时，也需要借助对物（如小棒）的具体操作才能完成。对小班幼儿来说，涉及数运算的列式计算存在一定困难，但若是让他们采用实物操作进行简单的数的运算就比较容易。而到了大班，幼儿在学习10以内的列式运算时，教师出示第一幅图"草地上有5只鸡"、第二幅图"又跑来了3只鸡"、第三幅图"草地上一共有8只鸡"，这三幅图表示一件事情，要求幼儿讲述出来。这三幅图本身并不能表示数量的增加或减少，幼儿要得出正确的答案，必须在大脑中出现一个内化的动作：把5只鸡和3只鸡合在一起就是8只鸡了。因此，操作实物的外部动作过程对于幼儿进一步理解数字的抽象关系是不可缺少的，能够很好地帮助幼儿理解加减之间的数量关系符号所代表的"合起来"与"剩下"的意义，以及整体与部分的关系。由此可见，幼儿对数学概念的学习和理解是一个从外显、具体的动作运算水平逐步向内化、抽象的心理运算水平过渡的过程。

（4）从同化到顺应。让·皮亚杰认为，同化和顺应是幼儿适应外部环境的两种不同形式。同化是指个体将外部环境纳入自己已有的认知结构中；顺应就是改变自己已有的认知结构，以适应外部环境。在幼儿与环境的相互作用中，同化和顺应是同时存在的，有时同化占主导，有时顺应占主导。可以说，个体的认知发展过程正是一个以同化和顺应为机制的自我调节的平衡过程。

幼儿在学习数学，理解数概念的过程中，同化和顺应的反映形式是其心理特点的显现特征之一。例如，幼儿在比较两组物体数量多少的过程中，往往以其原有的认知图式去同化它们，即通过直觉的判断比较数量的多少，也就是根据物体所占空间的多少来判断的。这一策略有时是有效的，但有的时候却会失效，如有些小班幼儿不能正确比较数量多少（比较的两组物体的空间排列位置并非一一对应，其大小或排列间隔也悬殊较大），无法通过同化来完成时，就需要改变自身的认知图式，重新调整已有的认知结构，采用一一对应的策略去顺应这一问题情境，从而使认知过程与环境之间达到新的平衡。

由此可知，幼儿在与环境的相互作用中，从同化到顺应的自我调节是幼儿在不断积累数学的相关经验，重新建构数概念，最终达到新的平衡的过程，这一过程也是幼儿的认知结构发展的过程。

（5）从不自觉到自觉。心理学所说的"自觉"指的是对自己认知过程的意识。幼儿往往对自己的思维过程缺乏自我意识，主要是因为其动作还没有完全内化，他们对事物的判断还停留在具体的动作水平，而没有上升到抽象的思维水平。幼儿思维的自觉程度和动作的内化程度有关。幼儿教育工作者常常会发现幼儿能够完成一件事情，却不能用语言正确地表达其完成过程。这并不全是其语言表达能力的局限，更主要的是他们的动作还没有完全内化。例如，小班幼儿在将不同颜色的积木按颜色进行分类时，往往会出现做的和说的不一致的情况。不少幼儿能根据感官判断事物的共同特征（红色的、蓝色的和绿色的）并进行归类，但用语言却表达不清楚，动作和语言出现了不一致的情况。显然，幼儿这时的语言表达往往是随意的，仅仅是作为动作的伴随物，而不是思维过程的外化。幼儿教师只有了解幼儿的这一心理发展特点，并且充分认识语言尤其是抽象、概括的数学语言在数概念获得中的关键价值，才能在操作活动中鼓励幼儿用语言概括、表达、交流，从而不断提高幼儿对其动作、思维的意识程度，促进幼儿的动作内化，帮助幼儿的认知由"不自觉"向"自觉"过渡。

（6）从自我中心化到社会化。幼儿认知和思维的"自觉"意识程度不高，其概括和内化水平有限，由此表现出他们在思维上的自我中心化特点。幼儿只是关注自己的动作并且还不能内化,更不可能关注到同伴的"数思维"或与同伴产生基于合作、交流的有效的"数行动"。例如,在观察一个小班幼儿进行图片归类时,一名幼儿是按照图片上物体的数量来分的,当他看到旁边的幼儿在按照颜色特征分类时,就说别人"你的分法是错的"。这时对方也发现两人的分法不同,就对他说:"你才是错的。"但当教师问幼儿"你是按照什么分的"时,他们都不能回答。由此可见,幼儿还意识不到自己归类的根据,当然更无法从别人的立场考虑问题。

对于幼儿来说,从自我中心化到社会化是其思维抽象性发展的重要标志之一。当幼儿逐渐能够在头脑中思考其动作,并具有越来越多的意识时,他才能逐渐克服思维的自我中心化,努力理解同伴的思维,从而产生真正的交流。同时,幼儿也能够在交流的碰撞中得到启发。

模块二 幼儿园数学教育的目标和内容

一、幼儿园数学教育的目标

教育是人类一种自觉的、有目的的、有计划的社会实践活动。教育的自觉性、目的性和计划性首先表现在教育实施之前就对其结果有了一种期望,这种预先期望就是教育目标。因此,教育目标是一种对教育结果的规定。幼儿园数学教育的目标指明了幼儿园数学教育的方向,是选择理想的学习经验、制订教学计划、指示教育计划要点和评价教育的重要依据。它关系到幼儿园数学教育的全面实施,制约着幼儿园数学教育内容、方法的选择,以及活动的安排、环境的创设和材料的提供,同时也制约着教师的教育观念和教育行为。明确幼儿园数学教育的目标,是开展幼儿园数学教育的一个基本前提。

从纵向角度对幼儿园数学教育目标的层次结构进行分析,幼儿园数学教育的目标包括三个层次:幼儿园数学教育总目标、幼儿园数学教育各年龄阶段目标和幼儿园数学教育活动目标(认知、情感、态度、能力和学习习惯等方面发展的要求)。了解每一层次目标的结构对数学教育总目标的实现非常重要。

1. 幼儿园数学教育总目标

幼儿园数学教育总目标是国家在有关幼儿教育的纲领性文件中制定的,是幼儿园数学教育总的指导精神的体现。

《纲要》规定的科学领域总目标中的"能从生活和游戏中感受事物的数量关系并体验到数学的重要性和趣味性"是数学教育的总目标。依据《纲要》中科学领域总目标所蕴含的主要价值取向,从认知、情感态度及操作技能三个方面出发,将幼儿园数学教育总目标具体化为以下几个方面:

(1) 对周围环境中事物的数量、形状、时间和空间等感兴趣,有好奇心和求知欲,喜欢参加数学活动和游戏,有参与数学活动的兴趣、主动性和独立性。

这是培养幼儿对数学的情感态度的目标。培训幼儿对数学的兴趣和主动探索的愿望,是幼儿园数学教育的首要目标。兴趣、好奇心、求知欲是幼儿学习数学的内部动力,是幼儿进行智力活动的最佳情绪背景,这将为其以后的数学学习奠定良好的基础。

（2）能从生活和游戏中感受事物的数量关系，获得有关数、量、形、时间和空间的感性经验，体验数学的重要性和趣味性。喜欢观察，乐于动手动脑，能发现和解决问题。这是有关幼儿学习数学知识方面的目标，应从以下几个方面理解：

① 该目标指出幼儿应学习的数学知识包括数、量、形、时间和空间等感性经验，幼儿获取的数学知识是经验性的、具体的知识，建构的是初步的数学概念。这就指明了幼儿园数学教育与其他年龄段数学教育的不同之处。例如，幼儿认识正方形，看到图形能说出名称、会辨认即可，而不能让幼儿记一些抽象的图形概念。

② 该目标指出幼儿是在生活和游戏中、在与环境的交互作用中获得数学感性经验的。数学知识不可能完全由成人传授给幼儿，必须让幼儿在与环境的相互作用中学习和掌握。此外，在感知、体验数学知识的同时，让幼儿体验到数学的重要性和趣味性，形成对数学的积极情感和态度。

（3）能用简单的分类、比较、推理等数学方法探索事物，解决生活和游戏中某些简单的问题，发展思维；能用适当的方式表达、交流其操作、探索问题的过程和结果。这是有关培养幼儿认知能力、发展思维能力的目标。

首先，该目标提出数学教育应重视幼儿认知能力的发展，特别是思维能力的发展。在现代，重视人的认知能力的发展远比获得知识重要得多。数学知识本身的逻辑性、抽象性、应用性的特点使其对幼儿初步的逻辑思维能力发展有特殊价值。幼儿在构建一些初级数学概念的过程中，需要对所操作的材料和环境中有关数、量、形等信息进行充分观察，然后对其进行比较、分析、综合、抽象和概括，这样才能将有关数学概念的本质（关键）属性从具体事物中抽象出来。这一过程对发展幼儿各种心理过程的有意性、自觉性十分重要，对促进幼儿观察力、注意力、记忆力、想象力，尤其是思维能力的发展具有积极的作用。

其次，该目标提出能用适当的方式表达、交流其操作、探索问题的过程和结果。这实质上是幼儿将自身在数学操作、探索活动中的感受、体验外化和具体化，这样可以加深幼儿对数量关系的感受和体验，使其认知能力再次得到提高。幼儿的数学学习是在与教师、同伴的交流中进行的，是共同建构数学知识的过程。

（4）能正确使用数学活动材料，按规则进行活动；培养初步的动手能力，形成良好的学习习惯。这是关于培养幼儿正确使用数学操作活动材料及培养良好学习习惯的目标。把培养操作技能作为目标是由幼儿学习数学的特点决定的。"数学是作用于事物的动作，而运算本身是进一步的动作"，也就是说幼儿的数学思维来自动作。因此，幼儿只有掌握一定的操作技能，学会正确使用操作材料，才能获得对数量关系的感知和认识。

另外，该目标提出了在数学教育中培养幼儿良好的学习习惯的要求。良好的学习习惯不仅对幼儿时期的学习有着重要意义，而且对其以后的学习影响也是巨大的。良好的学习习惯主要是指静心学习、细心学习、认真学习，发挥独立性和主动性，努力克服困难，善于思考等习惯。针对数学学习，教育者还应培养幼儿能按规则进行活动，能探索解决问题的办法，能与别人合作进行游戏等习惯。

2. 幼儿园数学教育各年龄阶段目标

幼儿园数学教育各年龄阶段目标是数学教育总目标在小、中、大班的分解，它指出了小、中、大班年龄段数学教育所期望的结果。教师应了解和掌握各年龄阶段数学教育目标，因为它是教师制定具体数学教育活动目标的参考和依据。

(1) 小班阶段数学教育的目标。

① 愿意参加数学活动,喜欢摆弄、操作数学活动材料;能在教师的帮助下学习按要求拿取、摆放操作材料和进行活动。

② 对生活中常见的各种物品的大小、形状、数量有兴趣,能按物体的某一特征进行 4 个以内物体的排序;能感知 5 以内的数量。

③ 学习以自身为中心区分上下前后的空间方位及认识早晨、晚上的时间概念。

(2) 中班阶段数学教育的目标。

① 能主动地、专心地进行数学操作活动,对自己的活动成果感兴趣;愿意并学习用适当的方法表达、交流自己操作、探索的过程和结果。

② 能自己选择数学活动内容和按规则进行活动。

③ 能按物体的某一特征和数量对物体进行分类。

④ 能注意和发现周围环境中物体的数量、形状、物体量的差异,以及它们在空间的位置等。

⑤ 能观察、比较、判断 10 以内物体的数量关系,初步建立等量观念;感受 10 以内相邻两个数的大小关系。

⑥ 认识长方形、梯形等一些常见的几何形体。

⑦ 学习 10 以内的基数和序数,能顺着数和倒着数 10 以内的数,正确判断 10 以内的数量,感知和体验 10 以内自然数列中相邻两个数的等差关系。

(3) 大班阶段数学教育的目标。

① 能积极主动地进行数学活动,遵守活动规则,有条理地摆放、整理数学活动材料。

② 能用适当的方式表达、交流数学操作活动的过程和结果。

③ 能倾听教师和同伴的讲话;能在教师帮助下,归纳、概括有关数学经验,感受生活和游戏中事物的数量关系。

④ 学习 10 以内数的分解和组成,体验总数和部分数之间的等量关系、部分数和部分数之间的互补和互换关系。

⑤ 能按物体量的差异和数量的不同进行 10 以内正、逆排序,初步体验序列之间的传递性、双重性及可逆性。

⑥ 能运用对应、比较、类推、分类统计等简单数学方法解决生活和游戏中的某些简单问题。

⑦ 能按物体的两种特征和从物体的多个角度对物体进行分类。

⑧ 认识几种常见的立体图形(正方体、球体、长方体),能根据图形的特征进行分类,体验平面图形与立体图形之间的关系。

上述各年龄阶段的数学教育目标,从认知能力、情感态度和行为习惯养成等方面进行了阐述,体现了不同年龄幼儿发展水平的差异性,同时也体现了不同年龄幼儿发展的连续性。

3. 幼儿园数学教育活动目标

数学教育活动目标是指某一具体数学教育活动的目标,它是在进行数学教育活动前,教师依据数学教育总目标和年龄阶段目标,并结合教育活动的内容及幼儿的特点制定的。数学教育活动目标应具体、可操作,并尽量用行为化的语言加以描述,这样就容易为教师所把握,使教师能够在活动中观察幼儿掌握目标的情况,判断幼儿的发展状况,同时又能使教师依据对这一活动的评价设计后面的教育活动,提出相应的、更深入的教育目标。在表述上,可以从教师的角度提出教育目标(如培养幼儿按某一特征进行排序的能力),也可以从幼儿的角度提出发展目标(学习10以内数的组成与分合),还可以依据评价的需要提出评价目标(能手口一致地点数5以内的实物)。

总之,幼儿园数学教育活动目标不仅要与活动内容相联系,体现系统性和逻辑性,还要与活动方式相结合,体现多样性和灵活性。教育工作者应在实践中不断探索和研究数学教育活动目标,使其与幼儿的发展特点相适应,更好地促进幼儿的发展。

二、幼儿园数学教育的内容

幼儿园数学教育的内容是完成数学教育任务的重要保证,也是幼儿教师从事数学教育活动的主要依据,选择数学教育的内容是一项非常重要、带有较强科学性和目的性的工作。

(一) 选择幼儿园数学教育内容的依据

(1) 符合数学知识本身的科学性、系统性。数学学科本身具有内在的知识体系和逻辑规律,幼儿园数学教育内容的选择首先要考虑数学学科的特点和规律。

(2) 符合幼儿认知发展的规律和特点。

(3) 有助于幼儿进入小学学习数学。

(二) 幼儿园数学教育内容的结构

幼儿园数学教育的内容由九部分构成,涉及集合、数、量、形、时间、空间、加减运算和数量关系等,具体包括以下内容:

(1) 感知集合(分类、排序与对应)的教育内容。这部分内容涉及物体分类的教育、物体排序的教育、比较两组物体数量关系的教育。

(2) 基数概念的教育内容。这部分内容涉及基数教育、相邻数教育、数的组成教育、数的守恒教育、数字的认读与书写教育。

(3) 序数概念的教育内容。这部分内容涉及数序(第几)、自然数列的形成、理解自然数列等差关系。

(4) 量的概念的教育内容。这部分内容涉及比较物体量的差异(如大小、长短、粗细、高矮、宽窄、轻重等)、量的守恒及量的简单测量(如长度、重量、面积等的测量和估计,测量手段等)。

(5) 加减运算的教育内容。这部分内容涉及10以内数的加减运算,编10以内的加减应用题,人民币元、角、分的兑换关系。

(6) 几何形体的教育内容。这部分内容涉及初步认识平面图形(包括圆形、正方形、三角形、长方形、梯形)、初步认识立体图形(包括球体、圆柱体、正方体、长方体)、初步认识几何图形间的关系(如平面图形的分割与拼合)。

(7) 空间认知的教育内容。这部分内容涉及以自我为中心和以客体为中心判断空间方位(如上下、前后、左右)、空间运动方向(向上、向下、向前、向后、向左、向右)的教育。

(8) 时间认知的教育内容。这部分内容涉及初步建立时间概念:一天内的时间,如白天、黑夜、早晨、晚上;一周内的时间,如星期日、星期六、昨天、今天、明天;一年内的时间,如年和月的名称及顺序;认知钟表及整点、半点。

(9) 初步理解数量关系。这部分内容涉及"1"和"许多"的关系,对应关系,大小、多少关系,等量关系,守恒关系,可逆关系,包含关系,互补关系,互换关系,等差关系,相对关系,函数关系等。

(三)各年龄阶段数学教育的具体内容

1. 小班数学教育的内容和要求

1)第一学期

(1)数的领域的内容与要求。

① 运用各种感官,感知"1"和"许多"两个不同的数量,区别"1"和"许多"。

② 独立操作——对应的学具,学习用——对应的比较方法(重叠法、并放法)比较两组物体的多少或一样多,并在游戏中分发玩具及用品结束后知道什么多了,什么少了,或是一样多。

③ 在学习4以内唱数的基础上初步学习口手一致的点数。

(2)量的领域的内容与要求。

① 积累大小、长短比较的经验。

② 能在一组(3个)学具中找出最大(最长)、最小(最短)的。

(3)图形与空间领域的内容与要求。

① 感知圆、方、三角3种物体的形状特征,能按形状配对、指认,对生活用品和玩具形状产生兴趣并进行指认。

② 在操作活动和游戏中,积累区别上下等方位的经验。

(4)逻辑与关系领域的内容与要求。

① 学习按物体明显的一个特征把物体分组或归并在一起。积累的经验能用于日常整理收拾玩具活动中。

② 在穿珠及物品排列时尝试 AB、AB、AB……间隔排列。

2)第二学期

(1)数的领域的内容与要求。

① 学习口手一致点数5以内的数,并能说出总数;能正确取拿与分发5以内数量的物品。

② 学习识别5以内的数字,并能认读。

(2)量的领域的内容与要求。

① 比较物体的大小(长短),能把4或5个物体按大小(长短)排序,并能找出最大(最长)和最小(最短)的。

② 区别5以内数量差异大的两组物体的多与少,并找出数量一样多的两组物体。

(3)图形与空间领域的内容与要求。

① 在镶嵌成形的拼搭操作过程中,继续认识圆形、正方形、三角形,学习正确命名图形。

② 在生活与游戏中能区别上面、下面、前面、后面等不同的方位。

(4)逻辑与关系领域的内容与要求。

① 学习按物体的一个特征对物体进行分组和归并。

② 学习将物体按颜色或形状特征进行简单有规律的排列(如 AB、AB、AB……ABC、ABC、ABC……)。

③ 结合生活的内容区别白天和黑夜。

2. 中班数学教育的内容和要求

1) 第一学期

(1) 数的领域的内容和要求。

① 学习 6 以内数数。

a. 学习不受物体的颜色、大小、形状、排列位置的影响，正确而迅速地数数。

b. 学习默数 6 以内数量的物体，并进行按物取数、按数取物活动。

c. 学习 6 以内倒着数，并知道倒着数时越数越小。

② 学习正确认读 6 以内的数字和摆放 6 以内的数字卡。

③ 学习将 6 以内的数字卡进行顺序和倒序排列。

④ 学习使用序数第一、第二、第三……第六。

⑤ 在日常生活中进行 15 以内唱数及点数物品不跳数。

⑥ 认识生活中常见的数字标记，了解它所表示的意思。

(2) 量的领域的内容与要求。

① 比较物体的高矮、粗细，知道哪个高（粗）、哪个矮（细）或者一样高（粗）；会将四五个物体按高矮（粗细）排序；在日常生活中能用粗细（高矮）词汇表达物体的特征。

② 比较 6 以内物体的数量，知道哪个多、哪个少，会将 6 以内数量的物体按多少排序。

③ 在日常生活中能分辨一只、一双，能正确使用个、辆、台、架、块、本、扇等量词。

(3) 图形与空间领域的内容与要求。

① 认识长方形、半圆形、椭圆形，知道其重要特征，能对其正确命名。

② 尝试图形的拼拆。

a. 看图样将图形片拼搭成物体或图案，如图 5-1 所示。

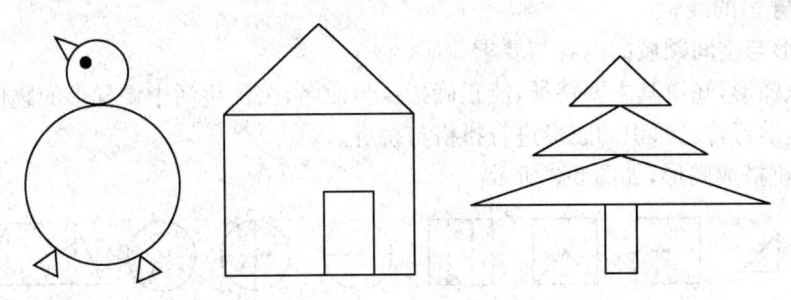

图 5-1 将图形片拼搭成物体或图案示例

b. 将已认识的图形拆开再拼搭成原形，如图 5-2 所示。

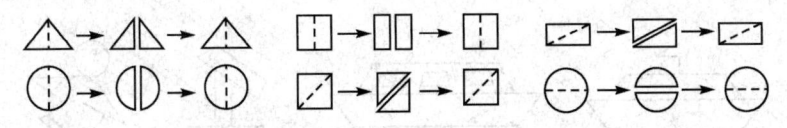

图 5-2 将图形拆开再拼搭成原形示例

③ 学习独立完成 8~10 块分割片拼图。

④ 区分并指出前后、里外等空间方位。

(4) 逻辑与关系领域的内容与要求。

① 学习按物体的两个特征对物体进行命名和分类。

② 继续学习模式排列（ABB、AAB、AABBCC……），并能将自己排列的模式用语言进行表达。

③ 在图形拼搭、拼拆中感受整体与部分的关系，积累整体与部分的大小关系的经验。

④ 在日常生活与游戏中，辨别事情发生的先后顺序，学习先做什么再做什么的顺序。

2）第二学期

(1) 数的领域的内容与要求。

① 学习10以内数数。

a. 能不受物体颜色、大小、形状、排列位置的影响，正确而迅速地数数。

b. 学习10以内倒着数。

② 认识10以内的数字。重点学习数字7～10，学习数词，会正确认读和摆放数字卡片。

③ 学习10以内的数序，能将10以内的数字进行顺序或倒序排列。

④ 在日常生活中能进行20以内唱数和点数物品不跳数。

⑤ 学习使用序数表示物体的顺序，如第一、第二、第三……第十。

(2) 量的领域的内容与要求。

① 能进行物体厚薄的比较，知道哪个厚、哪个薄或者一样厚，能将物体按厚薄的差异排序（四五个物体）。

② 能进行10以内物体数量的比较，知道哪个多、哪个少或者一样多，并能按数量多少排序。

③ 结合日常生活分辨一对、一副，继续学习量词并正确运用。

④ 在数量的比较中，能不受物体大小、颜色、形状及排列位置、间距等的影响，积累数量比较及数量守恒的经验。

(3) 图形与空间领域的内容与要求。

① 认识梯形，知道其主要特征，能正确指认与命名，关注生活中像梯形的物体。

② 继续学习将已认识的图形进行拼搭与拼拆。

a. 图形拼搭成图形，如图 5-3 所示。

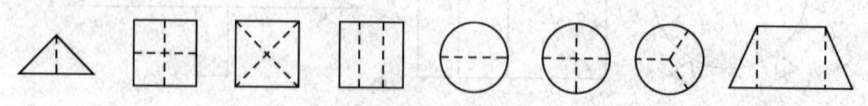

图 5-3　图形拼搭成图形示例

b. 图形拼搭成物体，如图 5-4 所示。

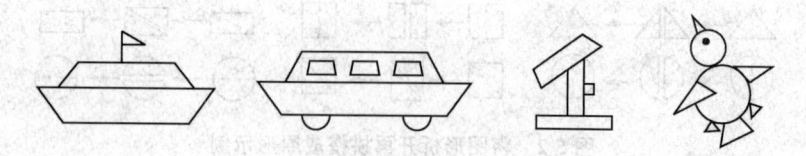

图 5-4　图形拼搭成物体示例

③ 继续学习独立完成 8～15 块分割图形或物体的拼图。

④ 继续辨认里外、前后等空间方位。

(4) 逻辑与关系领域的内容与要求。

① 学习按物体特征进行双因子分类(同时考虑事物的两个特征)。

② 学习按物体的一个特征的肯定与否定标准分类和多重分类。

③ 学习按 ABA、ABA、ABA……模式排列。

a. 按照提供的模式排列。

b. 在已排列的物体中寻找出排列规律,运用推理接着排列。

c. 按提供的模式用与模式中不同的材料排列。

④ 在图形拼搭与拼拆中感受整体与部分的关系及数量关系之间的联系。例如,就同一个图形而言,分割片大,分割块数就少,分割片小,分割块数就多。

⑤ 结合日常生活与游戏活动,用序数辨别物体摆放的前后位置,以及辨别事物发生的前后顺序,体验按顺序做事时能做得又快又好。

3. 大班数学教育的内容和要求

1) 第一学期

(1) 数的领域的内容与要求。

① 学习 10 以内相邻数,知道所给的数的前面一个数是几或后面一个数是几,理解相邻数之间前一个数比后一个数小 1、后一个数比前一个数大 1 的关系。

② 区别 10 以内的单双数,学习 20 以内的单双数。

③ 学习 30 以内唱数和点算 20 以内物品不跳数。

④ 学习 5 以内数的组成,并体验"数越大组合方法越多"。

(2) 量的领域的内容与要求。

① 比较宽窄,知道哪个宽、哪个窄或者一样宽。除目测比较外,也可以尝试用自然物作自然测量比较,并正确运用宽窄词汇表达比较结果。

② 认识符号"+""-""=",知道其名称、读法及意义,会进行 5 以内数量的加减口算。

③ 认识星期,知道 1 个星期有 7 天及排列顺序,并与"昨天""今天""明天"时间概念建立联系。例如,昨天是星期天,今天是星期一,明天是星期二。认识双休日表示的意思。

(3) 图形与空间领域的内容与要求。

① 认识球体、圆柱体,知道它们与平面图形的主要区别,并能对其正确命名。

② 学习用跨步、脚印、竹竿、绳子等在户外进行自然测量,比较路的宽窄、墙的宽窄等。

③ 学习独立完成拼 20 片之内的分割图。

④ 学习按图样在钉子板上用橡皮筋勾图及将钉子板上橡皮筋所勾图形描绘在方格纸上。

(4) 逻辑与关系领域的内容与要求。

① 继续学习多重分类和按物体一个特征的肯定与否定标准分类,尝试寻找多种特征、变通多种分类方法。

② 继续学习模式排列(ABBC、AABC、ABCC、ABAC、ACBC……),对已排列的模式尝试用多种较简洁的口述方法进行描述,并能关注和欣赏环境中物体的排列模式。

③ 在图形拼搭中,体验部分与整体的关系,积累部分小于整体、整体大于每一部分的经验。

④ 学习在收集、记录、整理信息资料时运用已有的经验用数学表征方法表明意思。

2) 第二学期

(1) 数的领域的内容与要求。

① 继续学习 10 以内(重点是 6~10)各数的组成,并在理解每组两个部分数的互换关系的基础上,引导幼儿发现并理解互补、递进、递减规律。

② 学习 50 以内唱数,取放 30 以内数量物品,点算时不跳数。

③ 了解 1/2 和 1/4 的含义,了解 1 倍和 2 倍的含义。

④ 认识"0",知道"0"所表示的实际意义。

⑤ 学习书写数字 0~10,有书写兴趣和初步养成良好的书写习惯。

(2) 量的领域的内容与要求。

① 正确且迅速地口算 10 以内加减试题,并熟练掌握累加数量($1+1=2,2+1=3,3+1=4,\cdots$)及累减数量($8-1=7,7-1=6,6-1=5,\cdots$)。

② 认识整点、半点,能识别并能在钟面拨出某点整、某点半。

③ 知道一年有 12 个月及各月份的顺序,每月有 30 天(28 天或 29 天或 31 天),区别日、星期、月的顺序。

④ 比较远近,知道哪边远、哪边近或一样远,会按远近排序。

⑤ 学习操作天平,探索使之平衡的多种方法,能在比较物体轻重的基础上对物体按轻重进行排序,并能在一定条件下运用推理思考物体的轻重比较,如 A 重于 B、B 重于 C,进行 A 和 C 的重量比较。

(3) 图形与空间领域的内容与要求。

① 认识正方体、长方体,知道它们与平面图形的区别及每种形体的主要特征。

② 学习用跨步、脚印、绳子等自然物进行测量,比较远近。

③ 区别左右,能指出左上、左下、右上、右下等复合方位。

④ 继续学习看简单的平面图形并按图样进行立体搭建或插塑构造。

(4) 逻辑与关系领域的内容与要求。

① 能按物体明显和不明显的特征对物体进行多重分类和尝试交集分类。

② 学习用数量、符号、图形卡片进行模式排列,尝试从直接模式过渡到间接模式(材料等转换)排列,并用简洁的语言进行介绍和交流。

③ 学习类推。

④ 在集合图形拼搭、拼拆中体验部分与整体、分割数量和大小,以及原有图形与构成图形的变化等关系,并积累相关经验。

模块三　幼儿园数学教育的方法和途径

幼儿园教育的目标和任务是通过多种方法和途径来完成的。幼儿园数学教育的方法和途径在幼儿园数学教育的整体结构中呈现多元化和多样化。

一、幼儿园数学教育的方法

1. 操作法

数学知识具有抽象性和严密的逻辑性,在数学教育中选择有效的教学方法才能收到良好的教学效果。幼儿对数学知识的认识和理解是不能从客体本身获得的,而是要从改变客体的动作中获得。因此,为了让幼儿获得有关数学概念的感性经验,在数学教育中必须强调让幼儿亲手操作材料,在实际操作中探索和学习。幼儿只有在"做"的过程中,在与材料相互作用的过程中,才可能对某一数学概念属性或规律有所体验,这种体验和经验是幼儿建构初级数学概念所必需的。因此,操作法是幼儿学习数学的基本方法。

操作法是指幼儿动手操作材料,在与材料相互作用的过程中进行探索,获得数学经验、知识和技能的方法。例如,幼儿运用各种材料进行计数,进行几何形体的拼拆、组合等。操作是幼儿在头脑中构建初步数学概念的起步,是幼儿获得抽象数学概念的必经之路。

1)操作法的形式

操作法具有不同的形式,可以归纳为以下几种:

(1)验证性操作。验证性操作是指教师先讲解、演示、归纳,再让幼儿通过实物或图片进行操作验证而获得数学知识的一种操作形式。验证性操作的目的在于促进幼儿对已学知识的进一步巩固、理解,促进知识的内化。例如,在"认识钟表"的教学中,教师演示了整点时时针和分针的位置后,可以要求幼儿在钟表模型上练习拨出几个整点时间。

(2)探索性操作。探索性操作是指围绕某一数学问题,让幼儿通过对实物或图片进行摆弄、操作、尝试、探究等,在动手实践的基础上发现有关规律的一种操作形式。探索性操作的目的在于充分发挥幼儿学习的主动性,提高幼儿探索问题的能力,增强思维的目的性。例如,在学习"二等分"的教学活动中,教师可以给每个幼儿发长方形纸,要求幼儿探索把长方形纸二等分的方法有几种。

(3)创造性操作。创造性操作是指提供某一材料让幼儿通过充分地想象和多角度思考,自己设计出具有多种选择性的问题,培养其创造能力的一种操作形式。例如,教师给幼儿大小不同的各种图形,让幼儿自由搭拼成自己喜欢的图画。

2)运用操作法的要求

运用操作法的要求主要有以下几点:

(1)要创造操作条件,提供合适、充足的操作材料。教师要为幼儿的操作活动创设合适的环境,提供必要的条件。第一,要为每个幼儿准备一份操作材料,或者发动幼儿自己动手准备一些简单的材料;第二,必须为幼儿准备可进行操作活动的合适场地及足够的操作探索时间,以保证操作材料发挥在学习数学及发展幼儿初步数学概念方面的作用;第三,要允许幼儿进行交流和讨论,这样有助于幼儿通过思考来获取知识,也有利于幼儿养成自学、互学的良好习惯。

(2)要说明操作规则、程序和方法。在正式的数学教育活动中运用操作法时,应在幼儿动手操作之前,先向他们说明操作的目的、要求及具体的操作方法。对于缺乏操作经验、不会使用新的操作材料或工具的幼儿,教师要先通过适当地讲解交代具体的要求和方法,再让幼儿操作体验,以保证他们的操作具有一定的方向性。另外,除了要说明操作的要求、步骤和方法外,还应反映出有关数学概念的属性或运算规律。小班幼儿一般在教师的引导下进行操作,对于中、大班的幼儿,教师要注意让他们主动探索,可用启发性的语言提出操作的要求。

(3) 观察幼儿的操作过程并给予指导和评价。教师针对幼儿在操作过程中出现的问题,应及时做出分析,判断是属于思维上的障碍,还是动作上的障碍,或是材料出了问题。根据观察到的情况给予必要的指导,可向个别或全班幼儿提出启发性的建议。注重对操作过程的指导和对结果的评价是为了获得良好的效果,良好的效果形成于合理的过程之中,同时操作结束后对幼儿做出恰当的评价也很重要。首先,对操作结果进行知识性的评价,可以将幼儿在操作过程中获得的零星、粗浅、感性的经验条理化和理性化,使幼儿形成一定的认知结构,帮助幼儿形成完整、正确的数学概念。其次,对操作技能进行评价,组织幼儿交流、示范、讨论各自的操作方法,评一评谁的操作规范,谁的方法最好,在互帮互学中使幼儿掌握科学、规范的操作技能,提高幼儿比较、辨别的能力,促进幼儿数学语言的发展。最后,对幼儿的非智力因素进行评价,评一评哪一个小组合作得最好,哪一位小朋友最能克服困难等,从而培养幼儿从事数学学习的良好品质和实事求是的科学态度。

(4) 操作方法的选择要符合幼儿的年龄特点。根据幼儿的实际水平和年龄特点,不同年龄的班级运用的操作法是不同的。例如,小班幼儿不仅每人都有一份操作材料,而且要求他们自己动手、摆弄的更多一些;而大班幼儿则使用一些书面类的操作材料,如粘贴、涂色、记录等,也可以是每个小组有一份操作材料,以培养幼儿的协作能力。

(5) 操作法与其他方法有机结合。操作法并不是幼儿学习数学的唯一方法。操作法的优势在于能够帮助幼儿理解、构建数学概念,但需要和其他方法有机结合、相互配合才能显现出其独特的作用。因此,强调在数学教育中充分发挥操作法作用的同时,也要考虑它与其他多种方法的有效结合,以促进幼儿数学思维的发展。

> **小案例**
>
> 教幼儿区别"1"和"许多"时,教师让每个幼儿把许多实物分成一个一个的实物,再将一个一个的实物组合成许多的实物,以此帮助幼儿理解"1"与"许多"之间的关系。教幼儿认识5的组成时,教师让每个幼儿把5个实物分成4个和1个或3个和2个,再把4个和1个或3个和2个合起来组成5个,使幼儿很好地理解了5的组成[1]。

2. 游戏法

游戏法是根据幼儿好动的天性和具体形象的思维特点,将抽象的数学知识渗透于幼儿感兴趣的游戏中,让幼儿在自由自在、无拘无束的游戏中学习数学的一种方法。游戏法有利于调动幼儿学习数学的积极性,激发幼儿学习数学的兴趣。教师在数学教育活动中创设游戏情境或在数学教育中运用数学游戏都属于运用游戏法。数学游戏是成人创编的用于幼儿学习数学的一种规则游戏。

---

[1] 李重阳.用策略对策计算教学[J].中小学教育.2015(20):100.

1) 游戏法的种类

常用的数学游戏有以下几种:

(1) 操作性数学游戏。操作性数学游戏是指幼儿通过操作玩具或实物材料,从而获得数学知识的一种游戏,它有一定的游戏规则。

小活动

幼儿园数学活动:夹心饼干[①]

【活动目标】

(1) 进一步感知圆形、三角形、正方形的基本特征。
(2) 尝试将物体按形状和颜色两种特征进行分类。
(3) 会正确使用粘贴的方法尝试制作"夹心饼干"。

【活动过程】

一、说一说饼干

出示三盒饼干,引导幼儿观察饼干的外形。

教师引导:"你们看饼干有这么多形状,那它们都是什么味的?闻一闻!尝一尝!"

二、做一做饼干

1. 出示夹心饼干

教师提问:"这块饼干和我们刚吃的饼干有什么不一样?这是什么饼干?两块饼干的形状一样吗?"

2. 讨论制作方法

教师提问:"它是怎么做出来的呢?"

3. 提出要求,示范制作

教师提示:"做夹心饼干有个要求:先看看自己手上的标记,根据标记找到要做的饼干形状。"

4. 幼儿自由制作,教师指导

(1) 提醒幼儿看清标记。
(2) 帮助能力弱的孩子一起制作饼干。

三、给小动物送饼干

(1) 教师引导:"香香的饼干做好了,看小动物闻到香味都来了,把我们做的饼干送给它们吧!"
(2) 教师提问:"怎么送?"(引导幼儿讨论:小动物前面是什么标记,就送什么形状的饼干)
(3) 教师示范送饼干(送给小白兔红色的圆饼干)。

[①] 姚小荣.幼儿园活动:《制作夹心饼干》案例与反思[EB/OL].(2013-06-06)[2017-11-15]. http://new.060s.com/article/2013/06/06/765853.htm.

(4) 幼儿送饼干。

(5) 共同检查:我们看看饼干都送对了吗?

【活动反思】

以吃饼干来引出课题,幼儿兴趣很浓,在尝一尝、说一说中,感知圆形、三角形、正方形的基本特征。在做饼干游戏中尝试将物体按形状和颜色两种特征进行分类。孩子们学习得很轻松,效果很好!

(2) 情节性数学游戏。情节性数学游戏具有一定的游戏情节、内容和角色,通过游戏情节的安排来体现所要学习的数学知识。下面以买商品为例来说明这种游戏。

目的:练习5以内的序数。

准备:3层小货架一个,每层上面摆5件商品,每件商品都标有数字1,2,3……

玩法:幼儿扮演顾客,教师扮演售货员,幼儿买商品时需说出要买第几层第几个什么商品。例如,"我要买第二层第四个小熊玩具",说对了,教师就把玩具拿给幼儿。

在这种模拟的游戏中学习,幼儿会感到生动有趣,不仅熟练地掌握了5以内的序数,而且学会了合作的技能。

(3) 竞赛性数学游戏。竞赛性数学游戏适用于中班和大班,它不仅能满足幼儿的竞赛、好胜心理,而且有助于幼儿对数学知识的巩固,也有利于发展幼儿思维的敏捷性和灵活性。

(4) 运动性数学游戏。运动性数学游戏是指寓数学概念或知识于体育活动中的游戏。

(5) 运用各种感官的数学游戏。此类游戏的设计让幼儿运用听觉、触觉、运动觉等来学习相关的数学知识,强调幼儿对数量、形状、时间、空间等知识的充分感知。

小活动

中班数学活动:大鼓咚咚咚[①]

【活动目标】

(1) 能手口一致地点数5以内的数量,并说出总数。

(2) 学习识别5以内的数字,并能认读。

【活动准备】

(1) 大鼓(也可选铃鼓、响板等打击乐器)1副。

(2) 5以内大数字卡片1套,小数字卡片若干(两人一套)。

【活动过程】

一、敲敲拍拍,幼儿点数5以内的数量

(1) 出示大鼓,教师分别敲1、2、3、4、5下,请幼儿仔细听,数一数每次敲了大鼓几下。

(2) 幼儿根据大鼓每次发出的声音次数拍手,即教师敲几下大鼓,幼儿就拍几下手。

---

① 佚名.中班数学教案:大鼓咚咚咚[EB/OL].(2012-11-18)[2017-11-15].http://y.3edu.net/zbsx/93117.html.

> 二、认认敲敲,区别5以内的数字
> (1)教师出示并介绍数字4和5:这是数字4,谁来帮忙敲4下大鼓?这是数字5,请大家把大腿当鼓敲5下。
> (2)教师随机出示数字卡片1~5,幼儿轮流模仿敲鼓的声音和动作。
> 三、敲敲跳跳,幼儿学习识别5以内的数字
> (1)幼儿听了大鼓的声音特别高兴,忍不住要站起来跳一跳。
> (2)教师说出要求:老师敲几下鼓,你们就跳几下。大鼓敲得重,你们就跳得高;大鼓敲得轻,你们就跳得低。一边跳一边数跳了几下,跳得对不对。
> (3)教师随机出示1~5的数字卡片,请幼儿全体、小组、个别根据卡片上的数字跳一跳、说一说。
> 四、活动结束
> 教师和幼儿一起总结,引导幼儿收拾卡片和大鼓,自由结束教学活动。

(6)数学智力游戏。数学智力游戏是指运用数学知识以促进幼儿智力发展的游戏,如火柴棒游戏。火柴棒可以用来做拼图游戏和数字游戏。教师可以指导幼儿先从最简单的图形和数字摆起,如三角形、正方形、长方形、数字等,然后摆较复杂的图形,如"小房子""小鱼"、加法算式等。

2)运用游戏法的注意事项

运用游戏法的注意事项主要有以下几点:

(1)编制的游戏要与当前的数学教育内容一致,规则和玩法不要过于复杂和新奇,关键是要通过游戏达到学习数学的目的。

(2)选择或编制的游戏要符合幼儿的年龄特点,如竞赛性数学游戏可以在大班进行。

(3)要避免只注重游戏的形式,数、量、形的信息的突出才是游戏的关键,否则达不到良好的教学效果。

3.讨论法

讨论法是指引导幼儿有目的、探讨性地主动学习数学的一种重要方法。讨论可以是教师与幼儿间的讨论,也可以是幼儿与幼儿间的讨论。讨论法能够起到促进幼儿互相交流、互相启发、共同探究的作用,进而促进幼儿分析、归纳能力的发展,有利于幼儿初步数学概念的形成及思维的发展。

讨论可以是教师针对某一问题有目的、有计划地组织幼儿开展的讨论。例如,幼儿通过操作记录了7的组成式,教师为了让幼儿把部分数有顺序地排列,提出问题"怎样记忆组成式比较方便?",从而引导幼儿开展讨论。

运用讨论法的要求主要有以下几点:

(1)操作体验和丰富的生活经验是讨论法的基础。在开展讨论前,应该让幼儿做好必要的知识、经验和心理准备。讨论往往是伴随着操作活动展开的,只有当幼儿有了一定的感性认识,才能对要讨论的内容做出积极的反应,才能了解和接受讨论的最终结果。

(2)要注重讨论的过程。幼儿数学教育的重点不在于知识的传授,而在于促进幼儿思维的发展。通过讨论得出一个正确的答案并不是最重要的,重要的是讨论给了幼儿一个表

达和交流的机会。在讨论中,教师要表扬和鼓励那些大胆发言、能表达自己不同意见的幼儿,高度关注幼儿个体的经验和感受,并了解幼儿的思维方式和思维过程。

（3）讨论应由易到难,因材施教。幼儿的发展水平和能力各不相同,参加讨论的主动性也不相同。教师应从较简单的问题引入讨论,让不同层次的幼儿都有自由讨论的时间和空间,在宽松自由和无拘无束的讨论环境中帮助幼儿克服自卑感、紧张感,鼓励他们大胆说出自己的意见,帮助他们树立自信心。

4. 比较法

比较法是幼儿通过对两个（两组）以上物体的比较,找出物体在数、量、形等方面的相同与不同的一种方法。比较法是幼儿园数学教育中采用的最普遍的一种教育方法。比较是思维的活动过程,是对物体之间的某些属性建立关系的过程,如比较两只铅笔的长短、比较相邻数的大小等。

1）比较法的种类

比较法按排列的形式可分为对应比较和非对应比较。

（1）对应比较。对应比较可以进一步分为重叠比较、并列比较和连线比较。

① 重叠比较。重叠比较是指把一个（组）物体重叠在另一个（组）物体上,形成两个（组）物体元素之间一一对应的关系,从而进行量或数的比较。例如,将5只勺子依次放在5个碗里,比较它们的数量是否相同。

② 并列比较。并列比较是指把一个（组）物体并列放在另一个（组）物体的下面或旁边,形成两个（组）物体元素之间一一对应的关系,从而进行量或数的比较。例如,将5朵玫瑰花一一并列放在5只花瓶的旁边,对它们的数量加以比较。

③ 连线比较。连线比较是指将图片上画的物体和有关的物体、形状或数字等,用线连起来进行比较。

此外,对两个集合间元素数量的比较也可以通过连线的方式一一对应。

（2）非对应比较。非对应比较可以进一步分为单排比较、双排比较和不同排列形式比较。

① 单排比较。单排比较是指将物体按量或数摆成一排或一列进行比较。例如,将4颗弹珠摆成一行比较其大小。

② 双排比较。双排比较是指将物体摆成双排进行比较。

③ 不同排列形式比较。不同排列形式比较是指将一组物体做不同的排列,进行数量的比较。

2）运用比较法的要求

运用比较法的要求主要有以下几点:

（1）让幼儿仔细观察物体的数、量、形等特征是应用比较法的前提。在比较的过程中,教师应提出启发性的问题,引导幼儿积极思考。

（2）幼儿进行操作比较时,要引导幼儿使用正确的比较方法。例如,比较几支铅笔的长短时,让幼儿把铅笔的一端对齐,从另一端观察它们的长短。

（3）运用对应比较的方法时,幼儿关于对应（配对）的含义起初都比较模糊,教师应有意识地加强这方面的指导,并在比较的过程中让幼儿掌握正确对应的操作技能。

5. 演示讲解法

演示讲解法是指教师通过向幼儿展示直观教具并配以口头讲解,把抽象的数量、形状等知识、技能或规则,具体地呈现出来的一种教学方法。这种方法的特点就是边讲解边演示。

1) 演示讲解法的适用情况

在数学教学中,以下情况需要运用演示讲解法:

(1) 某些数学知识、技能等需要教师教给幼儿。例如,在教幼儿学习自然测量、认识钟表的整点和半点时可以采用演示讲解法。

(2) 幼儿操作活动完成后,教师需要运用演示法把幼儿获得的结果呈现出来。例如,幼儿探索把长方形二等分的方法后,教师要把这几种方法演示出来,使幼儿获得完整而清晰的认识。

(3) 在操作活动中出现新的材料时,为了帮助幼儿掌握材料的使用方法,需要教师用演示法讲解规则、示范用法。

2) 运用演示讲解法的要求

运用演示讲解法的要求主要有以下几点:

(1) 必须突出讲解的重点,且语言要简练、准确、形象、通俗。

(2) 演示的教具要直观,看起来美观且适合幼儿观察(稍大些),尽量避免使用新奇的教具,以免分散幼儿的注意力。

(3) 演示讲解法可与操作法、发现法等结合使用。

> **小案例**
>
> 教师将两个大小一样的杯子注入了等量的水,问幼儿:"这两杯水一样多吗?"幼儿回答:"一样多。"然后,教师将一杯水倒入一个又细又长的杯子,让幼儿仔细观察后回答两杯水是否一样多,幼儿回答不一样多,有的指着细长的杯子说"这个多",有的指着原来的杯子说"这个多"[①]。

6. 寻找法

寻找法是指让幼儿从周围生活环境和事物中寻找数、量、形及其关系,或在直接感知的基础上按数、形要求寻找相应数量的实物的一种方法。在不同年龄阶段的班级及不同的数学教育活动中,寻找法都有广泛的运用。在周围环境中寻找数学信息,能引起幼儿对周围物体的数量关系的关注,有助于培养幼儿运用数学的意识及观察和解决问题的能力。

1) 寻找法的形式

寻找法的具体形式有以下三种:

(1) 在已准备好的环境中寻找。教师在组织教学活动时,可以事先在活动室布置有关的物体让幼儿寻找。例如,找找活动室里有哪些三角形的东西、什么东西有两个等。

(2) 在自然环境中寻找。对幼儿来说,初步的数学感性经验的源泉是周围的现实环境,而这一环境既包括自然环境也包括社会生活环境。例如,在引导幼儿认识、区别"1"和"许

---

① 该案例为全国 2007 年 1 月高等教育自学考试《学前儿童数学教育》试题。

多"的过程中,可以运用寻找法让幼儿在自然环境中寻找"1"和"许多"。当然这要比在教师准备好的环境中寻找更困难一些,因为幼儿要对自然环境中的所有物体进行数量分析,并排除其他因素的干扰,抽象出它们的数量关系。

(3)运用记忆表象寻找。教师启发幼儿在直接感知的基础上运用记忆表象寻找相应的物体。例如,幼儿认识、比较了粗细,教师让幼儿想出两样东西并比较它们的粗细。

2)运用寻找法的要求

运用寻找法的要求主要包括以下几点:

(1)要根据具体的教学内容和幼儿的年龄适时适地选用,避免追求形式。在自然环境中寻找比在准备好的环境中寻找要困难,运用记忆表象寻找需要幼儿具有一定的知识经验,所以这两种方法一般在中、大班运用。

(2)运用寻找法时,可以配合创设游戏情境来激发幼儿的兴趣。

(3)教师对幼儿的寻找要进行必要的引导和启发。例如,在活动室寻找"1"和"许多"时,教师可引导幼儿先说说活动室里有几位教师、有多少个小朋友、有几块黑板等,再让幼儿说出什么是一个,什么是许多个。

二、幼儿园数学教育的途径

幼儿园数学教育的目标和任务是在幼儿亲身参与的数学实践活动中实现的。为了完成幼儿园数学教育的任务,实现幼儿园数学教育的目标,要求教师善于灵活选择合适的数学实践活动途径。教师只有根据幼儿的年龄特点和数学教育内容选择合适的数学教育活动形式,才能真正促进幼儿在活动中掌握数学知识和技能。

幼儿园数学教育的途径可以分为两大类,即专门的数学教育活动和渗透的数学教育活动。

(一)专门的数学教育活动

专门的幼儿园数学教育活动是指教师通过预设数学教育活动的目标、方法,组织整个活动过程,引导全体幼儿进行探索,以使幼儿获得一定数学知识和数学技能,同时获得多方面能力发展的专门活动。专门的数学教育活动分为数学集体教育活动和数学区域教育活动。

1. 数学集体教育活动

数学集体教育活动的主要特点是:具有较强的目的性、计划性,教师能够预设教育目标、教育过程及教育方法;教育内容主要针对数学知识和数学技能;教育对象是全体幼儿。数学集体教育活动比较适合数学教育的新内容或者有一定难度的教育内容,在教师的统一组织与引导下,全体幼儿统一学习与探索,能够有效降低学习的压力与难度。同时,数学集体教育活动能够充分考虑到数学知识本身的系统性、逻辑性及幼儿认知的发展规律和特点,是幼儿园数学教育的主要途径之一。

数学集体教育活动的价值体现在以下几个方面:

(1)数学集体教育能使全体幼儿获得数学学习与发展的关键经验。教师经过系统地思考和精心地设计,在活动中创设适宜的数学问题情境,提供具有典型意义的材料,设计富有启发性的问题,能使每个幼儿都参与到活动中去,从而促进幼儿数学能力的发展。

(2)数学集体教育活动中教师的指导有助于幼儿数学经验的提升,在幼儿操作活动的基础上，教师组织幼儿进行讨论、交流，帮助幼儿整理、归纳所获得的数学经验，从而有效提升幼儿的数学经验，帮助他们对数学概念形成正确、概括的理解。

（3）在集体教学中，同伴互动有利于幼儿反省自己的思维过程，丰富自己的数学经验。不同水平幼儿之间的讨论能够引发认知冲突，促使幼儿在与同伴的争论中反省自己的思维过程，进一步明确问题、理清思路、寻找解决问题的方法，并且同一水平的幼儿也能在相互交流中丰富自己的数学经验。

在课程改革背景下，数学教育活动应该正确认识教师在教育活动中的地位和角色，切忌"满堂灌"或者限制孩子的自由探索或思维活动，应该充分发挥教师引导者和支持者的作用。

2. 数学区域教育活动

数学区域教育活动是指在幼儿活动室或其他活动场所，开辟一个专门的区域，提供各种材料，使幼儿在其中可以自由选择材料并与材料相互作用，从而获得大量数学经验的教育活动。

数学区域教育活动是专门的数学教育活动的有益延伸。专门的数学教育活动在时间和空间方面具有限制性的要求，而数学区域教育活动可以满足幼儿自由自主探索、反复尝试的愿望。

实施数学区域教育活动时需要注意以下几个方面：

（1）活动区域的材料要充分、丰富，并具有较强的探索性。

（2）玩具、教具的制作可以由教师和幼儿共同完成；要根据幼儿的年龄和经验经常、灵活更换材料；可以鼓励幼儿搜集生活中的废旧材料，搜集废旧材料也可以充分利用家长的资源。

（3）要向所有幼儿介绍活动区域的材料、活动规则、活动要求和注意事项。

（4）教师既不要按流程严格控制幼儿的活动，也不要让幼儿完全自由活动，教师要做幼儿活动的观察者、引导者和支持者，鼓励幼儿自主创造和探索，同时要经常提出某些具有挑战性的问题，鼓励幼儿之间进行讨论与合作，使数学区域真正成为幼儿园数学教育的重要场所，使区域教育活动真正成为幼儿园数学教育的重要途径。

数学区域教育活动有助于培养幼儿对数学活动的兴趣，能使幼儿获得丰富的数学经验，能使幼儿充分发挥其自主性和创造性，有利于照顾到幼儿的个体差异。

在幼儿园数学教育实践中，数学集体教育活动与数学区域教育活动应密切联系、相互补充，两者进行结合的优势主要体现在以下两个方面：

一方面，数学集体教育活动和数学区域教育活动在活动形式上可以相互补充。前者以集体或分组（大组）的形式进行，后者以幼儿个别化学习为主，以个别和小组活动方式进行。这两种方式相互组合，既能为幼儿提供社会性发展所需的集体环境，保证全体幼儿得到数学启蒙教育，又能为幼儿提供数学知识自我构建所需的环境，为每个幼儿发展不同的兴趣、爱好提供了可能。

另一方面，数学集体教育活动和数学区域教育活动在教育内容上可以相互承接，数学集体教育活动的前期经验准备可以在区域中进行，后期巩固练习也可以在区域中进行。例如，进行了认识时钟的集体教育活动后，在教学区域投放一些钟表卡片，幼儿在区域活动时，可以为卡片上的钟表画上时间，来巩固对时间及钟表知识的认识。

小案例

> 姓名：赵晨好
> 性别：女
> 年龄：3 岁
> 案例：
> 　　一天蒙氏工作的时候，幼儿赵晨好取了有柄插座圆柱体 A 的工作。因为这项工作的教具是木质的，对于宝宝来说有点重，所以在取的时候，她显得有点吃力。赵晨好对这些圆柱体很感兴趣，她先取了一个放在工作毯上，我走过去问她："晨好，老师和你一起工作好吗？"她没有说话，我知道她表示同意了。我们一起将其他教具都拿了出来，接着我问她："宝宝，你找一下哪个是最大的呢？"她指着最大的回答我说："这个。""那你再找找哪个是最小的呢？"她迅速拿起最小的告诉我说："这个是最小的。"我表扬了她，她非常高兴，然后将教具一个一个地插了进去。
> 　　建议与分析：
> 　　我发现赵晨好宝宝对有柄插座圆柱体 A 这项工作很感兴趣，她连续操作了两次。这项工作主要是培养幼儿感知物体的大小变化，通过手部的触摸、眼睛的观察，辨认物体的大小。从案例中可以看出宝宝的辨别能力和观察能力很强，她能够迅速在大小不同的物体中找到最大的和最小的。同时，这项工作也是对物体进行一一对应的练习，所以宝宝再取这项工作时，她通过实际操作，也能更好地提高自己的观察能力，同时也为自己之后的学习打下了基础。希望宝宝越来越棒，越来越出色[①]。

（二）渗透的数学教育活动

印度著名数学家高塔姆·慕克吉在国际数学家大会上指出，数学与日常生活是两条互相交织的线。

渗透的数学教育活动的特点是：在日常生活中对幼儿进行数学教育，具有轻松性、随机性、自然性、具体直观性等优势，非常适合幼儿思维发展的特点，还能够培养幼儿关注身边生活和身边事物的情感态度。

渗透的数学教育活动的价值体现在以下两个方面：

一方面，进行数学教育渗透具有可能性。从数学的角度看，数、量、形等是客观事物存在的特点和属性，幼儿学习的基础数学知识更是如此，幼儿在认识周围事物的同时能获得大量的数学感性经验，这就为开展渗透的数学活动提供了可能。

另一方面，进行数学教育渗透的必要性。幼儿头脑中的数学概念既不来源于书本，也不来源于教师的解释，而是来自幼儿对其生活的现实进行数理逻辑化的思考；幼儿在各种活动中会遇到许多与数学相关的事件和问题，产生急切学习的需要，这些事件和问题激发了幼儿学习数学的兴趣和动机，对其数学概念的形成起到了刺激作用。

---

① 佚名.小蒙一班四月份赵晨好案例分析［EB/OL］.（2010-10-09）［2017-11-16］. http://www.520wawa.com/class/201010/info_24129.htm.

1. 日常生活中数学教育的渗透

(1) 在幼儿园日常生活中渗透数学教育。幼儿从早晨入园到傍晚离开，一天的生活经历了入园、晨检、早餐、午餐、午睡、吃午点、喝水、盥洗、离园等环节，可以将对时间的认知渗透到一日生活的各环节中。例如，在教学中要求幼儿说出几点入园、离园，几点吃饭、早操，几点午睡、起床，几点吃午点等。从小班开始渗透早晨、晚上，今天、昨天和明天的时间概念，反复出现今天是星期几、是几月几日等。另外，在日常生活中教师还可以自然渗透其他关于时间的词汇，如正在、已经、将要、先、然后、再等。

在进餐过程中，教师可以向幼儿提出"每个小朋友有几个碗、几把勺"的问题，引导幼儿观察，获得"1个小朋友有1个碗和1把勺子"的一一对应的概念；洗脸和喝水时引导幼儿认识"1"和"许多"，知道许多条毛巾和1条毛巾，1个杯子和许多杯子之间的关系。

数和量的教育也可以渗透到生活中，如在幼儿园哪些东西是1个、2个、3个、4个、5个等，哪个多、哪个少，多几个、少几个，大的物品有哪些、哪些物品是小的，哪些是高的、矮的，哪些是粗的、细的，哪些是厚的、薄的等。

(2) 在家庭生活中渗透数学教育。要想真正实现幼儿园数学教育的目标，使幼儿获得更快更好的发展，幼儿教师应该与幼儿家长合作，共同探索出在家庭生活中进行数学教育的最佳途径，创造良好的家庭环境，激发幼儿学习数学的兴趣，培养幼儿的数学能力。要达到这一目的，需要做好以下几个方面的准备：

① 让幼儿家长转变教育观念是实现家庭生活中渗透数学教育的重要保证。幼儿园可以针对家长定期开展培训，组织幼儿家长进行《纲要》的学习，请优秀的家长介绍经验，组织观看先进幼儿园"家幼"合作的范例，建立"家幼"联系本，开办"幼儿数学教育专题"宣传栏，让家长逐步转变幼儿数学教育观。

动画
培养孩子的计数能力

家长的教育观念要在以下几个方面进行转变：孩子的数学教育既是幼儿园的事情，也是家庭的事情；数学知识的学习既要重视书本知识，也不要忽视生活中的数学教育；在学会记忆的同时不要忽视幼儿积极主动的探索过程。

② 幼儿园通过举办"家长开放日"、六一儿童节文艺活动、兴趣比赛等大型活动，让家长参与幼儿园数学教育活动的评价，让家长了解幼儿园数学教育生活化、游戏化的新理念。

③ 教师应注意的是，要根据数学课程进度，与家长一起制定家庭生活中渗透数学教育的方案，使家长明确渗透数、量、形、时间、空间、加减法具体的内容和方式，使家庭数学教育操作起来更主动、更有针对性。

④ 家庭生活中亲子应共同学习，体验欢乐。在日常生活中，父母要为孩子创设游戏与探索的环境，并参与其中，与孩子共同体验成功的快乐。

(3) 自然和社会生活中渗透数学教育。大自然和社会也是幼儿学习数学的场所。例如，节假日到植物园游览，可让幼儿感受自然的色彩和形状，感受数和量的差异；家长带孩子到超市或商场购物、参加聚会活动、走亲访友的过程中，可以让孩子帮助算钱、付费、数人数、记住聚会时间、说出节日的日期、数楼房的层数、观察楼房的造型等。

(4) 各种艺术活动中渗透。例如，儿歌《五指歌》的歌词，能够让幼儿初步学习数数。

五 指 歌

一二三四五，上山看老虎。老虎不在家，看见小松鼠。

松鼠有几只？让我数一数。数来又数去，一二三四五。

2.日常生活中渗透数学教育的要求

(1) 在日常生活中要自然渗透数学教育。数学教育生活化的意义就在于生活中的数学具有具体、形象化的特点。幼儿能够在生活中真正获得解决生活中实际问题的能力。在实现数学教育生活化的过程中,要将数学教育目标与方法自然结合,并根据幼儿心理发展的需要,考虑幼儿的兴趣,以自然、快乐教育为原则,引导幼儿观察、探索,从而获得数学知识和技能。

(2) 教师和家长要为幼儿创设认知环境。在日常生活中渗透数学教育,还要求教师和家长做生活的有心人,善于发现生活中无处不在的数学教育要素,善于把握对孩子进行数学教育的大好时机,善于创设相应的环境,善于创造数学抽象概念与幼儿具体形象认知之间的契机,善于通过引导幼儿观察,使幼儿对生活中的数学问题产生好奇心,与教师、父母一起解决生活中的问题而自然获得数学能力。

(3) 在日常生活中渗透数学教育要有科学性。在日常生活中,虽然对幼儿进行数学教育应该是自然、轻松的,但要关注数学知识本身的科学性、严密性,成人世界里一些错误的说法和做法会影响幼儿的认识和发展。例如,有些数学概念在人们的日常生活中区分不是很严格,人们习惯把高的、长的、粗的、重的等说成大的,把矮的、短的、细的、轻的等说成小的,在教孩子时一定要用词准确。

模块四 幼儿园数学教育活动设计与指导

本模块主要介绍数学集体教育活动及数学区域教育活动的设计与指导。

一、数学集体教育活动设计与指导

1.数学集体教育活动设计

数学集体教育活动设计是指教师根据幼儿学习数学的规律和特点,分析教育内容,选择教育方法,对教育活动程序进行整体构想和有序安排,形成教育活动方案。数学集体教育活动设计的具体内容包括活动内容(名称)、活动目标、活动准备、活动过程、活动延伸等部分的设计。

(1) 活动内容(名称)设计。活动内容的选取要适合幼儿并有利于教师组织开展,数学教育活动的内容一般来源于幼儿园所选用的教材,也有的内容是教师根据幼儿的兴趣、需要生成的。活动内容要选择适合开展集体学习活动的内容。例如,同样是认识时间,认识钟表就适合集体教育活动,感知时间的交替性就适合在日常生活中让幼儿体验学习。在内容设计过程中,教师应结合本班幼儿的实际年龄,对教材内容加以调整,使其适合本班幼儿的接受能力。活动内容确定后,所要解决的首要问题是给教学活动命名。教学活动的命名一般有以下两种形式:

① 生活化命名。"给数字找朋友""图形宝宝找妈妈""我会分图形"等,这种形式的命名更贴近幼儿的生活,富有生活气息,也亲切有趣,符合幼儿直观、形象性的认知特点,多用于3~4岁幼儿(小班)数学教育活动内容的设计。

② 数学术语化命名。"5的分解组成""6的加法""比厚薄"等,这种形式的命名更符合

数学精确性、抽象性的特点,活动名称直接反映出所进行的教学内容,多用于5~6岁幼儿(中、大班)数学教育活动内容的命名。

(2) 活动目标的设计。活动目标是指数学教育活动所要达到的具体效果。活动目标是教育活动的核心,活动目标的设计是教育活动设计中最重要的一环。

教育活动目标由认知目标、情感目标、社会性目标、个性发展目标等构成。

① 认知目标。认知目标包括使幼儿学会哪些数学知识、掌握哪些数学技能、形成什么样的数学能力及解题能力等。

② 情感目标。情感目标包括培养幼儿养成怎样的学习态度和学习习惯,使幼儿具有什么样的理智感、成就感等。

③ 社会性目标。社会性目标包括培养幼儿乐于与同伴合作学习、交流学习的态度,培养幼儿与同伴合作学习、进行社会交流、协商解决问题的能力,即培养幼儿与同伴进行比较、取长补短、敢于表达自己意见的能力等。

④ 个性发展目标。个性发展目标包括培养幼儿独立思考、主动探索、积极发言、乐于表达自己意愿和经验的能力,还包括培训幼儿的规则意识、秩序感及专注力,激发幼儿的学习兴趣、好奇心、求知欲等。

例如,数学教育活动"认识5"的活动目标为:正确点数5以内的数量并说出总数,认读数字5;能认真观察环境中的5以内数量的物体并解决游戏中出现的问题;在游戏中体验学习数字的乐趣。

(3) 活动准备的设计。数学教育活动的准备一般包括物质准备和心理准备两大方面。

① 物质准备。物质准备包括在教育活动中教师所用教具、幼儿所用学具的准备及教育活动环境创设。教育活动环境创设是指教师为开展教育活动选择、布置环境。例如,教师要考虑活动场地的大小,桌椅怎样摆放等。幼儿的数学学习离不开操作材料,因此,教具、学具的准备是物质准备中的重要内容。

教具、学具的准备应符合以下要求:

一方面,教具和学具应围绕活动目标来准备。准备的教具和学具要能较好地体现数学教育规律,即实物—半抽象物—抽象物,要为实现活动目标服务。并非教具和学具越多教学效果就越好,要避免出现教具、学具准备的无效和低效等情况。

另一方面,教具和学具要典型、简易、方便。典型指的是教具和学具要有助于幼儿对数学概念的学习和掌握,有助于幼儿思维能力的发展。教具、学具要能引起幼儿的注意和兴趣,避免过多的细节。另外,教具、学具应尽可能一物多用,充分发挥多功能作用。教师要善于利用玩具、废旧材料、自然资源等作为教具、学具。例如,幼儿建构用的雪花片,可以用来进行分类、排序、计数等活动。又如,教师可以用树叶作为幼儿数数的材料。

此外,对于中、大班的幼儿,教师可以吸引幼儿参与准备学具的过程。让幼儿参与学具的准备,可以减轻教师的工作量,更重要的是幼儿在准备过程中能获得相关数学经验。例如,在中班"认识椭圆形"的教育活动中,教师让幼儿搜集椭圆形的物品带到幼儿园来,幼儿在搜集物品的过程中积累了关于椭圆形物品的感性经验。

② 心理准备。心理准备包括幼儿的经验准备和教师的心态准备。

a. 幼儿的经验准备。幼儿的经验准备是指幼儿对将要进行的数学学习活动必须先掌握一些基本的知识技能。例如,数学教育活动"图形分类",幼儿应具备的知识经验是认识了相关图形。

b.教师的心态准备。教师的心态准备即教师对将要进行的教育活动的把握程度，以及对为幼儿所创设的环境的满意程度有一定预设。在设计数学教育活动时，教师首先要分析在这一教育活动中，幼儿思考、解决问题的步骤和环节有多少，步骤、环节越多，则难度越大，对幼儿学习的要求也越高；其次要分析幼儿已具有哪些知识技能，具有哪些能力，还缺少什么。

（4）活动过程的设计。数学集体教育活动过程是指活动的顺序和步骤，它是活动设计的主体部分。活动过程大致可分为活动开始、活动进行、活动结束3个基本环节。

① 活动开始。在活动开始环节，教师的任务是集中幼儿的注意力。教师可通过引导幼儿观察材料、配合提问、介绍活动内容和要求等，运用适当的方式激发幼儿参与活动的兴趣。数学教育活动常用的导入方式有以下几种：

第一种，动手实践发现问题导入。有效的数学学习活动不能单纯依靠模仿与记忆，而是需要幼儿在自己的动作中学习数学概念与知识。因此，可以直接让幼儿动手操作，通过摆一摆、量一量、剪一剪、折一折等操作发现问题，促进幼儿自主探究的学习愿望。例如，在教学"等分"时，可以先要求幼儿把4根小棒分成两份，看看有几种分法。当幼儿分出1和3、2和2、3和1时，请幼儿比较哪种分法两边一样多，由此引导幼儿了解"等分"的意义。

第二种，运用生活情境导入。《纲要》指出，要让幼儿在生活中学习数学，解决生活中的数学问题。因此，教师需要紧密联系幼儿的生活实际，在幼儿的生活中寻找数学，创设生活情境，导入数学学习活动。例如，在学习数的加减时，教师可以创设一个商店的情境，吸引幼儿进入有趣的加减游戏，也可以把数学内容编成有趣的故事，通过语言的渲染，使幼儿愉快地进入情境。

第三种，从幼儿的生活经验引发幼儿思考。古人云："学起于思，思源于疑。"数学知识的系统性很强，因此，要注意把幼儿在日常生活中的经验有效地调动起来，使新学旧知有效衔接，让幼儿顺利地打开思维之门。例如，学习圆柱体和球体时，可先让幼儿思考在生活中哪些东西可以滚动，幼儿会想出多种可以滚动的东西，然后引发幼儿思考：如圆柱体、球体等这些可以滚动的东西里究竟藏着什么秘密呢？采用设疑的方法进行导入，幼儿会产生疑问，进而进行积极的思考，顺利过渡到新知识的学习中。

第四种，运用游戏导入。教育家斯宾塞（Herbert Spencer）说："教育要使人愉快，要让一切的教育带有乐趣。"游戏是幼儿喜爱的活动形式，根据幼儿活泼好动、好奇心强的特点，教师可以通过组织幼儿做多种新颖有趣的游戏导入学习内容。例如，开展小组游戏活动、采取体育游戏的形式等，都可以让幼儿很快进入学习情境。

② 活动进行。活动进行是教学过程的主要环节。教师通过启发诱导、范例引导、现场指导及个别辅导等主导作用，引领幼儿进行以下三阶梯教与学的互动：

第一阶梯：动作表征，即动作水平。实物操作法、操作游戏法、尝试操作法、试误发现法等都是第一阶梯的主要教学方法，引领幼儿通过操作在动作水平上理解和认识数、量、形的特征及其关系。

第一阶梯动作表征认知维度的设计方法举例如下：

a.实物操作法。例如，幼儿选择棋子、纽扣、杏核、石子等物，放在手里，"小手摇摇，分开瞧瞧"，"5"可以分成几和几，几和几合起来是"5"。

b.感官体验法。例如，听声计数、拍手计数、跺脚计数等多感官计数法。

c.尝试操作法。例如，等分圆形、等分正方形、等分蛋糕、等分小绳尝试操作。

d. 试误发现法。例如,图形配对,可发现三角形有多种,如直角三角形、钝角三角形、锐角三角形、等腰三角形等。

e. 游戏操作法。例如,跳图形、跳一跳、说一说及"图形宝宝找妈妈"等。

f. 听数取物法。例如,听一听,数一数,建立数量与数名结合关系。

g. 换物说数法。例如,你给小猫5条鱼,我给小兔5根萝卜,他给小狗5根骨头,数量一样多吗?

h. 感知配对法。例如,图形配对,数量配对,区分物体多少或一样多等。

i. 尝试探索法。例如,盖印章,找邻居,寻找"大邻居"和"小邻居",学习相邻数等。

j. 情境体验法。例如,创设"超市""电影院"等情境,学习加减法或奇偶数等。

第二阶梯:形象表征,即表象水平。图片观察法、看图描述法、激活表象法、演示讲解法等是这一阶梯的主要教学方法,引领幼儿在表象水平上建立数、量、形的认知结构。

第二阶梯形象表征认知维度的设计方法举例如下:

a. 连数成图法。例如,用彩笔把数字连起来,呈现"龙摆尾""小汽车"的图像。

b. 激活表象法。例如,描述应用题:"6个果冻,吃掉3个,还剩几个果冻?"

c. 范例引导法。教师示范创编应用题,幼儿仿编应用题,多用模仿学习法。

d. 报告发现法。报告发现,自然数列的数差都是1,即"多1少1"的关系。

e. 图式表征法。数的组成可以用图式、动作表征、形象表征、符号表征。

f. 正逆排序法。学习序数可用10张圆点卡片正逆排序。

g. 观察发现法。看图编应用题时,观察发现图片上的数量关系。

h. 演示讲解法。例如,认读、书写阿拉伯数字,教师边演示笔顺,边讲解写法。

i. 情境设疑法。认识钟表上整点半点时,教师设疑:谁能告诉我米老鼠钟现在几点了?

j. 看图描述法。看图描述图片上有谁,在做什么,编出各种题型的应用题。

第三阶梯:符号表征,即抽象水平。归纳演绎法、总结归纳法、符号认知法等是这一阶梯的主要教学方法,引领幼儿由具体形象思维向数理逻辑思维方向发展。在概念符号的抽象水平上建立数学认知结构,在此基础上使幼儿形成一些初级的数学概念;同时,在数学经验提升和整理的过程中,也就是将幼儿建立的新图式中的信息经同化、顺应,迁移到新的认知结构中去,使其系统化,不仅易于信息的储存,而且也便于今后使用时的检索和提取。

例如,"和是10"的加法教学所建立的认知结构,为幼儿运用"凑10法"进行速算提供信息和检索思路。

题目1:请你在下列□填上数字。

□+□=□+□=□+□=□+□=□+□=10

题目2:请你尽快计算出下面算式的和是多少。

1+2+3+4+5+6+7+8+9=□

第三阶梯符号表征认知维度的设计方法举例如下:

a. 词语概括法。同数加法的简便算法,词语概括:口诀法。

b. 符号认知法。认识"+""−""=""≠""<"">"等符号并知道其含义。

c. 归纳演绎法。例如,幼儿认识相邻数"多1少1"的关系后可归纳为"$n \pm 1$"。例如,8+1=9,9是8的大邻居;8−1=7,7是8的小邻居。

d. 规律发现法。例如,在学习10的分解组合过程中,发现部分数之间的互补、互换规律。

　　e. 填空练习法。例如,学习 100 以内数的排序时可适当进行填空练习,找排序规律。

　　f. 能力训练法。分析综合能力训练、逆向思维能力训练、连锁思维能力训练及速算能力训练等。

　　g. 符号标记法。例如,韦恩图中"○"表示集合,分合号"∩"表示分解组成等标记。

　　h. 总结归纳法。例如,一个数分成两部分有 $n-1$ 种分法,可总结归纳为:某数减去 1 等于几,此数就有几种分法。

　　i. 检查反馈法。应用题的改错练习,是幼儿是否理解应用题结构的反馈。

　　j. 迁移推理法。10 以内相邻的数的认识概括为"$n±1$"之后,由 10 以内相邻数的认识迁移到 100 以内相邻数的认识。

　　③ 活动结束。集体教育活动结束时,教师要设计合适的结束方式。数学教育活动常用的结束方式有总结归纳式和延伸扩展式两种。

　　a. 总结归纳式。教师可请部分幼儿讲述自己的活动过程和结果,并引导幼儿相互讨论和交流,对他们的进步给予表扬和鼓励。采用讨论法、竞赛游戏法、作业展示法等主要教学方法,使幼儿体验成功的感受,享受学习的成就感,激发再学习的欲望。例如,数学教育活动"学习 6 以内的数字",教师采取了总结归纳式的结束方式,引导幼儿把数的外形编成儿歌:1 像小棍细条条,2 像小鸭水上漂,3 像耳朵来听话,4 像小旗迎风飘,5 像钩钩来钓鱼,6 像豆芽笑哈哈。

　　b. 延伸扩展式。教师提出问题或建议,让幼儿在教育活动结束后继续探索,或在生活中注意观察。例如,数学教育活动"认识圆柱体",教师采用了延伸扩展式的结束方式。教师说:"小朋友,今天我们认识了圆柱体,你们回家后找一找家里有什么东西是圆柱体,明天来幼儿园和小朋友一起说一说。"

　　(5) 活动延伸的设计。活动延伸指的是在数学教育中,前一教育活动与后一教育活动的联系是十分紧密的。教师了解了这一问题,才能使幼儿已获得的数学经验在后面的活动中得到巩固和强化。同时,前一活动所获得的经验也会成为进行后一活动的基础和准备。例如,幼儿学习了长方形、三角形和圆形等几何图形后,教师可引导幼儿找一找哪些东西是圆形、哪些东西是长方形等。又如,有些数学内容将成为幼儿科学学习的方法和工具,如统计、测量等。幼儿获得的数学知识和经验能在其他教育活动中得到运用。这样,幼儿在某一段时间内,就会把从不同活动中获得的经验融为一个整体,构成一个比较牢固的整合经验。

　　以上是数学集体教育活动设计的内容和要求。另外,在幼儿园数学教育中,教师还需要通过复习的方法,使幼儿对学过的某一部分数学知识和技能得到加深和巩固。这种复习性的数学教育活动一般通过游戏、操作的方式进行,使幼儿在一系列的游戏、操作活动中巩固所学知识。

　　2. 数学集体教育活动指导

　　(1) 活动中教师要注意观察幼儿的行为。幼儿参加活动的积极性和主动性是每个教师在活动中必须观察和了解的内容,对幼儿的操作方法、幼儿的发现及与同伴的交流情况等,教师要根据观察和了解到的情况灵活地进行指导。

　　(2) 活动结束后教师要注意整理、提升幼儿的数学经验。幼儿在活动中获得的经验可能是片面的或零散的,教师应组织幼儿把自己获得的经验表述出来,和幼儿一起进行归纳、整理,通过提问、组织讨论等方式使幼儿获得的零散、点滴的经验及时得到梳理和系统化,使幼儿建构初步的数学概念。

(3)教师要把握好提问的策略。在活动中,教师与幼儿交流的方式最常用的就是语言,提问是教师与幼儿沟通最直接的方式,使用得好将最大限度提高幼儿的积极性。提问时教师要注意以下几点:一是提的问题要具体、明确,使幼儿知道应该回答什么,一次最好提一个问题,这样才能使幼儿明确并积极思考教师的问题;二是问题提出后给幼儿思考的时间,幼儿年龄越小越要注意这一问题;三是幼儿回答问题后教师要做出积极反应,如点头、微笑,启发、补充等。如果幼儿没有正确回答问题,教师应降低问题的难度,提出补充问题,直到幼儿能正确回答为止,这样做就可以保护幼儿的自尊心。

二、数学区域教育活动设计与指导

1. 数学区域教育活动设计

数学区域教育活动设计是指教师根据数学教育的目标及幼儿发展的水平有目的地创设活动环境,投放活动材料,让幼儿按照自己的意愿和能力,以操作摆弄为主的方式进行个别化的自主学习的活动。要为幼儿的探究活动创造宽松的环境,尽量创造条件让幼儿实际参加探究活动,使他们感受到科学探索的过程和方法,体验发现的乐趣,这是在《规程》中提出的指导思想。对幼儿的各种教育活动来说,探索的过程要比探索的结果更重要,而数学区域教育活动正好为幼儿提供了探索的机会,使幼儿在操作活动的过程中获得认知。区域教育活动的设计主要包括数学区域环境的布置和操作材料的设计。

(1)数学区域环境布置。在数学区域教育活动中,受幼儿年龄特点的制约,各年龄班在创设活动区域环境时,要注意符合幼儿的年龄特点。数学区域环境包括静态环境和动态环境。

① 静态环境。静态环境是一眼就能看到的环境。环境中的每一面墙、每一棵树和每一件物品都"说话",这些物品除了是幼儿喜欢的漫画、卡通、手工等墙饰、壁画外,还必须渗透一些数学元素,以营造一种数学文化的氛围。例如,可以把活动区域的一面墙布置为数学主题墙,墙饰要突出数、量、形等数学信息,如在墙面上粘贴1～10的数字,粘贴用几何图形拼成的各种物体形象等。显然,静态环境提供给幼儿的是一种静态数学,需要即时更换新的"元素"。

② 动态环境。动态环境是指用于幼儿操作的数学环境,可设置积木区、游戏区、益智玩具区等。数学区域要设置标志,要有摆放材料的橱柜、进行操作活动的桌子、便于幼儿展示操作结果的设备等。动态环境可选择设在教室的一角,或设置在固定的教室,还可安排在室外合适的地方。在动态环境中,幼儿通过自己动手操作和想象,自动构建数学知识系统或者自主完成教师事先给定的任务。幼儿靠"看"是不可能完成这些任务的,必须在这种环境中行动起来,并乐意参与到活动中去,才会有新的体验和收获。

(2)数学操作材料的设计。

① 数学活动常用材料的分类。数学活动常用的材料可以按材料类别和材料来源进行分类。

a. 按材料类别分类。根据材料类别不同,数学活动常用材料可分为盒类、板类、物类、卡片类、图表类、标记类等。

盒类学具包括塑料盒、硬纸盒等。此类学具设计科学，便于幼儿观察和摆放材料，如分类盒、组成盒、几何形体镶嵌盒等。

板类学具用木板、塑料板或硬纸板制成，如排序板、几何形体板、插嵌板、分类板、分合板、数列板等。此类学具一方面便于幼儿摆放材料，另一方面还规范了幼儿的操作动作。例如，年龄小的幼儿按长短排序时，往往不知道一头对齐，如果给幼儿提供排序板，就便于幼儿掌握排序的操作方式。

物类学具包括各种小实物、数棒、长方体、正方体、计数器等。

卡片类学具包括实物卡片、数字卡片、点子卡片、几何图形卡片、接龙卡片、试题卡片等。

图表类学具包括各种图片、年历表、星期表、幼儿用书等，幼儿用书上有让幼儿观察的图、做练习的作业单等。

标记是一种符号，是表示特征的记号。幼儿在数学学习中接触到的标记有分类标记、排序标记、大小标记等。标记卡片一般配合操作活动运用，要求幼儿认识理解标记所表示的意思。

b. 按材料来源分类。根据材料来源不同，数学活动常用材料可分为系列化数学学具和数学玩具，自制学具，自然物、日常用品、玩具的开发利用等。

系列化数学学具如蒙台梭利学具等。系列化数学学具的特点是设计合理，一物多用，一套学具能满足多项数学内容的操作。数学玩具是专门用于幼儿学习数学的玩具，如钟表模型、数字镶嵌板、七巧板等。

自制学具是指教师利用废旧材料，根据教育内容制作的教具、学具。自制的教具、学具就地取材，实用有趣，针对性强，既满足了幼儿数学活动的需要，又节约了开支。

自然物如小石子、小棒、树叶、竹片、贝壳等，可以用于计数、分类；日常用品如纽扣、小镜子、小手帕、茶叶筒、时钟、日历、盒子等是幼儿学习数学很好的学具；小型玩具如小动物模型、小汽车模型、娃娃餐具等，特别是小型的插塑、积木、穿珠类玩具更具有多种用途，如不同颜色的雪花片，可用来开展分类、排序、计数等数学活动。

如果按教育内容来划分，数学活动常用的材料又可分为数教育学具、量教育学具、几何形体教育学具等。

② 数学区域教育材料的特点。数学区域教育材料是教师教育意图的物质载体，它本身的特性及由这些特性所规定的活动方式决定着幼儿能获得的数学经验，影响着幼儿的数学学习兴趣及思维、探索能力的发展。因此，用于数学区域教育的材料应具有以下特点：

a. 操作性。操作性即材料能让幼儿拼摆、移动、组合及变化多种玩法。

b. 趣味性。趣味性是指材料的色彩、形状、大小、玩法等能引起幼儿的兴趣。

c. 多样性。多样性是指围绕同一内容，活动材料种类要多。例如，围绕平面图形的操作，可以设计"连点画图""皮筋绕图形""图形拼摆形象""小棒摆图形"等材料，以满足不同幼儿的兴趣需要。

d. 层次性。层次性是指围绕同一内容的活动，可投放图片、实物和符号三个层次的材料，以满足不同发展水平幼儿的需要。

除上述要求之外，因为数学区域的材料操作频率较高，所以投放于数学区域的材料要结实，并能为幼儿重复使用。例如，教师将数学区域的各类操作卡片进行过塑，幼儿在上面写画过之后擦掉笔迹还能继续使用。

2.数学区域教育活动指导

（1）根据各年龄班级数学教育的目标进行环境的创设和材料投放。对于小班的幼儿，由于他们感知事物的经验、动手能力较弱，不能单独活动，所以区域物品不宜放置得太复杂，应以幼儿喜闻乐见的形式为主。在投放程序上，不要一次全部投放，如在"娃娃家"区域活动中，让幼儿数一数家庭成员的个数来进行数方面的感知。小班区域活动材料的投放示例如表5-1所示。

表5-1 小班区域活动材料的投放示例（可分批投放）

材料名称及要求	材料内容及功能
套娃：每份有大小不同的3个木制娃娃能套合	从摆弄、套合中感知和比较娃娃的大小
雪花片：每份按甲色一个大的，乙色有许多小的来配置	幼儿通过摆弄，感知区别"1"和"许多"
瓶子、盖子：每份有大小不同的塑料瓶子和相应的盖子4个	感知大小对应、匹配和积累排序经验
听音罐：每份有两个听音罐，一个装许多花片，另一个只装1片花片	尝试用听觉区别"1"和"许多"
摸箱：每份有一个摸箱，里面装有方形、圆形、三角形积木，小圆珠和胶棒等其他物体	用触摸感知几何图形的主要特征
钥匙和锁：每份配置钥匙和锁有一样多的，也有不一样多的	体验一一对应，学习比较两组物体数量的方法（多、少）
塑料小棒：每份配置长短不同的塑料棒4根或5根	积累长短比较的经验
花片排队：每份有两种颜色的花片若干及幼儿排列用的长条板一块	学习按一定的规律排序，如ABAB、AABB

到了中班，幼儿已有了感知事物的初步经验，能单独进行区域的操作活动，教师可适当增设区域内容。例如，在中班幼儿学习了序数后，教师可以在数学区域中多投放各种练习序数的材料。对于大班的幼儿来说，其语言表达、动手操作和逻辑思维能力都有了较大的提高，数学区域的活动内容要大量增加，也要适当增加难度。在活动区域的创设过程中，可以让幼儿参与其中，请幼儿出主意、想办法，还可以让他们帮助教师搜集材料，一起布置环境。这样能增强幼儿的主人翁意识，更好地发挥幼儿的主体作用，使数学区域教育活动更具有吸引力。此外，要注意定期更换材料以维持幼儿的操作兴趣。

（2）在区域活动中，教师适合采用间接指导的方式，且指导要适时、适度。教师要向幼儿提出区域活动中的要求和规则。例如，向幼儿交代各种材料摆放的位置，使用中要爱护玩具、材料，用后要放回原处等。

摆放新材料、增添新内容后，教师应向幼儿介绍新材料的使用方法、新活动的要求和规则等，使幼儿知道怎样做、怎样玩。

活动区域的数学活动一般都是由幼儿自由选择、自己进行学习的。由于幼儿存在个体差异，学习效率也不一样，因此教师需要对个别幼儿进行引导。数学区域教育活动重视幼儿的学习体验,不强求达到某一知识技能目标,因此,教师适合采用间接指导的方式。教师应给幼儿充分的自主权,让幼儿按自己的方式学习探索,在观察幼儿操作的基础上,进行恰当的指导。

实践活动

实践活动一 有趣的图形宝宝(小班)[①]

【活动目标】

(1)使幼儿巩固对圆形、三角形、正方形的基本特征的掌握,能够区分三种几何图形。
(2)通过创设愉悦的游戏情节,发展幼儿的观察力、创造性思维。
(3)激发幼儿探索的欲望。

【活动准备】

1. 场地准备

在地面上用即时贴贴一个大圆、一个大三角形、一个大正方形。

2. 物质准备

(1)圆形的桌子、长方形的桌子、正方形的桌子。
(2)圆形、三角形、正方形的饼干、糖果等。
(3)几何图形(半圆形、三角形、正方形、圆形)。
(4)贴有图形标记的小椅子。

【活动过程】

1. 猜一猜、看一看、讲一讲,加深对三种图形基本特征的认识

教师引导:"图形宝宝要和我们一起玩游戏,猜猜是谁呢?"

(1)第一个图形宝宝有三条边、三个角,是谁?(三角形)
(2)这个图形宝宝圆溜溜的,是谁?(圆形)
(3)这是什么宝宝,长得是什么样的?(正方形)

2. 游戏:做客

教师以图形宝宝的身份与幼儿做游戏,邀请幼儿去各个图形宝宝家做客。

教师:"现在我们一起到图形宝宝家去做客吧!来,先让我们一起学小兔跳到圆形宝宝家去吧!"(幼儿一起跳到圆形中去)

教师:"再让我们一起学小鸡走到三角形宝宝家去吧!"(幼儿一起走到三角形中去)

教师:"最后我们一起跑到正方形宝宝家去,看一看是谁先到正方形宝宝家。"(幼儿一起跑到正方形中去)

3. 游戏:图形宝宝请客

教师创设游戏情节:图形宝宝邀请小朋友吃东西,把幼儿带到有圆形桌子、正方形桌子

[①] 佚名.小班数学:有趣的图形宝宝[EB/OL].[2017-11-15]. http://www.06abc.com/topic/20110518/83435.html.

和三角形桌子的地方。

(1) 教师:"小朋友,你们看图形宝宝家的桌子有哪些形状呀?"(幼儿回答)

教师:"桌子有了,椅子还在那边,要请小朋友搬过来,但有一个要求:圆形桌子旁要放有圆形标记的椅子,三角形桌子旁要放有三角形标记的椅子,正方形桌子旁要放有正方形标记的椅子。让我们一起来动手吧!"(幼儿动手搬椅子,分别把它们放在相应的桌子四周)

(2) 品尝图形宝宝准备的食品(圆形、三角形、正方形的饼、糖果等)。

先看看、说说有哪些图形的食品,听教师口令拿相应图形的食品。

4. 游戏:送礼物

教师:"图形宝宝邀请我们来做客,我们可以做些什么呢? 我们每人送一个大蛋糕给它们好不好? 不过,圆形宝宝喜欢吃圆形的蛋糕,正方形宝宝喜欢吃正方形的蛋糕,三角形宝宝喜欢吃三角形的蛋糕,如果送错了,宝宝会不高兴的。"(用两个半圆形拼成一个圆形、用两块三角形拼成一个正方形,用两个小三角形拼成一个大三角形)

5. 和图形宝宝告别,小结并结束活动

(略)。

实践项目二 10以内的数倒着数(中班)[①]

【活动目标】

(1) 学习倒着数数,能从相反的方向感知自然数的顺序。

(2) 进行10以内的数倒着数的练习。

(3) 发展逆向思维,为学习减法打基础。

【活动准备】

(1) 教具:数字卡片1~10,彩色串珠1~10。

(2) 学具:数字卡片1~10,彩色串珠1~10。

【活动过程】

1. 预备活动:走线,线上游戏"小火箭"

教师:"小朋友们好! 今天陈老师要带你们到火箭发射基地去,准备好了吗?""好,请你们把小手放在腰上,顺时针方向站好,当音乐响起的时候,我们就出发吧!"(顺时针转一圈后,请幼儿停下来)

教师:"火箭发射基地到了,航天员叔叔正在发射火箭,请大家仔细观摩,看看火箭是怎样飞上天的,(教师示范)我们一起来学航天员叔叔发射火箭好吗?"(附动作)

(小火箭,真厉害,一飞飞到蓝天上! 发射火箭喽,10、9、8、7、6、5、4、3、2、1,发射!)

请小朋友轻轻地坐下来。

2. 集体活动

(1) 盖高楼。

教师创设情境:"刚才老师接了个电话,建筑师要请咱们盖一座房子。瞧! 盖房子的材

[①] 佚名. 中班数学教案:10以内的数倒着数[EB/OL]. (2013-03-01)[2017-11-15]. http://new.060s.com/article/2013/03/01/691949.htm.

料都准备好了,看看有些什么呢?"(串珠和数字宝宝)

教师:"你们看到过建筑工人盖房子吗?先盖第几层,接着呢?""对,要一层一层地盖,建筑师要求我们盖到第几层,就用几颗一串的串珠来表示,看看谁做得好,谁就来帮我盖高楼吧。盖房子还有要求的,左端必须对齐。"(教师盖好1、2层,请一名幼儿盖3、4、5、6层,点名幼儿盖7、8、9、10层)

教师:"楼房盖好了,可是楼层还没有编号,谁来帮帮我?"

(2)参观高楼。

教师:"高楼盖得真漂亮!老师带你们参观一下吧!"(随着教师的手势念出楼层号)

教师提问:"在上楼的过程中,你们发现了什么秘密呢?"

幼儿回答:"楼房越来越高,串珠越来越多,数字越来越大。"

教师提问:"串珠一次比一次多几个?数字呢?"

幼儿回答:"一次比一次多一个。"

教师小结:"对,这就是我们学过的数的顺序,也就是从小的数数到大的数,一次比一次大一个。"

教师:"好,现在一起下楼吧(顺着教师的手倒着念下来)。"

教师提问:"在下楼的过程中,你们又发现了什么秘密呢?"

幼儿回答:"串珠越来越少,数字越来越小。"

教师小结:"这就是我们今天要学的倒着数,倒着数呢,数字会越来越小,一次比一次小一个。"

(3)拆高楼。

教师创设情境:"开发商说,这里的地段太好了,要把这栋楼拆了再建一座大型的游乐场,我们一起来把高楼拆掉吧。"

教师提问:"拆高楼要从哪儿开始拆呢?"(第10层)

教师:"对,要从最上面开始拆,好,开始拆了。"

师幼合作:"拆高楼,拆高楼,拆一层,少一层,拆了10层拆9层,拆了9层拆8层……"(体会越来越少的现象)

3. 操作活动

教师创设情境:"刚才开发商说了,要建一座游乐场,小朋友,你们愿意帮忙吗?"

教师:"好,材料已经准备好了,请小朋友顺时针方向开始,每人领取一袋串珠、一份数字宝宝,开始工作吧。"(老师轮流辅导,帮助能力弱的幼儿)

验证:参观,上楼、下楼、拆楼,找秘密,体会倒着数的规律。

4. 游戏活动

倒数练习"接龙数数"。

教师任意说一数字,幼儿接着倒数;整组幼儿倒数接龙。

5. 交流小结

教师小结:"小朋友真能干,学会了10以内数的倒着数,生活中还有很多倒数的现象,比如过红绿灯时、下电梯时、发射火箭时,还有电视节目最精彩的时候,主持人也会倒着数,平时呢要多观察,发现倒数的现象就来告诉老师,好吗?小朋友们再见!"

实践项目三　认识时钟（大班）①

【活动目标】
(1) 使幼儿了解时钟的表面结构及分针、时针的运行规律，学会看整点。
(2) 发展幼儿的逻辑思维能力。
(3) 教育幼儿珍惜时间，养成按时作息的好习惯。

【活动准备】
(1) 幼儿每人一份硬纸片钟、一日生活图。
(2) 龟兔赛跑课件、一日生活PPT、音乐。
(3) 实物钟、大灰狼头饰。

【活动过程】
1. 引入活动并简单认识钟及其作用
(1) 猜谜导入。

教师导入活动："今天老师给你们猜一个谜语：一匹马儿3条腿，日夜奔跑不喊累，滴滴答答提醒你，时间一定要珍惜。你们猜是什么？"

幼儿猜谜，教师出示实物钟。

(2) 教师提问："你们家里还有哪些钟？是什么形状的？"（有闹钟、手表、挂钟和大座钟）

(3) "教师提问：钟有什么作用？"

教师小结："钟不停地走，它是一个计时间的工具，告诉人们几点了，应该做什么事。它可以帮助我们养成良好的生活习惯，它是我们的好朋友。小朋友认识钟，可以按时起床、按时上幼儿园；老师可以根据钟上的时间按时上课、按时做游戏、按时让小朋友们吃饭，钟的用处可大了。"

2. 简单认识钟面

教师引导："小朋友想不想和钟做朋友呀？我们现在就来认识一下时钟吧。请小朋友们仔细观察钟面上有什么。"

教师总结："有3根针和12个数字。"

教师提问："这3根针有什么不同？"（长度不同）

教师总结："它们都有自己的名字，最长的叫秒针，第二长的叫分针，最短的叫时针。我们再看看数字。"

教师提问："钟面的正上面是数字几？（12）正下面是数字几？（6）它们是怎样排列的？（顺时针围成一个圆形）"

3. 由分针、秒针赛跑，引导幼儿感知钟表的运转规律

(1) 教师："今天我们来看一场比赛，（放课件）兔子和乌龟要在这个圆形的跑道上赛跑，现在它们在最上面的一棵树的起跑线上，你们猜谁会赢？"（幼儿猜）"究竟谁会赢呢？好，比赛开始了，比赛的结果谁赢了？"

(2) 讨论：兔子和乌龟赛跑的过程中有什么秘密呢？兔子跑了一圈又回到起跑线上，乌

---

① 佚名.大班数学活动设计：认识时钟[EB/OL].（2007-01-23）[2017-11-16]. http://y.3edu.net/dbsx/11259.html.

龟跑了多远?(一棵树远)

(3)教师:"(放课件)每一棵树就是一个数字,哦,它们要变了,兔子变成秒针,乌龟变成分针,也就是说秒针跑一圈,回到起点12上,分针才跑一个数字,这就是一分钟。同样的,分针跑一圈,时针才跑一个数字,就是一小时。"

4.认识整点

(1)教师:"那么分针和时针指的数字又表示几点呢?别急,老师来告诉你。看时钟的时候,先看时针,再看分针。当时针正指着一个数字,分针又正指着12时,时针指的数字是几就表示几点整了。"(边拨钟边和幼儿一起数"1点钟、2点钟、3点钟……6点钟")

拨钟的时候一定要按照顺时针的方向拨,顺时针的方向就是钟面上的数字从小到大的方向。

(2)请个别幼儿练习。

练习拨7点、8点、9点、10点……12点。

(3)教师:"请小朋友们试试用我们的身体动作表示3点、6点、9点和12点。"

5.全体练习

(1)教师:"小朋友们,我们从小就要养成一个良好的生活习惯,按时间进行各项活动,我们来看看小朋友的一日作息时间表(放PPT):早上7点起床,上午8点到幼儿园,中午11点吃午饭,下午3点上课,下午4点放学,晚上9点睡觉。请小朋友看一日作息时间表,按刚才的方法在这个硬纸钟上拨时间,记住边拨边说说这个时间你在干什么。"

(2)幼儿操作,教师指导。

6.游戏"老狼,老狼几点了"

(1)教师:"咦,你们看我是谁?老狼今天要和大家玩个游戏,你们敢不敢?游戏规则是老师扮演老狼,请小朋友来当小羊,老狼双手拿着一个钟拨时间,然后问'小羊,小羊几点了?'小羊一起说几点了,如果哪只小羊说错了,就要被老狼吃掉。"

(2)请幼儿做老狼再玩一次。

知识巩固

1.数学教育对幼儿有哪些影响?

2.试分析幼儿园数学教育的目标和内容制定的依据。

3.举例说明如何引导幼儿进行排序活动。

4.按照幼儿园数学教育活动设计的要求,设计一个以"按物体的某一外部特征进行分类"的教育活动。

5.一位小班幼儿在给卡片分类时,是按照形状特征分的,当他看到同桌是按照颜色特征分的时,就说别人是"乱七八糟"分的,但问其"是按照什么分的"时,却不能回答,经提醒,该幼儿认识到别人分类的依据了。

请回答:

(1)为什么该幼儿会说别人是"乱七八糟"分的?

(2)教师问"是按照什么分的"时,该幼儿却不能回答,说明了什么?

(3)为什么"经提醒,该幼儿认识到别人分类的依据了"?

单元 6　幼儿园语言教育

学习目标

- 了解幼儿园语言教育的特点；
- 了解幼儿园语言教育的目标；
- 掌握幼儿园语言教育的内容；
- 掌握幼儿园语言教育的方法和途径；
- 能够设计幼儿园语言教育活动；
- 能够对幼儿园语言教育活动进行评析。

案例导入

案例一：户外活动中，程程高兴地在滑梯上爬上爬下，东东走过来和他一起玩。他俩玩得正兴奋时，程程突然在东东的背上咬了一口，然后乐呵呵地走了。

案例二：我班教室外有个小滑梯，阳阳正玩得起劲，这时别班的一个小女孩过来玩，阳阳不让她玩。争执中，阳阳咬了小女孩一口。

案例三：筱筱在"娃娃家"游戏中烧饭，欣欣想要她手里的玩具，筱筱不乐意，欣欣便伸手去抢，筱筱张开嘴巴对着欣欣的小手咬了一口。

案例四：幼儿边听故事边看电视里的课件。突然，心心哭了起来，原来是玲玲咬了她。教师刚想问明原因，玲玲却不满地说："我看不到电视。"

案例五：晴晴看见小朋友们在玩开火车游戏，便拿着自己的小椅子，说："我也来玩啰！"可是大家都沉浸在自己的游戏中没理她。她把小椅子往前一放，转过头来咬了后面的小朋友一口[①]。

幼儿园语言教育活动是以幼儿为主体，以语言为客体的一种有目的、有计划的多种形式

---

① 佚名.幼儿咬人是不懂表达，你知道么？[EB/OL].(2015-05-11)[2017-11-15]. http://www.sohu.com/a/14485811_116975.

的活动过程。语言教育服从幼儿园教育的大系统,为实现教育目标服务。由于幼儿园语言教育着力于促进幼儿的语言发展,因此有其自身的特点。

模块一　幼儿园语言教育概述

一、幼儿园语言教育的特点

1. 具有目的性和计划性,有利于幼儿语言能力的全面发展

幼儿园语言教育具有目的性,每次或每一阶段语言教育的目标,都是根据幼儿园语言教育的阶段目标提出来的,可以全面地发展幼儿的语言能力。幼儿园语言教育具有计划性,它根据幼儿园语言教育目标、幼儿语言发展的实际状况和发展趋势,有顺序、有步骤地训练幼儿的语言能力,从而保证幼儿园语言教育目标的全面实现。

2. 教师引导幼儿主动参与,使幼儿获得丰富的语言经验

教师应将幼儿的语言学习过程看作是一个整合的过程,与幼儿园其他领域的教育活动紧密结合,引导幼儿主动、积极地参与进来,从而使幼儿获得大量的、丰富的语言经验。幼儿正是通过日常的语言交流和有组织的语言教育活动,获得大量的语言经验,从而实现了语言的发展。

3. 是一项专门的语言学习过程

幼儿除了通过活动和交往在不知不觉中获得有关语言知识外,还需要有专门组织的语言教育活动,让幼儿有集中学习语言知识和发展语言能力的机会。同时,有组织的教育活动还能使幼儿相互交流自己所获得的语言经验,锻炼幼儿在众多同伴或成人面前说话的勇气,建立自信心。另外,语言教育活动中愉快情绪的互相感染,也有助于提高幼儿学习语言的兴趣和敏感性。

二、幼儿园语言教育的意义

1. 促进幼儿语言和行为的社会化进程

促进幼儿语言能力的发展是语言教育的基本任务。在语言教育活动中,成人会为幼儿提供各种各样的语言范例,包括日常对话、故事、诗歌等,让幼儿自己去感知、体会、理解和记忆。幼儿通过学到的语言与周围人进行交流,这种交流有利于幼儿克服自我中心化的言行,使幼儿能够主动适应他人的行为调节,并在此基础上逐渐形成语言的自我调节能力,使其情感、态度、习惯、行为等与社会规范逐渐接近并相吻合。

2. 促进幼儿学习能力和认知能力的发展

幼儿在加工语言的过程中能够使其认知能力得到锻炼与提高。语言教育通过语词、概念向幼儿传递间接经验,有助于扩大幼儿的眼界,提高幼儿的思维能力和想象能力,同样也有助于幼儿学习能力的发展。幼儿在语言输出的加工过程中,需要把话语表达得正确、清楚、完整和连贯,也需要有感知、记忆、思维、想象过程的积极参与。随着幼儿语言水平的提

高,其语言和认知能力的结合也渐趋密切。心理学家普遍认为,儿童早期语言能力的发展是他们认知发展的重要标志。

3. 促进幼儿语言兴趣的提高

听说的兴趣、自信和主动精神都有赖于语言听说能力的提高,而幼儿一旦产生学习语言的兴趣,就会主动寻找学习语言的机会,学习更多的语言符号,尝试更新的言语技巧,其语言的潜能就能得到尽情发挥。

三、幼儿语言的发展阶段

幼儿语言的发展经过发音、理解和表达三个阶段,三阶段的内容一环紧扣一环,具体又可分为以下六个阶段:

(1) 预备期(0～1岁)。预备期是咿呀学语和初步理解阶段,故又称"先声期"。幼儿8个月大时这种发声练习达到高峰,并会改变音量和音调以模仿真正的语言。

(2) 语言发育第一期(1～1.5岁)。语言发育第一期幼儿的语言特色是说单字句。此时期的幼儿能用手势、表情辅助语言来表达需要,能以动物的声音来代替其名,会模仿自己听到的声音,如问"你几岁?",他会鹦鹉式复述"几岁",如同回音般,故医学上称此为"回音语"("回音语"出现在这个阶段,并持续到2岁左右消失,为正常)。

(3) 语言发育第二期(1.5～2岁)。语言发育第二期又称"称呼期",这个时期的幼儿开始知道"物各有名",喜欢问其名称,字句量迅速增加。

(4) 语言发育第三期(2～2.5岁)。在语言发育第三期,幼儿能说短句,会用代词你、我、他,开始接受"母语"所表现的独特的语法习惯,如用感叹句来表示感情,用疑问句询问等。

(5) 语言发育第四期(2.5～3岁)。这个阶段幼儿会使用复杂句,喜欢提问,故又称"好问期"。

(6) 完备期(3～6岁)。在完备期,幼儿说话流利,会用一切词类,并能从成人的言谈中发现语法关系,修正自己错误的、暂时性的语法,逐渐形成真正的语言。

模块二 幼儿园语言教育的目标和内容

一、幼儿园语言教育的目标

幼儿园语言教育目标是学前阶段语言教育目标的重要组成部分,是幼儿园教育总目标在语言领域的具体化,它指出了通过幼儿园语言教育要达到的预期效果。幼儿园教师必须明确:通过幼儿园语言教育要使幼儿的语言获得怎样的发展、达到何种水平,实现什么目标。这样,教育者才能在语言教育过程中有的放矢地选择适合幼儿学习的内容,采用适当的活动方式,并能恰当而有依据地评价语言教育的效果。

从横向或纵向的角度看,幼儿园语言教育目标的结构可分为分类结构和层次结构。

1. 分类结构

幼儿园语言教育目标的分类结构是指语言教育目标的组合构成,包括倾听行为、表述行为、欣赏文学作品行为和早期阅读的培养四个主要部分。

（1）倾听行为的培养。倾听是幼儿感知和理解语言的行为表现，也是幼儿不可缺少的一种行为能力。只有懂得倾听、乐于并善于倾听的人，才能真正理解语言的内容、形式和运用方式，掌握与人进行语言交流的技巧。因此，倾听行为的培养至关重要。

（2）表述行为的培养。表述是以一定的语言内容、形式及运用方式表达和交流个人观点的行为，是幼儿语言学习和语言发展的主要表现之一。只有懂得表述的作用，愿意向别人表达自己的见解，并且具备表述能力，才能真正与人进行语言交流，达到交流的目的。因而，表述行为的培养是幼儿园语言教育目标的重要组成部分。

（3）欣赏文学作品行为的培养。文学作品欣赏活动是感知、理解文学作品并尝试操作艺术语言的行为。文学作品作为通过语言塑造形象、表现生活的艺术作品，带有口语的特点，又不同于口语，它们是艺术与语言的结合体，也是书面语言的反映，对幼儿书面语言的发展及其他方面的学习具有特别的意义。

（4）早期阅读行为的培养。早期阅读是指在幼儿阶段，幼儿凭借色彩、图像、成人语言、标记及文字符号来理解以图画为主的幼儿读物的所有活动，是幼儿从口头语言向书面语言过渡的前期阅读准备和前期书写准备，包括幼儿在学前阶段懂得图书和文字的重要性，愿意阅读图书和辨认汉字，同时掌握一定的阅读和书写的准备技能等。由此可见，早期阅读行为的培养主要在于激发幼儿阅读的兴趣，使幼儿养成良好的阅读习惯，掌握早期阅读的有关技能。

2. 层次结构

依据教育目标的层次结构，幼儿园语言教育目标可以分解为语言教育的总目标、年龄阶段目标和活动目标三个层次。总目标是幼儿园语言教育总的任务要求；年龄阶段目标是幼儿在某一年龄阶段的教育目标，是总目标在各年龄阶段的具体体现；活动目标一般由教师制定，为语言教育的总目标和年龄阶段目标服务，是总目标和年龄阶段目标的最终分解和具体表现形式。

（1）幼儿园语言教育的总目标。幼儿园语言教育的总目标是幼儿园语言教育任务的总体要求，即幼儿园三年语言教育将达成的最终结果，是幼儿园教育总目标的一个组成部分。《纲要》中明确提出幼儿园语言教育的总目标如下：

① 乐意与人交谈，讲话有礼貌。
② 注意倾听对方讲话，能理解日常用语。
③ 能清楚地说出自己想说的事。
④ 喜欢听故事、看图书。
⑤ 能听懂和会说普通话。

由此可以看出，在幼儿园语言教育活动的设计和组织过程中，应以幼儿情感态度的培养为首要价值取向：一是强调幼儿在语言活动中情感态度的培养；二是重视语言情境的创设，培养幼儿对语言运用的兴趣；三是初步规范幼儿的常用语言。

（2）幼儿园语言教育的年龄阶段目标。幼儿园语言教育的年龄阶段目标是语言教育目标的具体化。由于各年龄段幼儿的语言发展水平和特点不尽相同，因此幼儿园语言教育总目标需要逐层体现在不同年龄的幼儿身上。

① 小班幼儿的语言目标。

a. 倾听方面的目标：愿意听教师和同伴讲话；能听懂普通话；听别人说话时能保持安静，

不打断别人说话。

b. 表述方面的目标:愿意学说普通话,喜欢与教师、同伴及成人交谈;懂得在集体面前要大声发言,在个别交谈时音量要适当;会用简单的语言回答问题,表达自己的请求、愿望、感情与需要等;能讲述图片内容和自己感兴趣的事。

c. 欣赏文学作品方面的目标:愿意欣赏并初步感受和理解不同体裁的幼儿文学作品;能独立地念儿歌,讲述简短的句子;能仿编较简单的儿歌、散文和故事等。

d. 早期阅读方面的目标:能够用一段话来讲述一幅图的含义;知道每个字发音不同,所代表的意思也不同;喜欢听成人讲述图书的内容,并尝试自己阅读图书;学习正确的阅读方法,会按顺序翻阅图书,能看出图书画面内容的主要变化。

② 中班幼儿的语言目标。

a. 倾听方面的目标:能礼貌、集中注意力地倾听他人说话;能区分普通话和方言的发音;能理解多重指令。

b. 表述方面的目标:积极学说普通话,发音清楚,积极、有礼貌地参与交谈,不随便插话和打断别人的谈话;说话的音量和语速适当;能用完整的句子较连贯地讲述个人经历及图片内容;能大胆、清楚地表达自己的请求、愿望、情感和需要等。

c. 欣赏文学作品方面的目标:初步了解幼儿文学作品的不同体裁及其构成因素;在理解作品的经验基础上,能够初步归纳作品的主题和作者的思想感情脉络;能富有表情地朗诵诗歌、散文和讲述故事等;能根据作品提供的线索,进行想象和创造,编构作品内容,仿编诗歌和散文等。

d. 早期阅读方面的目标:知道口头语言和文字的对应转换关系;能集中注意力倾听成人讲述图片中画面的文字说明,理解书面语言;能独立阅读图书,理解画面内容;对画面的文字感兴趣,主动学认常见的汉字。

③ 大班幼儿的语言目标。

a. 倾听方面的目标:无论在集体场合还是个别交谈时,均能认真、耐心地倾听他人的讲话;能辨别普通话声调、语调和语气的变化;能理解并执行复杂的多重指令。

b. 表述方面的目标:坚持说普通话,发音准确、清楚,能主动、热情、有礼貌地用正确的交流方式与人交谈;在不同的场合,会用恰当的音量、语速说话;能连贯地讲述事件及准确认识图片和物品;能主动、大胆地使用适当的词、句、语段来表达,乐于参加讨论和辩论,敢于发表不同的意见。

c. 欣赏文学作品方面的目标:理解幼儿文学作品的不同体裁及构成要素;在教师的帮助下,分析作品中的特殊表现手法,体验作品的思想感情脉络;能富有表情地表演故事、童话,朗诵诗歌和散文;能独立创编或与同伴共同创编故事、诗歌和散文的完整内容或部分内容。

d. 早期阅读方面的目标:理解画面内容,能对画面的内容用恰当的扩句和缩句进行合理表述;会保护和修补图书;会用绘画自制图书(可以让幼儿绘制画面或口述画面内容,教师或成人代笔记录画面的文字说明);对学习与文字阅读感兴趣,积极学认常见的汉字;初步认识汉字的间架结构和书写风格,会以正确的笔顺书写自己的姓名及常见的、简单的独体字。

(3) 幼儿园语言教育的活动目标。幼儿园语言教育的总目标和年龄阶段目标一般由专门的教育行政部门或机构制定,而幼儿园语言教育的活动目标一般由幼儿园教师制定,是教师在组织某一具体活动时要达到的目的。在某一个具体活动中,目标可以是活动中要完成的任务,也可以是一个主题系列活动的目标,这些活动都将围绕此目标开展。例如,小班活动"我的一家"将活动目标定位于知道家人的外貌特征并懂得父母的辛苦,可以通过讲述、绘画、手工等多种教学组织形式来达成。

二、幼儿园语言教育的内容

幼儿园语言教育的内容是幼儿园为幼儿提供的语言形式、语言内容和语言运用的基本知识、基本态度和基本行为方式的总和,是幼儿学习语言、获得语言经验的载体。幼儿园语言教育内容既包括教师通过有目的、有计划地组织的专门活动内容,也包括渗透在从幼儿入园的问候、晨间谈话,到幼儿离园时的道别等各个环节及其他领域活动中的语言教育内容。概括起来幼儿园语言教育的内容可分为以下两种类型:专门的语言教育内容和渗透的语言教育内容。

(一)专门的语言教育内容

专门的语言教育内容是根据既定的语言教育目标,通过专门的语言教育活动来呈现的,是语言教育活动设计和组织的主要依据。要想使选择的教育内容能够真正体现教育目标,能够促进幼儿语言的发展,教师需要根据语言教育目标、幼儿心理发展的特点来选择内容,要在幼儿的新旧语言经验间建立联系。专门的语言教育是正规的,是幼儿语言教育的主体。专门的语言教育内容包括:语言要素的学习(语音、词语、语句、语段等)和幼儿文学作品的学习(儿歌、儿童诗、生活故事、童话、寓言、儿童散文、儿童戏剧等)。教师要精心创设语言学习情境,引发幼儿与环境材料、小伙伴及教师积极地相互作用。

(二)渗透的语言教育内容

渗透的语言教育内容就是充分利用幼儿的各种生活和学习经验,在真实的生活情景中为幼儿提供更加广泛的、多种多样的学习语言的机会,使幼儿更好地运用语言获得新的生活经验和其他方面的学习经验。渗透的语言教育内容既可以使幼儿更好地学习语言,也可以促使幼儿在日常生活、游戏和其他学习活动中的语言交往。专门的语言教育内容是必要的,因为专门的语言教育活动和内容为幼儿提供一种比较正式的语言交际环境,使幼儿在教师的直接指导和参与下比较系统地学习语言,以获得满足其全面发展的最基本的语言知识、能力和情感态度。而渗透的语言教育的内容核心,是促进幼儿与教师、同伴之间的有效语言交流。所以,从某种意义上说,渗透的语言教育内容更加重要。渗透的语言教育内容通常出现在以下几种情景中:

1.日常生活中的语言交往

语言是日常生活中建立良好人际关系的工具,可以起到指导和调节人际关系的作用。日常生活中的语言交往,可以帮助幼儿学习在不同场合运用恰当的语言进行表述和交流,同时又将社会文化习俗的学习与语言的学习结合在一起。渗透在幼儿日常生活中的语言教育可以帮助幼儿学会运用礼貌的语言与他人交往,运用语言向他人表达自己的需要和要求,对他人提出的要求做出恰当的应答,运用恰当的语言解决与同伴之间发生的冲突并倾听、理解和执行生活常规及成人的指令。

2.自由游戏中的语言交往

在自由游戏中,语言成为幼儿与同伴进行交往、合作、分享的工具。渗透在自由游戏中的语言教育可以帮助幼儿自主选择游戏的内容、伙伴、材料等,通过协商等语言方式,解决与同伴在游戏内容、材料的选择及游戏规则的制定过程中出现的矛盾冲突。

3. 其他领域活动

在其他领域的活动中，语言也是幼儿学习的工具，发挥着重要的作用。在参与其他领域的活动时，语言交往有利于幼儿正确感知和理解学习内容，增强幼儿对学习内容的认识和表达能力，增加学习的有意性和目的性。渗透在其他领域活动中的语言教育可以帮助幼儿集中注意力倾听教师布置活动任务，帮助幼儿学习运用语言指导观察和操作，并思考事物之间的相互关系，表达对观察对象的感受和认识，理解语言与其他活动内容之间的相互关系，学习运用语言促进相关领域知识的掌握和能力的提高，提高学习的效率。

4. 随机渗透在日常生活中的语言学习

随机渗透在日常生活中的语言学习主要是指教师充分利用各种生活环节，给幼儿提供自由宽松的环境，鼓励幼儿积极进行语言交流，练习听、说和读的基本技能，养成对语言和文字的兴趣，得到语言和文学的熏陶。例如，在饭前饭后让幼儿倾听他们学过的优美的散文、儿歌、故事等文学作品，在午睡起床后或其他环节让幼儿按照一定的规则进行语言操作游戏等。

小案例

以下是对一位语言表达能力弱的孩子的观察分析[①]。

1. 观察前景

小宇的父母都是非常容易沟通的家长，他们愿意全力配合老师，因为他们也希望小宇能在短短的半年时间学到更多本领，并且能够养成良好的习惯。

果然这个月小宇的进步很明显。原本画画时只会用一种颜色涂色的小宇现在会使用丰富的颜色上色啦，而且一幅画也基本成形了，不像上个月根本就不知道他在画什么；原本说着一口地道老家话的小宇这个月已经开始学普通话啦，虽然有时还夹杂着一点老家话，但是小朋友都表示现在能听懂了；原本只会皱着眉头不愿意跟小朋友交流的小宇，现在也会用他不流利的普通话主动和小朋友交流啦；原本……虽然可能在大家看来这些真的不算什么，但是在我看来，我真的感到很欣慰，当看到一个家庭的希望在自己的精心教育下一天一天地成长时，内心的喜悦是无法言表的。

2. 情景再现

自从上次跟小宇父母反映小宇有攻击性行为后，小宇真的改正了，看来他真的是一个聪明上进的孩子，虽然他的基础不好，但是他都在一点一点地改正。由于他的语言表达能力还不是很好，因此现在即使他跟小朋友产生分歧，他也只会皱着眉头，看似一副很想说清楚却又说不清楚的样子，但再也不像以前那样动手打人了。

小宇除了语言表达能力较弱外，动手能力也比较弱。每次学习活动中他都能认真听老师说，有时还会举手发言，但是一到操作时，他又会皱起眉头，不知从何下手了。

---

① 佚名.语言表达能力弱的孩子[EB/OL].(2014-07-20)[2017-11-15]. http://www.smtxjs.com/html/youjiaoziliao/guanca/21969.html.

3. 分析与措施

针对小宇语言表达能力弱的问题，我们班一位各方面能力都较强的女孩儿愿意多与他交流，和他做好朋友。小朋友的学习模仿能力是非常强的，小宇不仅能够练习他的普通话，而且还能学学那个女孩儿解决矛盾的方法。

至于小宇动手能力弱的问题，在以后的学习活动操作中我会更加关注小宇，并且在区域游戏中，我会鼓励小宇多去需要动手的区域游戏，如手工区、科探区、益智区等。

我们都看到了小宇一点一滴的进步，这离不开家长的辛勤关注与教导。只有家园合作，才能达到家园共育的效果，我期待小宇取得更大的进步！

模块三 幼儿园语言教育的方法和途径

一、幼儿园语言教育的方法

幼儿园语言教育，实质上是成人为发展幼儿的语言创设条件和提供机会，让幼儿参与各种丰富多彩的活动，在与人、物、环境、材料等的交互作用过程中，学习语言、发展语言。幼儿园语言教育的方法是根据幼儿语言发展理论、幼儿学习语言的规律、幼儿语言教育的目标及多年来幼儿语言教育实践经验归纳出来的，一般的方法有示范法、视听讲做结合法、游戏法、练习法、表演法等。

1. 示范法

示范法是指教师通过自身的规范化语言，为幼儿提供语言学习的样板，让幼儿始终在良好的语言环境中自然地模仿学习的教育方法，有时也可以由发展较好的幼儿来示范。示范法的具体运用要求如下：

（1）示范语言一定要规范、到位。幼儿教师说话时，除了要咬字清楚、发音准确、辅以自然的表情和恰当的手势外，还要注意语言的表达，包括运用适当的音量、语调、语速等。教师的语言示范必须做到正确、清楚、响亮，而且要富于表现力和感染力。

（2）要把握好示范的时机和力度。对于语言教育中一些新的、幼儿不易掌握的学习内容，如难发准的音、新学习的词句、人物的对话、连贯的讲述、需要幼儿作为仿编参照的原词原句等，教师要反复地重点示范，让幼儿有意识地进行模仿学习。

（3）要恰当地运用"显性示范"和"隐性示范"手段。在语言教育中，教师要恰当地处理好"显性示范"和"隐性示范"两种手段的运用。对于教学中的重点和难点问题，教师必须依据幼儿语言发展的水平和特点恰当地选用不同的示范方法。

（4）要积极观察幼儿的语言表现，妥善地运用强化原则。教师要关注幼儿在各种活动中的语言表现，善于发现幼儿语言发展的差异，因材施教；要随时鼓励幼儿正确的语言行为和习惯,并加以强化。同时,教师也要及时指出错误,尽量避免幼儿重复不正确的语言,但也要避免对幼儿语言中的错误过于挑剔,以免打击幼儿学习的积极性。

2.视听讲做结合法

"视"是指教师提供具体形象的讲述对象,让幼儿充分观察;"听"是指教师用语言描述、启发、引导、暗示、示范等,让幼儿充分感知与领会;"讲"是指幼儿在感知理解的基础上,充分地表述个人的认识;"做"是指教师给幼儿提供一定的想象空间,通过幼儿的参与或独立的操作活动,帮助幼儿充分构思,从而组织起更加丰富、连贯、完整、富有创造性的语言进行表述。视听讲做结合法的四个方面必须有机地结合,"视""听""做"都是为"讲"服务的,在"讲"的过程中,促进幼儿语言能力的发展。

视听讲做结合法在具体运用时应注意以下问题:

(1)辅助材料应来自幼儿的生活。教师所提供的语言教育辅助材料,应该是幼儿接触过的、较熟悉的或符合幼儿认识特点的,这样,才能被幼儿理解,才能更好地促进幼儿的语言发展。例如,在童话故事《乌鸦喝水》的教育活动中,教师可以制作森林的背景画面及乌鸦的形象,为孩子们提供生动的视觉形象,当故事讲到乌鸦用什么办法才能喝到半瓶水时,教师可根据幼儿的回答给他们提供半瓶水、小石块、沙子、树叶等生活中常见的辅助材料,让幼儿动手操作,在实践操作中发现什么材料放到瓶子里能使乌鸦喝到水,同时让幼儿边操作边讲述,使讲述更加生动形象。

(2)留有一定的时间和空间。在观察、讲述对象时,教师要留给幼儿一定的观察时间和空间,使幼儿有足够的时间对观察的对象进行感知和理解。例如,许多看图讲述、实物讲述、情景表演等,都必须让幼儿有一定的时间仔细看图、看实物、看表演,从而理解讲述对象,也可以通过知觉和听觉等多方面去感知和理解讲述对象,这样才能通过"视""听""做"等方法,最后为幼儿更好地"讲"做准备。

(3)教师的提问要具有开放性。教师的提问要有顺序性、启发性,有助于幼儿开放性的构思与表达。

总之,运用视听讲做结合法让幼儿学习语言,可使幼儿运用多种感官参与学习,在促进语言发展的同时,也获得了认知发展。

小活动

大班早期阅读教育活动:散文《秋天的色彩》[①]

【活动目标】

(1)随着语言环境认读汉字:果山、树林、花园、田野,审美体验秋天的色彩美。

(2)在阅读中丰富词汇,学习运用"黄澄澄""金灿灿""红彤彤""五颜六色"等词语讲述画面的主要内容,审美想象秋天的色彩美。

---

① 姬从侠,赵博文.大班早期阅读教育活动:散文《秋天的色彩》设计方案[EB/OL].(2010-12-03)[2017-11-28].http://blog.sina.com.cn/s/blog_7036bd280100o3q7.html.

(3)在复述文本内容的过程中,审美创造秋天的色彩美,感悟文本的价值取向。

【活动准备】

(1)动物头饰及秋天的图片。

(2)背景图《秋天的色彩》。

(3)字卡:果山、树林、花园、田野。

【活动过程】

一、创设情境,谈话导入

(1)师幼互动,启发谈话。

教师引导:"(出示熊猫手偶)小朋友们好!秋姑娘悄悄地来到我们身边,你们感受到她了吗?说出自己观察到的秋天的景象。"

(2)重温儿歌《秋天到》,让幼儿感受秋天的色彩、秋天的丰硕。

(3)导入活动:"秋天就是这样多姿多彩,今天,我们一起走进这如画的世界。"

二、听录音,初步感知散文内容

(1)教师提示:"听散文时你发现了什么?他们都画了什么地方的色彩?为什么要画画?"

(此环节运用了全语言教学的理念及方法,让幼儿整体感知、理解文本所描绘的内容和作者想要表达的情感)

(2)幼儿回答以上问题,教师出示图片。

三、幼儿自由阅读画面内容,相互交流观察到的对象和感受

(1)幼儿自由阅读画面内容。

教师提示:"请注意观察每一幅图是谁画的?画的是什么季节、什么地方景物的色彩?看后你有什么感受和想法?认真看,仔细想,一会儿讲给小朋友们听。"

(2)幼儿利用已有的阅读经验,自由结伴相互交流观察到的对象和感受。

(此环节的设置是为了给每位幼儿创设一个开口讲话的机会,体现教育的公平性)

四、听录音,图文对照,集体阅读小猴、小松鼠画的内容,并用提问的方式引进新的阅读经验

(学习"红彤彤的××""黄澄澄的××""红彤彤的××""紫盈盈的××"等词汇;学习汉字"果山""树林"等)

(1)听录音,观察小猴画的画,讲内容,谈感受。

教师提问:"小猴画的是什么地方的色彩?画面中有哪些果子?分别是什么颜色?"

幼儿1:"小猴画的是水果,是果山的色彩。"(教师出示汉字"果山")

幼儿2:"画面中有红彤彤的苹果、黄澄澄的梨、黄亮亮的橘子、紫盈盈的葡萄。"

幼儿3:"他们分别是红色的、黄色的、橙色的和紫色的。"

教师:"看到这么美丽的果园,你有什么感受和想法?"

(2)听录音,观察小松鼠画的画,讲内容,谈感受。

教师提问:"小松鼠画的是什么地方的色彩?树叶是什么颜色?"

幼儿1:"小松鼠画的是树林。"(教师出示汉字"树林")

幼儿2:"梧桐叶变黄了。"

教师追问:"黄得像什么?"

幼儿3:"枫叶变红了。"

教师追问:"红得像什么?"

幼儿4:"还把叶子比作蝴蝶呢!"

教师追问:"为什么说树叶像蝴蝶?"

教师:"看到这么秀丽的树林,你有什么感受和想法?"

五、听录音,图文对照,幼儿自由阅读小兔子、小花猫画的内容,迁移新的阅读经验,并提出问题,相互对话

(学习运用"五颜六色""金灿灿"等词汇;学习汉字"花园""田野")

1.学习方法迁移(上下文迁移)

(1)幼儿自由阅读小兔子画的画,提问题,讲内容,谈感受。

幼儿1:"小兔子画的是什么地方的色彩?菊花漂亮吗?谁能用一个词语来说说它的美?"

幼儿2:"小兔子画的是花园的色彩。"(教师出示汉字"花园")

幼儿3:"菊花五颜六色、千姿百态,漂亮极了!"

幼儿4:"看到这么怡人的花园,你有什么感受和想法?"

(2)幼儿自由阅读小花猫画的画,提问题,讲内容,谈感受。

幼儿1:"小花猫画的是什么地方的色彩?"

幼儿2:"小花猫画的是田野的色彩。"(教师出示汉字"田野")

幼儿3:"田野里有哪些农作物?"

幼儿4:"田野里有稻谷、玉米、高粱、大豆。"

幼儿5:"它们都是什么颜色的?"

幼儿6:"金黄色的稻谷,金灿灿的玉米,红的高粱,黄的大豆。"

幼儿7:"看到果实累累的田野,你有什么感受和想法?"

(这个环节主要是为幼儿个体阅读积累经验,为幼儿成为流畅阅读者的策略预备能力做启蒙铺垫。质疑的策略预备技能是其中的一种技能。加之这个环节与上面的两个环节在阅读内容和阅读方法上都有雷同之处,让幼儿学习前面两幅图的阅读方法,自己听录音阅读画面,问一问,说一说,提出问题,解决问题,养成思考的好习惯)

2.联系已有的生活经验,延伸迁移新的阅读经验

教师提示:"小朋友们,除了图上画的果山、树林、花园、田野的色彩让人们感受到了秋天的气息外,你们在哪里还听到了秋天的脚步声,看到了秋天的色彩,闻到了秋天的香味?"

(1)结伴讲述。

(2)指名讲述。

六、图文对照,阅读文本

1.图文对照,集体学习最后一句话——"秋天的色彩,多么美丽呀!"

(1)教师:"小朋友们,你们看了这几幅画后,会给爸爸、妈妈说什么?"

(2)教师:"猜猜看,熊猫老师看了这四幅图画后,会说什么?"

（此环节是对幼儿情感态度阅读经验的积累，让每位幼儿感受到秋天的色彩是美丽的。通过开放式提问的方式，让具有不同阅读经验的幼儿都有话可讲、有感可发，达到每个幼儿都受益的目的）

(3) 集体朗读：熊猫老师高兴地说："秋天的色彩，多么美丽呀！"

2. 图文对照，朗读散文《秋天的色彩》

(1) 教师示范朗读。

(2) 幼儿跟读：跟着老师朗读；跟着录音机朗读。

教师提示："小朋友们读时要小声，注意模仿录音中的语音、语调、语气。"

(3) 幼儿集体朗读。

教师提示："小朋友，让我们一起怀着对秋天的爱来朗读这篇散文。"

（此环节的设计是为了培养幼儿的朗读能力。跟读可使幼儿眼、手、脑、口、耳五种感官并用、协调一致。朗读就是让幼儿摆脱录音，独立地阅读。培养朗读能力是培养阅读能力的一个有机组成部分。朗读有助于培养幼儿的语感；朗读可以生动、形象地再现文章的内容和情感；朗读能及时反映出幼儿对文章理解的程度。所以我国传统的阅读教学非常重视朗读）

【活动延伸】

请幼儿画出自己心中秋天的色彩，为第二个教学活动做准备。

附：

秋天的色彩

上图画课了，熊猫老师要求小动物们画出自己看到的秋天的色彩。

小猴子画的是果山。黄澄澄的梨，红彤彤的苹果，黄亮亮的橘子，紫盈盈的葡萄，真馋人呀！

小松鼠画的是树林。梧桐叶变黄了，枫叶变红了，像蝴蝶一样从天上飘落下来，真有趣呀！

小兔子画的是花园。美丽的菊花开放了，白的如雪，红的如霞，绿的如玉，五颜六色，真迷人呀！

小花猫画的是田野。农作物成熟了，稻海翻起金色的波浪，高粱举起燃烧的火把，玉米长出紫色的胡须，豆子披着黄色的盔甲，真喜人呀！

熊猫老师高兴地说："秋天的色彩，多么美丽呀！"

3. 游戏法

游戏法是指教师运用有规则的游戏训练幼儿正确发音，丰富幼儿词汇和句式的一种方法。游戏符合幼儿的年龄特点，运用游戏法的目的在于提高幼儿的学习兴趣，集中幼儿的注意力，促进幼儿各种感官和大脑的积极活动。游戏法是幼儿园语言教育中常见的活动方式之一。运用游戏法时应注意以下两点：

(1) 根据幼儿园语言教育的目标和内容选择和编制游戏，要求目标明确、规则具体，便于幼儿理解，达到训练语言能力的目的。

(2) 在运用游戏法的同时，可配合使用教具或学具。

4.练习法

练习法是指有意识地让幼儿多次使用同一个语言因素（如语音、词汇、句子等），或训练幼儿某方面语言技能技巧的一种方法。通过练习，幼儿可以加深理解语言教育中的有关内容，牢固掌握有关的语言知识，熟练运用语言技能。

运用练习法时要注意以下几点：

（1）明确练习要求并逐步提高练习要求。

（2）要求幼儿在理解内容的基础上进行具有独创性的练习，避免简单、枯燥的重复。

（3）练习方式应生动活泼，形式应变换多样，从而调动幼儿练习的积极性。

5.表演法

表演法是指在教师的指导下，幼儿扮演文学作品中的人物，根据作品情节的发展，通过对话、动作、表情等再现文学作品，以提高口语表现力的一种方法。

运用表演法时应注意以下三点：

（1）表演法必须在幼儿理解诗歌、散文、绕口令等作品内容，并能熟练朗读的基础上运用。

（2）鼓励幼儿在故事表演中创新内容和增加情节与对话，大胆发展故事情节，恰当地进行动作设计和人物的心理刻画。

（3）努力为全体幼儿提供参与表演的机会。

小案例

> 故事《三只蝴蝶》的导入方式为：邀请三个小朋友扮演蝴蝶，三个小朋友扮演三种花，一个小朋友扮演太阳公公，教师讲叙述性的话。
>
> 教师："小朋友，你们看我们班飞来了三只美丽的蝴蝶（带着蝴蝶头饰的小朋友飞上来）。"
>
> 幼儿小眼睛目不转睛地盯着看三只飞上来的蝴蝶。
>
> 教师："小朋友，你们再看，在你们的红、黄、蓝三队里还有三朵美丽的小花呢！她们分别是红花姐姐、黄花姐姐、白花姐姐。"（三朵表演花的小朋友在介绍时点头示意）
>
> 幼儿小手不停地鼓掌。
>
> 教师："（教师示意太阳公公自己上台介绍）下面就请他们为我们表演《三只蝴蝶》的故事吧。"
>
> 幼儿齐声说"好！"
>
> 这种导入方法就是表演法导入，是由教师事先排练一段情景表演，活动开始时让幼儿观看，随着情节引出问题，让幼儿就引出的问题展开讨论，进一步引入新内容。表演法一般适合表演性强的故事，这种生动形象的表演一下子就能调动幼儿学习的积极性，幼儿在欣赏的过程中就能感知故事，激起他们学习故事的欲望[①]。

---

① 佚名.幼儿园教育活动设计与指导案例集[EB/OL].[2018-02-28].http://jz.docin.com/p-260711754.html.节选.

二、幼儿园语言教育的途径

幼儿园语言教育的途径包括专门的语言教育活动和渗透性语言教育活动。

（一）专门的语言教育活动

专门的语言教育活动是指教师为幼儿提供与语言进行充分互动的环境，有目的、有计划地组织、指导幼儿进行语言学习的活动。专门的语言教育活动把语言作为幼儿学习的对象，是语言教育的主要途径，也是实现语言教育目标的重要途径。

专门的语言教育活动包括谈话活动、讲述活动、听说游戏、文学作品学习活动、早期阅读活动。

1. 谈话活动

幼儿园的谈话活动是指从培养幼儿语言能力的角度出发，为幼儿创设一种特别的语言情境，帮助幼儿学习运用口头语言与他人进行交谈的活动。在各种类型的幼儿园语言教育活动中，谈话活动具有独特的促进幼儿语言发展的功能。近年来有关幼儿语言发展的研究，尤其是对幼儿语言运用能力发展的研究，使人们逐渐认识到，谈话活动是幼儿园语言教育不可缺少的一种类型。幼儿刚到幼儿园的时候，虽然已经具有了一定的语言表达能力，但是他们与人交谈的行为显然还是处于刚刚萌生的阶段。幼儿园的谈话活动着重培养幼儿的语言运用能力和与人交往的能力。谈话活动能激发幼儿与他人交谈的兴趣，帮助幼儿学习谈话的基本规则，增强幼儿通过交流获取信息的能力，并且引导幼儿关注周围的生活，促进幼儿建立良好的同伴关系。

2. 讲述活动

讲述是指用完整的句子、连贯的语言围绕一个主题描述事物、表达思想的活动。有研究认为，讲述活动是发展幼儿独白语言的教育方式，对幼儿语言的目的性、独立性、创造性和连贯性，以及幼儿的思维、记忆、想象等方面都有很好的促进作用。幼儿园的讲述活动为幼儿创设一个相对正式的语言运用场合，要求幼儿依据一定的凭借物，使用比较规范的语言来表达个人对某事、某物或者某人的认识，进行语言交流。可以说，讲述活动对于培养幼儿的语言表达能力具有特别的作用。讲述活动能够有效提高幼儿的语言水平，同时对幼儿的认知、社会化发展等也会产生良好的影响，可以培养幼儿的讲述能力，锻炼幼儿的独白语言，教给幼儿认识事物的方法并发展幼儿的思维和想象能力。根据凭借物的特点，讲述活动可以分为看图讲述、实物讲述和情景表演讲述三种。

3. 听说游戏

一提起"游戏"，人们便不由自主地想起那些幼儿常玩的"娃娃家""沙箱"等，听说游戏显然与此有较大的区别。听说游戏不是幼儿自发组织的游戏，而是由教师设计组织的、有明确的语言学习目标、有明确的语义内容的游戏。听说游戏并不是语言游戏，而是语言教学的游戏，主要集中在幼儿听和说的理解和表达方面，为培养幼儿倾听和表述能力而专门设计的、用游戏的形式组织的语言教育活动。

4. 文学作品学习活动

喜欢文学作品是幼儿的一种天性，幼儿对童话故事和儿歌等充满浓厚的兴趣。然而，念一首儿歌或听一个故事,对幼儿来说并不是简单的学习。文学作品对幼儿发展所产生的潜移默化的作用,有着远远超过人们已有认识的意义。文学作品学习活动是从文学作品入手,围绕文学作品教学开展的活动,常常整合与其相关的其他学科内容的活动,使得幼儿有更多的机会认识某一个文学作品中表现的社会生活内容,加深幼儿对作品的感知和理解。幼儿的语言发展是通过个体与外界环境中各种语言和非语言信息交互作用逐步实现的。因而,幼儿园的文学作品学习活动应当着重引导幼儿积极地与文学作品相互作用,在这一过程中通过多种操作途径让幼儿得到发展。

动画
二十四节气歌

5. 早期阅读活动

近几年来,我国幼教界开始关注幼儿的早期阅读问题,教育理论工作者和实践工作者从不同的角度提倡重视幼儿的早期阅读。早期阅读是幼儿接触书面语言的途径,能使幼儿通过接触书面语言获得与书面语言有关的态度、期望、情感和行为,培养幼儿认识世界的基本能力,发展其终身学习的能力。早期阅读可以扩大幼儿的生活、学习范围,使幼儿建立初步的"读写"自信心,帮助幼儿了解书面语言的特点和功能,为正式的阅读做准备,并提高幼儿自我调适的能力,同时能让幼儿体会、分享阅读的乐趣。总之,幼儿的早期阅读不仅可以帮助他们掌握书面语言的知识、态度和技能,而且有利于幼儿借助符号,如文字、手势、在纸上创造的符号、泥捏的物品等来表达他们的经历、情感和想法,可以帮助幼儿超越时空去创造虚幻的世界。

(二)**渗透性语言教育活动**

日常生活和游戏为幼儿提供了大量的语言交往机会,使幼儿通过实践、练习、巩固、理解和运用语言。日常生活和游戏还为幼儿提供了有关各种事物和人际交往的丰富经验,为幼儿的语言活动积累了素材。通过日常生活中的一些主题活动,教师可以对幼儿的语言学习进行有针对性的指导。渗透性语言教育活动打破了纯学科的幼儿语言教育的界限,语言教育渗透融合于各领域教育之中,把语言教育的内容、目的、手段、方法进行多样化、多层次的整合,充分挖掘和有效利用各领域内部及各领域之间的内在联系,从而提高幼儿语言教育的成效,有效地促进幼儿语言的全面发展。

1. 在日常交往中指导幼儿学习语言

无论在家还是在幼儿园,幼儿在日常生活中总是有意无意地与教师、同伴及家长进行语言交往。这些发生在生活中的自然交往情景,为教师和家长对幼儿进行语言教育提供了很好的机会。成人可以通过日常交往了解幼儿语言发展的现状,在交往中为孩子提供语言示范,丰富幼儿的词汇,还可以在帮助幼儿建立生活常规的过程中提高幼儿理解和按语言指令行动的能力。

2. 通过常规主题活动发展幼儿的语言

常规主题活动是指幼儿园组织幼儿定期参加的,围绕某个话题展开的语言活动。得当的常规主题活动中可以调动幼儿极大的热情,丰富幼儿的语言,锻炼幼儿的语言能力。

3. 通过区角活动发展幼儿的交往语言

语言角的主要作用是让幼儿练习口语表达。活动区的设立为幼儿自主选择游戏内容提供了多种可能性,同时也增加了幼儿之间的交往机会。教师要鼓励幼儿同伴之间的谈话,并利用巡回指导的机会引导幼儿扩展谈话内容。

模块四　幼儿园语言教育活动设计、组织与指导

一、幼儿园语言教育活动设计

在组织教育活动之前,教师需要进行活动方案的设计,包括制定活动目标、选择活动内容等。

1. 活动目标的制定

制定语言教育活动的目标,是语言教育活动设计中最重要的一环,是整个活动的出发点及归宿。教师制定活动目标时应遵循以下原则:

(1) 目标应着眼于幼儿的全面发展。目标的制定应尊重幼儿语言发展的规律,并考虑幼儿已有的发展水平,同时应将促进幼儿的语言内容、语言形式和语言技能的发展作为最终目标。教师在设计语言教育活动时,要有将促进幼儿的语言发展作为最终落脚点的意识,防止语言教育活动偏离目标而成为其他类型的活动。

(2) 目标应层层相扣、对照统一。具体的活动目标要为年龄阶段目标和总目标服务,反过来,总目标和年龄阶段目标要通过一个个具体的活动目标落实到每个幼儿身上。从长远来看,通过若干个活动目标的积累,最终构成了阶段目标和总目标。每一项活动都要根据幼儿的年龄特征和发展水平,由浅入深、循序渐进地开展,使幼儿从感性认识到理性认识、从具体到抽象地获得语言经验,从而实现活动目标。

(3) 目标的内容应体现认知、情感态度、能力三个方面。通俗地讲,语言教育目标就是通过活动究竟想让幼儿知道什么,愿意做什么,能够干什么。第一方面,幼儿语言教育活动应涉及知识概念的学习,包括所获得知识的数量和种类,以及操作这些知识的技能和能力。例如,让幼儿掌握多少词汇,掌握多少句式,以及懂得在什么样的语境下运用这些词汇和句法。第二方面,应涉及情感态度的培养,包括兴趣、态度和价值观等。例如,要使幼儿持有耐心和有礼貌地倾听别人说话的态度,产生在集体面前讲述自己经历的事或图片内容的兴趣,懂得并遵守语言交往中的一般规则。第三方面,应涉及能力的训练,包括组词成句的能力和在具体语境中运用语言的能力。例如,能根据不同的听者、不同的语境,恰当地运用词汇、语法和语调;能用连贯的语句表明自己所要表达的意思,也能听懂别人所表达的意思。

(4) 语言教育活动目标的表述应采用特定的术语。通常可以用幼儿的学习行为变化进行描述。例如,能清楚连贯地谈论自己过生日的情景,表达自己的愉快心情等。一个恰当的目标应能成功地向别人传达教师的教育意图,应便于观察者在活动后通过幼儿的行为变化,对教育活动加以评价。

表述活动目标时应注意以下几点:首先,从认识、情感态度、能力三个方面促进幼儿的发展,措辞中常常使用"喜欢""乐意""能""知道"等词汇进行描述,关注幼儿学习的过程,以真正体现"以人为本"的教育理念;其次,应站在幼儿的角度而不是教师的角度来表述目标,如用"能"而不是用"引导""帮助""培养""鼓励"等,而且要求应该是本次活动中确实想要达到

(具有可行性)的,而不是大而空的套话。

> **小案例**
>
> 故事《松鼠宝宝做客》(小班)教学活动目标设计分析如下:
> 松鼠宝宝去奶奶家做客,它敲敲门说:"奶奶,请开门,我来了。"
> "啊,宝宝来了,欢迎欢迎,快请进!"
> 松鼠奶奶请松鼠宝宝吃花生。"唔,花生真香!"
> 松鼠奶奶请松鼠宝宝吃饼干。"唔,饼干真香!"
> "吃完花生和饼干,再喝一杯牛奶吧!"
> "谢谢奶奶,我要回家了。再见!"
> 松鼠宝宝走了,奶奶叹了一口气"唉"。
> 松鼠奶奶好孤独啊。
> "笃笃笃",咦,松鼠宝宝怎么又回来了?
> "奶奶,我有水果糖,很甜的,给你吃!"
> 松鼠奶奶眯眯笑,一把抱住了松鼠宝宝。
> 某幼儿园的一位教师在小班开展此活动时,她是这样制定目标的:
> 活动目标:
> (1)听听看看,了解松鼠宝宝上奶奶家做客的情节,并能用语言表达。
> (2)突出故事中的三个情感点,体验奶奶爱宝宝、宝宝爱奶奶的情感。
> (3)掌握人际交往中的基本礼貌用语,具有初步的交际能力。
> 从以上活动目标中,我们可以看出:
> 认知目标——掌握人际交往中的基本礼貌用语。
> 情感态度的目标——体验情感。
> 能力目标——了解情节,并用语言表达;具有初步的交际能力[①]。

2.活动内容的选择

语言教育活动的内容是实现教育目标的手段,是将目标转化为幼儿发展的中间环节,也是活动设计和组织的主要依据。因此,活动内容的选择决定了活动是否能够达成目标。活动内容的选择应遵循以下要求:

(1)根据目标选择活动内容。教师在选择活动内容时要以活动目标为出发点。根据目标选择活动内容,并不是说目标和内容必须一一对应。实际上,一项目标往往要通过多种内容来达到,一种内容也可以同时体现几项目标的要求。

(2)根据幼儿心理发展的特点及语言发展水平选择内容。教师在选择活动内容时应考

---

① 佚名.如何设计幼儿园语言教育活动的目标[EB/OL].(2013-02-17)[2017-11-16]. http://blog.sina.com.cn/s/blog_5fafdce90101c16z.html.

虑到幼儿心理发展的特点。例如，模仿是幼儿心理发展的一个特点，成人的语言、动作、情绪、态度、习惯等，无一不成为幼儿模仿的对象，因此，教师在设计和组织教育活动时，要通过直接或间接的语言示范，给幼儿提供大量的、规范的语言让其模仿，使幼儿在不知不觉的模仿中习得有关的语言，获得语境与语言之间关系的感悟力。要使语言教育活动提供的语言经验能够被幼儿获取，成为他们自身语言经验体系的一部分，在选择活动内容时，就要考虑幼儿的现有语言经验和发展水平，并与新语言建立起联系。另外，根据《纲要》的规定，教育活动内容的选择既要符合幼儿的兴趣和现有经验，又要有一定的挑战性，既要贴近幼儿的生活，又有助于拓展幼儿的经验。可见，教师在选择语言教学活动内容时应从幼儿的实际出发，选择的内容要贴近幼儿的生活，是幼儿所熟悉的、感兴趣的。活动内容应有以下特点：形象、鲜明、生动；作品结构简单，情节有趣，如《小熊砍树》《乌鸦喝水》《小红帽》《小山羊和狼》等作品；作品的语言浅显易懂，如《春天来了》《秋天的雨》《家》《梦》《伞》等散文、诗歌，不仅意境优美，而且语言浅显易懂、朗朗上口。

3. 活动的设计

活动的设计应考虑以下两点：首先，教师应重视对活动结构的研究，这样在活动设计中才能充分体现每一类活动的特色和价值；其次，在活动设计的过程中应考虑如何最大限度地实现让幼儿主动学习。设计教育活动时，应遵循以下原则：

(1) 注重幼儿获得经验的原则。设计任何一组或一个语言教育活动，教师都必须注重幼儿的语言经验。只有以幼儿获得语言经验为出发点，才能保证设计出来的活动符合幼儿语言发展的需要，才能使设计的活动对幼儿的语言发展真正起到促进作用。注重幼儿获得经验的原则包含以下两层意思。一是考虑教育对象现有的发展水平，即他们已经获得的经验。教师如果不掌握本班幼儿已有的语言发展水平，设计的活动就可能成为无的放矢的活动，如组织小班幼儿进行情境谈话"做客"，教师就需要观察了解本班幼儿已有的经验，是否已掌握了一般做客时所用的礼貌语言等。二是考虑为幼儿提供一些新的经验，这些新的语言经验应当建立在幼儿已经获得的经验的基础上，如当幼儿参与情境谈话"做客"活动时，教师可引导他们进一步理解和掌握"做客"的交往方式和语言运用方式，原有经验和新的内容会引发幼儿较强烈的学习兴趣。因此，新的语言经验对参与活动的幼儿来说，是"跳一跳、够得着"的果实，有一定的挑战性。当幼儿积极参与活动时，他们可以通过学习，将这部分新的经验内容再次吸收转化为已经获得的经验。

(2) 教师与幼儿互相作用的原则。教师在设计语言教育活动时，要考虑幼儿在活动中的主体地位和教师在活动中的主导作用的比例关系。当然，幼儿和教师在活动中的主体和主导关系是相互作用的，会根据具体的活动内容、活动要求发生变化。当需要时，教师在活动中的主导作用发挥得多一些；当不需要时，教师的主导作用就发挥得少一些。

(3) 不同领域相互渗透的原则。在语言教育活动中，幼儿学习吸收的主要是语言信息，也包括与语言有关的其他信息。例如，语言教育活动中除了有语言外，还可能有音乐、美术、动作等不同发展领域的活动因素。

(4) 面向全体、重视个别差异的原则。教师在设计语言教育活动时，应具有正确的幼儿观和教育观，要使设计的活动既面向全体幼儿，又重视个别差异。面向全体幼儿，是指教师要了解参加活动的全体幼儿的需求，教师要站在教育对象的角度去思考这个问题，把握活动设计的尺度，使活动设计能照顾到各个方面。例如，组织谈话活动，教师应注意本班幼儿已有的谈话经验和他们可能共同感兴趣的话题,以及他们的语音、语义、语法和语用水平。又如,让本班幼儿谈论去商店买东西,将主题定在"买玩具""买食品"上,就比较适合幼儿的普遍需要,也能较好地引发幼儿的兴趣。

二、幼儿园语言教育活动组织

活动的实施是原有设计方案的展开,但不是原封不动地照搬,而是再创造的过程。教师在设计活动方案时,要制定语言教育活动的目标,要选择能实现目标的具体内容,要选择与内容相适应的活动方式等。因此,教师设计语言教育活动,就是将一定的活动目标、内容和方式转化成一个个具体方案的过程,也是对幼儿有计划、有组织、有目的地施加教育影响的具体体现。在组织实施活动的过程中,教育者应根据幼儿的反应进行适宜的调整,调整的目的是让幼儿获得更好的发展。

语言教育活动的组织应遵循以下原则:

(1) 使幼儿发挥其积极主动性的原则。幼儿的发展应伴随着其积极主动的态度。组织活动时教师必须做到以下几点:

① 激发幼儿活动的动机。在幼儿园教育环境中,幼儿的活动是在教师的组织下进行的一种有目的的学习活动,是由一定的动机引起的。因此,教师如果在组织活动的过程中能成功地激发幼儿的动机,那么就可以使活动产生良好的效果。

② 明确活动的对象。无论是教师的活动还是幼儿的活动,都要指向一定的对象。活动对象的不同也导致了活动之间的差别。因此,教师在组织语言教育活动时,一定要明确活动的对象,只有这样才能将这一活动与其他活动区别开来。

③ 重视幼儿在活动中的操作。幼儿的活动是通过一系列的动作实现的,而实现动作的方式就是操作。操作包括动手操作、动脑操作和动口操作等。在语言教育活动中,幼儿操作的方式主要为语言操作(动口操作)。因此,教师在组织语言教育活动时,要充分创造语言操作的条件,让幼儿在操作中习得和巩固语言知识和技能。

(2) 促进幼儿语言发展的原则。幼儿园语言教育活动的最终目标是促进幼儿语言的发展。组织活动时教师必须做到以下几点:

① 了解语言教育领域的目标。要使幼儿通过有组织的教育活动获得语言发展,就要了解语言教育这一领域的目标,这样才能使幼儿的发展有明确的指向,也才能使幼儿的发展有一个可以测量的尺度。

② 语言教育活动的落脚点是幼儿的语言发展。语言教育活动的形式是多样的,内容也是丰富的,但教师在指导思想上都应明确:促进幼儿语言的发展是语言教育的落脚点,千万不可为了求得活动的表面热闹而忘记语言教育活动的根本目标。

③ 按照幼儿语言发展的规律组织活动。贯彻促进幼儿语言发展的原则,还要求教师在组织教育活动时,遵循幼儿语言发展的规律,不可任意超前,也不可盲目滞后。

(3) 自由与规范统一的原则。幼儿园语言教育本身需要极大的创新,具体到语言教学过程中,就是教师要创造性地教,幼儿要创造性地学。组织活动教师必须做到以下几点:

① 为幼儿提供自由说话的机会。教师在组织语言教育活动的过程中,应该创设让幼儿自由说话的机会。不论是哪一类活动,教师都要提供一定的时间和空间,让幼儿运用已有的语言经验自由地交谈,即使在幼儿获得了新的语言经验之后,也要允许他们在一定规范的范

围内自由练习所习得的新的语言经验。

②引导幼儿养成运用规范语言的习惯。语言教育的目的是使幼儿掌握规范的语言,在为幼儿创造自由运用语言机会的同时,也不可脱离规范的要求。因此,教师在组织语言教育活动时,要在语言形式、语言内容和语言运用方面,对幼儿提出规范的要求。

(4)示范与练习结合的原则。幼儿语言的发展需要依靠幼儿在不同环境中对其掌握的语言进行理解和运用。组织活动时教师必须做到以下几点:

①教师的示范不要限制幼儿的思维。教师在实际运用示范这一方法时,应鼓励幼儿在模仿的基础上大胆创新,不要让教师的示范限制了幼儿的思维。

②注意运用隐性示范。对幼儿语言教育来说,单纯运用显性示范显得太单调,而且也不符合幼儿心理发展的特点。因此,在幼儿语言教育活动中,要求教师以一个参与者的身份与幼儿平等地进行活动,在活动中运用隐性示范。

③提供充分练习的机会。练习是幼儿学习语言的重要方法。通过练习,幼儿可以加深对语言教育有关内容的理解,掌握有关的语言知识,熟练运用语言技能。因此,当教师给予幼儿某种语言示范之后,就要提供充分的时间和空间,让幼儿进行练习。

三、幼儿园语言教育活动指导

活动设计的结果是一份完整的静态计划,而活动的组织实施,由于幼儿的参与,成了一系列动态发展的进程。在整个活动过程中,需要解决不少问题,如教师如何全面实施计划,如何最大限度地调动幼儿学习和发展的主动性和积极性,如何使幼儿有更多的机会参与活动,如何使全体幼儿在各自的基础上获得语言的发展和提高,等等,对待和处理好这一系列问题,是一种高水平教育艺术的体现。因此,每位教师必须认真对待以上问题,及时调整自己的语言、态度和情感,以发挥最大的组织作用。

在语言教育活动的实施中,教师可通过下列方式发挥良好的中介作用:

1. 直接指导

教师通过语言示范、启发提问、讲解、评价等手段,直接指导幼儿的活动。根据幼儿语言经验及语言水平的实际情况,一般对小班幼儿或语言发展较差的幼儿,或教育内容难度较大的语言教育活动,教师较多地运用直接指导方式。

2. 间接引导

教师通过自身语言潜移默化的影响、语言的提示、眼神或手势的暗示等手段,引导幼儿主动、积极地参与语言教育活动。这种间接引导方式,对年龄稍大的幼儿和语言发展较好的幼儿宜于多用。

3. 利用环境条件进行引导

从本质上讲,利用环境条件也是一种间接引导。教师利用活动设备、教具和学具,引起幼儿学习的兴趣,调动他们的主动性和积极性,帮助幼儿在活动中提高语言能力。根据幼儿的表现和活动过程的实际情况,教师要灵活运用各种指导手段,使幼儿始终处于最佳的活动状态,达到活动目标,圆满结束活动。

另外,教师自身的语言修养,即语音是否准确,吐字是否清晰,用词是否得当,内容是否简洁有条理,语调是否生动、有感染力,等等,都对幼儿的语言发展有十分显著的影响。

幼儿园语言教育活动是促进幼儿语言发展的重要教育手段,但不是唯一的手段。为全面提高幼儿运用语言的能力,还需要十分重视对幼儿日常生活中语言的指导,以全面实现语言教育目标。

实践活动

实践项目一 我的五官（小班）[①]

【活动目标】

(1) 初步了解五官的构成和用途,知道要爱护五官。

(2) 能听懂老师的口令,做出相应的动作。

【活动准备】

同样的人物头像两幅,眼、耳、口、鼻的图片各一幅。

【活动过程】

一、启发谈话,引出五官

教师引导:"小朋友们好！今天老师和大家一起来认识我们的头部。请小朋友认真地看一看老师的头部和小伙伴的头部有什么相同的地方。"（一张脸,一个鼻子,两只耳朵,一张嘴巴,两只眼睛）

二、游戏"找五官"

(1) 按教师的指令做相应的动作:眨眨你们的小眼睛,指指你们的小鼻子,张张你们的小嘴巴,摸摸你们的小耳朵。

(2) 贴五官。教师在小黑板上用粉笔画一张脸,请小朋友将眼睛、鼻子、嘴巴、耳朵的图片贴在脸部合适的位置。

三、说说五官的作用

(1) 我们的嘴巴有什么用？（说话、吃东西）

(2) 我们的鼻子有什么用？（呼吸、闻气味）

(3) 我们的眼睛有什么用？（看东西）

(4) 我们的耳朵有什么用？（听声音）

四、看图说话

教师拿出准备好的相同的人物头像两幅,请小朋友观看,并把其中的一幅贴在小黑板上,然后把另一幅图片的脸染成黑色,再把图片贴在小黑板上,两幅图片对比,让小朋友说说哪张图像好看,并说明原因。

教师总结:"同样的一张脸,如果弄脏了就不好看,所以请小朋友们要爱护自己的五官,同时也要注意不能弄脏别人的五官。"

[①] 吴勤勤.幼儿园小班语言教案:我的五官[EB/OL].(2017-03-26)[2017-09-23].http://www.sohu.com/a/130409395_672861.

五、保护五官

教师提问:"五官很重要,我们必须保护它。怎样保护它们呢?"

教师总结:"不要把脏东西放到嘴巴里,不用手指挖鼻孔,不揉眼睛,不掏耳朵,不把小东西放在口、鼻、眼、耳中。"

六、教幼儿念儿歌

这是我的眼睛,眼睛会看;

这是我的鼻子,鼻子会呼吸;

这是我的嘴巴,嘴巴会说话;

这是我的耳朵,耳朵会听话。

实践项目二 学习古诗《春晓》(中班)[①]

【活动目标】

(1) 理解古诗的内容,感受古诗的意境美、语言美,能有感情地朗诵。

(2) 能用语言表达自己对春天景色的感受和对诗歌的理解。

【活动准备】

配合古诗《春晓》意境的音乐、图片。

【活动过程】

一、欣赏图片,自由表达自己的感受

指导语:看到这幅画你有什么感受? 用完整、连贯的话说一说。

教师结合幼儿的回答提升幼儿的语言表达经验,丰富幼儿的相关词语。

二、欣赏、理解古诗,感受古诗的意境美和语言美

(1) 边欣赏图片,边倾听老师有感情地朗诵古诗。

(2) 讨论:听了这首古诗你有什么感受?

指导语:这首古诗中说了什么? 哪些地方你听懂了,哪些地方你不明白?

三、再次欣赏古诗,理解古诗中的字、词及古诗所表达的含义

教师采用互助的形式让幼儿理解字、词及古诗的含义。

1. 生生互动

幼儿之间互相帮助,由理解的幼儿讲解给未明白的幼儿听。

2. 师生互动

幼儿经过讨论和互相帮助无法解决的问题,教师解释给幼儿理解。

四、尝试随着音乐欣赏图片,朗诵古诗

教师要让幼儿感受到音乐和古诗之间的相似之处,从而从内心体会春天的美景。

1. 欣赏音乐

(略。)

2. 随音乐朗诵古诗《春晓》

---

① 佚名.幼儿园中班古诗教学活动:春晓[EB/OL].[2017-09-29]http://data.06abc.com/20110709/82969.html.

春　晓
春眠不觉晓，
处处闻啼鸟。
夜来风雨声，
花落知多少。

五、欣赏歌曲《春晓》，激发幼儿的学习兴趣
（略。）

实践项目三　学习古诗《风》（大班）①

【设计思路】
　　古诗工于音韵，注重意境，句式工整，朗朗上口，是一种很好的文学作品形式。怎样让幼儿通过活动记住一首古诗，并了解其含义呢？古诗的选择最为重要，既要简单易懂，又要便于幼儿用语言、动作来表现。在活动学习古诗《风》中，我采用倒叙的方法，先局部理解再完整欣赏，让幼儿深刻体会古诗的意境美，激发幼儿的主动意识，让幼儿学会自己探究、发现古诗的美。

【活动目标】
（1）喜欢古诗，能主动积极地参与活动，感受古诗的韵律感。
（2）熟悉、理解古诗，能大胆地朗读古诗，尝试用动作表演古诗。

【活动准备】
课件、图片若干。

【活动过程】
一、引入
教师提问，让幼儿了解风的知识，引出古诗《风》。
教师："今天老师给你们带来一位新朋友，它能让红旗飘起来，让风车转起来，猜猜它是谁？"

二、分段学习
（1）出示课件，引导幼儿了解风的作用，根据课件分句学习诗句，理解诗意。
教师："看！风娃娃来到树林里，把树叶从树上吹落下来。我们一起念'解落三秋叶'。"
（2）教师指导，幼儿模仿学习风的动作，感受风的作用。
教师："谁能用动作学一学树叶是怎么落下来的？我们一起来学一学吧！"
教师："风娃娃来到了江面上，咦？江水怎么了？大家用动作学一学。"
教师："不好了，风娃娃来到了竹林里，竹子怎么样了？你能学学竹子是怎样的吗？"
（3）完整播放课件，加强幼儿对古诗《风》的理解。
教师："古代有个诗人叫李峤，写了一首叫《风》的古诗，我们一起来听听。"
（4）教师引导幼儿完整地念古诗，可以适当地反复念读。
教师："表演得真棒啊！我们一起来读读这首古诗吧！"

---

① 佚名.幼儿园大班古诗教学活动：风[EB/OL].(2012-07-02)[2017-12-20]http://jiao an. yojochina. com/dayu yan/2012070292165.html

教师:"你们念得真好听!我们再来一遍。声音再响亮点、整齐一点,那就更棒了!"

风
解落三秋叶,
能开二月花。
过江千尺浪,
入竹万竿斜。

三、游戏"听古诗选图片"

(1)教师讲解游戏规则,并做示范。

教师:"古诗里藏着风娃娃呢,老师念一句古诗,你们找找看它在哪张图片上,找到后就把这张图片高高地举起来。"

(2)适当地提示幼儿选择正确的图片,引导幼儿说出自己的想法。

教师:"解落三秋叶。风娃娃在哪张图片上呢?快找找。"

教师:"为什么选择这幅图片呢?谁能说说?"

(3)教师出示图片,分句念古诗,幼儿跟读。

教师:"我们一起来念一念这句古诗。"

(4)教师完整地念古诗《风》,幼儿表演风的动作。

教师:"风娃娃想请小朋友来表演,我念古诗你们来做动作。"

【活动延伸】

教师总结,鼓励幼儿回家继续巩固。

教师:"你们真棒,都能听懂古诗的意思了。今天我们学了一首新的古诗《风》,回家后把这首古诗《风》念给爸爸妈妈听!"

【活动反思】

幼儿的古诗教学不能生搬硬套,教师要运用直观、形象的教学方式让幼儿学习古诗,理解诗意,充分激发幼儿的学习兴趣,让活动充满生机。活动学习古诗《风》,通过课件中的生动画面激发幼儿的兴趣,通过精美的图片让幼儿体验、感受古诗的意境美,让幼儿在情景中发现问题、寻找答案。在游戏环节中,幼儿通过游戏充分感知、理解古诗的含义,做到在游戏中发展、学习。

古诗教学活动,让幼儿在学诗的过程中了解历史、地理、文化等方面的知识。这是古诗教学追求的目标,也是我们思考和实践的方向。

知识巩固

1.影响幼儿语言发展的因素有哪些?

2.专门的语言教育有什么特点?

3.教师提了这样一个问题:"蛋糕有什么神奇的本领?"有一个平常不爱说话的孩子举手了,教师赶紧请他回答:"昨天爸爸带我去超市了。"通常我们会想,怎么是不着边际的回答?这时这位教师进行了追问:"你们去超市干什么了?""买了生日蛋糕,它会唱生日快乐歌。""噢,原来你认为蛋糕有唱歌的本领。"这时孩子们之间又出现了从众的回答:"我也买了会唱歌的生日蛋糕⋯⋯"这时教师又追问:"蛋糕还有没有其他的本领呢?"孩子受到启发,答案多了:"还会说生日快乐!""还会开出漂亮的莲花灯。"……

请根据所学的教学原理对以上教学片段中教师的行为进行分析。

4.根据所给材料设计活动方案。

材料一:中班幼儿语言教育目标

第一,谈话活动。能集中注意力,耐心倾听别人谈话,不打断别人的话;乐意与同伴交流,能大方地在集体面前说话;能说普通话,较连贯地表达自己的意思;学会围绕一定的话题谈话,不跑题;学会用轮流的方式谈话,不抢着讲,不乱插嘴;继续学习交往语言,提高语言交往能力。

第二,讲述活动。养成先仔细观察,后表达讲述的习惯;逐步学会理解图片和情景中展示的事件顺序;能主动地在集体面前讲述,声音响亮,句式完整;学习按照一定的顺序讲述实物、图片和情景的内容;能积极地倾听别人的讲述内容,发现异同,并从中学习好的讲述方法。

第三,听说游戏。在游戏中巩固练习发音,正确运用代词、方位词、副词、动词、连词和介词等;能说简单而完整的合成句;能听懂并理解多重游戏规则;学习较迅速地领悟游戏中的语言规则,并能及时做出相应的反应。

第四,文学作品学习活动。喜欢不同形式的文学作品,主动积极地参加文学活动;知道文学作品的语言与日常生活语言的不同,进一步感受文学作品的语言美;学习理解文学作品的人物形象,感受作品的情感基调,能运用较恰当的语言、动作、绘画形式表现自己的理解;能根据文学作品提供的线索,扩展想象,仿编或续编一个情节或一个画面。

第五,早期阅读。能仔细观察图画书画面的人物情节,看懂单页多幅的儿童图画书的内容,增强预知故事情节发展和结局的能力;懂得爱护图书,知道图书的构成,有兴趣模仿制作图画书;在阅读过程中初步了解汉字的由来和汉字认读的规律,并有主动探索汉字的愿望;喜欢描画图形,尝试用有趣的方式练习汉字的笔画。

材料二:小熊冒泡泡

小熊吉米嘴又馋了,他打开冰箱吃了起来,一会儿就吃了许多零食。吉米口渴了,他在冰箱里发现了很多瓶"超级汽水"。

一打开瓶子,汽水里就有很多很多泡泡冒了出来。吉米从来没喝过这样的汽水,这次一下子喝了好多瓶。

喝了"超级汽水",吉米肚子里全是泡泡,他像大气球一样飘起来了。

吉米从厨房飘到大厅,又飘上了楼梯。坏啦!窗户没关上,眼看就要飘出去了,吉米急得眼泪都快流出来了。

突然,吉米打了个嗝,肚子里的气泡从嘴里冒出来了,他不再往上升了。"嗝嗝……"他又打了好几个嗝,肚子里的泡泡都冒出来了。吉米慢慢地往下降,又落到了地上。

从那以后,吉米再也不敢一下子喝那么多"超级汽水"了。

要求:

(1)设计应符合语言教育目标和幼儿年龄发展特点(见试题材料一)。

(2)活动类型应为讲述活动、谈话活动、听说游戏活动、文学作品学习、早期阅读活动中的一种。

可提炼"材料一"的主题设计谈话活动或听说游戏方案,可围绕"材料二"设计讲述活动、文学作品学习活动或早期阅读活动方案。

（3）方案结构完整，包含活动目标、活动准备、活动过程等内容。

（4）按照活动设计与实施的步骤（见所附材料）列出活动过程每一环节的要点。

附：活动设计与实施的一般步骤

讲述活动设计与实施的步骤：感知理解讲述对象；运用已有经验自由讲述；引进并学习新的讲述经验。

谈话活动设计与实施的步骤：创设谈话情境，引出谈话话题；鼓励幼儿围绕话题自由交谈；引导幼儿围绕中心话题逐步拓展交谈内容；教师隐性示范新的谈话经验。

听说游戏活动设计与实施的步骤：创设游戏情境，引发幼儿兴趣；交代游戏规则，明确游戏玩法；教师指导幼儿游戏；幼儿自主游戏。

文学作品学习设计与实施的步骤：初步感知文学作品；理解体验作品经验；迁移作品经验；创造性想象和语言表述。

早期阅读活动设计与实施的步骤：幼儿自己阅读；师幼共同阅读；围绕阅读重点开展活动；归纳阅读内容。

单元 7　幼儿园音乐教育

学习目标

- 了解幼儿园音乐教育的特点；
- 了解幼儿园音乐教育的目标；
- 掌握幼儿园音乐教育的内容；
- 掌握幼儿园音乐教育的方法和途径；
- 能够设计幼儿园音乐教育活动；
- 能够对幼儿园音乐教育活动进行评析。

案例导入

一天，亚亚带来的一个录音娃娃引起了全班小朋友的注意，大家都争着想把自己发出的声音录进娃娃的"肚子"里。在玩耍的同时孩子们对声音产生了浓厚的兴趣，他们倾听着自己身体各部分发出的各种不同的声音：拍手声、捻指声、拍腿声、各种嗓音等，甚至还有小朋友使劲咬合着自己的牙齿……

此时的我觉得，作为教师在欣赏与关注之余，更应沿着幼儿的足印，与孩子们一同走进声音的世界去感受、去发现。于是我拿起水杯凑到了录音娃娃跟前，断顿地敲击着杯口与杯盖。所有的孩子都屏住呼吸，竖起耳朵静静地听着，同时也把好奇的目光投向我，好像在问："黄老师，这是什么声音呀？"我微笑着说："你们的声音都把录音娃娃的肚子灌满了，现在她正在打饱嗝呢！"

人体发出的声音已远远不能满足幼儿探索的欲望，他们聆听并寻找生活中各种不同物品或材料发出的特有的声音：有的敲门和玻璃窗，有的揉搓纸片，有的使劲地甩动绳子，有的推拉椅子使其与地板产生摩擦，等等。孩子们的搜索能力远远超越了成人的想象：易拉罐、竹筷子、化妆瓶、塑料板、牙刷、木桶、铁罐等，不管是精品还是废品都被请到了我们的教室里。这些平常有些甚至是废旧的物品，在孩子们的眼中无一不是可发出奇特声音的小乐器[1]。

---

[1]　黄颖岚.幼儿园音乐教育案例：与孩子一同走进音乐世界［EB/OL］.（2009-12-25）［2017-10-13］. http://www.age06.com/Age06.Web/Detail.aspx? InfoGuid=7A6910B8-C266-4894-930E-AA6FCBBB9555.

幼儿园音乐教育是以幼儿为主体,以适合幼儿的音乐为客体,通过教师设计和组织多种形式的音乐活动使主、客体相互作用,以培养和发展幼儿的音乐能力,促进幼儿身心全面发展的教育活动。幼儿园音乐教育能够帮助幼儿建构丰富多元的音乐经验,使幼儿学会自主享受、欣赏、感受及表达音乐。

模块一　幼儿园音乐教育概述

一、幼儿园音乐教育的特点

幼儿园音乐教育具有以下特点:

1. 形式的集体性

幼儿园音乐教育的主要组织形式是集体活动。当然,除了以教师为主导的全班幼儿参加的集体音乐活动外,有条件的幼儿园还应努力创造条件让幼儿有机会选择和组织比较自由的小组音乐活动,以更好地满足幼儿发展的主体性。

2. 内容的综合性

幼儿音乐活动的特点与人类的早期音乐活动十分类似,具有歌、舞、乐三位一体的特点,并且集创造、表演、欣赏于一体,带有很强的游戏性倾向等特征。

3. 程序的层次性

幼儿园音乐教育活动要遵循循序渐进的原则。教师要根据幼儿对不同活动内容的熟悉和掌握程度,教学要求的多少和难易程度,统筹安排好多个不同活动的内容。

4. 方法的多样性

幼儿园音乐教育的方法有直观演示、讲解、提问、反馈等多种方法。教师可以在分析音乐作品性质、风格和基本结构,并了解幼儿基本特点的基础上,选取适当的方法进行教学,以帮助幼儿丰富和强化对音乐的认识和理解,促进其对音乐的想象和表达。

5. 材料使用的灵活性

幼儿园音乐教育活动的操作材料可分为两大类:一类是基本材料,主要包括各种音乐、舞蹈作品及构成音乐、舞蹈作品的各种元素性材料(如特定的音乐语汇和动作语汇等);另一类是辅助材料,包括道具、教具、乐器、录放设备、身体装饰材料(如服饰、头饰)等。

二、幼儿园音乐教育的意义

幼儿园音乐教育具有下列意义:

1. 对幼儿德育的影响

音乐具有表现情感的功能,音乐语言既是传达感情的手段,也是表现感情的结果。幼儿在感受音乐作品的过程中,体验作品所表达的感情,产生情感共鸣。因此,音乐教育对幼儿的情感、情操、个性起着潜移默化的作用,与品德教育、情操培养处于同一个过程。此外,集体音乐教育活动有利于培养幼儿互助互爱、关心他人、遵守纪律等优良品德。

2. 对幼儿智育的影响

(1) 促进幼儿听觉、知觉的发展。在音乐教育活动中,通过学习分辨音的高低、音的时值长短、音的强弱等音的不同特性,幼儿的听觉得到了训练,有助于提高其听觉的敏锐程度。

(2) 促进幼儿思维的发展。在音乐教育活动中,幼儿需要仔细聆听和记忆音乐内容,认真观察教师的面部表情和示范动作,并借助想象对音乐作品进行理解和再创造,此过程有利于幼儿想象力、记忆力和观察力的发展。

小班幼儿在唱歌时常以手势动作和脸部动作形象地表达歌曲内容,因此音乐教育直接关系到幼儿的思维活动。中、大班的幼儿逐渐积累了初步的音乐经验,掌握了简单的音乐概念。在大量的音乐活动中,幼儿的思维能力,尤其是形象思维能力得到了提高。

3. 对幼儿身体健康发育的影响

音乐使幼儿欢乐、振奋,带给幼儿活泼开心的氛围。生理学家、医学家研究证明,音乐可以加速幼儿血液循环并引起呼吸的变化。此外,音乐教育活动可以改善幼儿的身体姿势,促进幼儿动作的协调和平衡,提高动作质量。唱歌时舌、唇、鼻、喉和眼睛等器官有节奏地活动,可以促进幼儿右半脑潜力的充分发挥,提高大脑神经的敏感度。

4. 对幼儿美育的影响

音乐教育活动与幼儿美育发展的关系具体体现在以下两个方面:一方面,幼儿积极参与音乐活动的态度会影响幼儿的审美兴趣和态度;另一方面,音乐教育培养幼儿简单的音乐才能和能力,为幼儿在广阔的音乐艺术领域中进行审美活动奠定了基础。

三、幼儿音乐能力的发展

婴儿在母体中会一直听到母亲心跳的节奏,所以音乐教育是从 0 岁就开始的,胎教就是典型的音乐教育形式。婴儿出生后就能对声音产生反应,2 个月左右的婴儿能区别一般的铃声和敲门声,对高低音有了不同的反应。4~5 个月的婴儿开始对音乐表现出某种程度的反应和记忆,听觉和运动发生了联系,如听见声音时婴儿能将头转向声源的方向,而且对于摇动手鼓发出的声音感兴趣;能够听音乐的声响,听到柔和的音乐会感到愉快,对较强的声响表示不快。

音乐行为的初期发展和语言发展是无法分开来考虑的。一般认为,婴儿出生时的声音大约是 E 的音度,新生儿的叫声具有和鹌鹑、山羊、猫、猪的叫声极相似的音色,这种音色以后一点点地有了音度、长度和音量的变化。新生儿出生两三个月后,开始出现音的高度的调节,可以认为是婴儿用自己的耳朵听自己的发音,用这种方法来调节发声。自我发声活动就是这样极早地从初期开始就和听觉有了密切的关系,这种关系对音乐行为的发展起着重要的作用。

4~18 个月是婴幼儿咿呀学语的阶段,随着婴幼儿发音能力、活动能力、理解能力的增强,他们开始像成年人一样去听音乐,听父母交谈,关心各种声音。12 个月以后,幼儿开始对声音模仿感兴趣,他们不仅能准确地分清声源,分辨出不同的音色,听出环境中的多重声音,还能模仿发出这些声音。

1 岁半时,幼儿开始学唱部分旋律了,会努力地尝试跟着成人一起唱歌曲的曲调,当然还不能完整地唱,而是唱出其中的某一句或某一个小节;2 岁时,幼儿就会学唱较完整的旋律了;发展较快的幼儿,2~3 岁时能模仿一首歌曲中较长的片段,或短小的歌曲,一般幼儿也开始尝试着跟随音乐做出拍手、点头、晃动手臂、走步等相应的节奏动作了。虽然有的幼儿的动作是零碎的、不合拍的，但它仍为幼儿以后的乐器学习和节奏能力的发展打下了一个良好的基础，同时也显示了幼儿音乐感受能力和音乐表现能力的萌芽。

3岁左右的幼儿，他们歌唱能力的发展与其感受音乐、听辨能力的发展是紧密相关的，所以，对这一年龄阶段的幼儿进行歌唱教学时，可以先考虑从歌曲的欣赏感知入手。

随着年龄的增长及幼儿集体音乐活动和亲身体验机会的增加，幼儿的音乐能力有了进一步的发展。

3～4岁，幼儿的音乐表现能力迅速发展，幼儿初步有了想把歌曲唱好的愿望，知道要记住歌词，并能够记住一些歌词；对音乐作品所表现出来的情绪有所反应，能够做到对难度较低的歌唱与动作的结合；能够运用简单的打击乐器演奏出简单的节奏；能够创编简单的近似歌词、近似旋律，开始显现其音乐创造力的萌芽。

4～5岁，幼儿对音乐的感受能力显著增强，能借助一些词汇描述自己对音乐的情绪体验，如欢快的、优美的、安静的等。音乐感受能力提高的同时，幼儿的歌唱能力也有所发展，这表现在幼儿听音、辨音能力的提高，对嗓音控制力的增强，进而能较为准确地演唱一首歌曲，并用动作表现出来，有了一定的想象力。

5～6岁，幼儿的歌唱、欣赏、节奏等能力都有了进一步的提高，音乐协调能力也有所提高。随着语言的发展，幼儿能记住更多、更长的歌词，在音准方面也有更大的进步。这一年龄阶段，幼儿在教师的指导下能够学会一些简单的舞步和舞蹈动作。在音乐的伴奏下，运用身体动作表达对音乐的感受成为幼儿常用的表达方式。

模块二　幼儿园音乐教育的目标和内容

一、幼儿园音乐教育的目标

幼儿园音乐教育的目标可以从多个角度和层次来理解，这里我们从幼儿园音乐教育的总目标和年龄阶段目标来阐释。

（一）幼儿园音乐教育的总目标

1. 歌唱活动

（1）认知目标。

① 能够感知、理解歌曲的歌词和曲调所表现的内容、情感和意义，并知道如何进行创造性的歌唱表演。

② 知道保护嗓子，应用适度、美妙的声音歌唱。

③ 知道如何用歌唱的方式与他人交流。

④ 能够理解各种集体歌唱表演形式所需的合作协调，知道如何在集体歌唱活动中与他人协调。

（2）情感态度目标。

① 能够体验参与各种歌唱活动的快乐。

② 能够体验唱出美妙歌声的快乐。
③ 能够体验与他人用歌唱的方式进行交流的快乐。
④ 能够体验集体歌唱活动中的声音和谐与情感默契的快乐。

(3) 操作技能目标。
① 能够基本正确地再现歌曲的歌词和曲调,能够较正确地咬字、吐字和呼吸。
② 能较自然地运用声音和表情,能唱出适度、美妙的歌声。
③ 能够运用带有一定创造性的歌唱表现方式。
④ 能够在用歌唱的方式与他人交流时自然地运用脸部表情和身体动作。
⑤ 能够在集体歌唱活动中控制和调节自己唱出的歌声,使之与他人相协调。

2. 韵律活动

(1) 认识目标。
① 能够感知、理解韵律动作所表现的内容、情感和意义,并知道如何进行创造性动作表现。
② 能够感知、理解韵律动作与音乐的关系,并知道如何使自己的动作与音乐相协调。
③ 能够感知、理解道具使用在韵律活动中的意义,并知道如何运用简单的道具。
④ 能够理解与韵律活动有关的空间知识,并知道如何运用空间因素进行创造性动作表现。
⑤ 能够理解各种韵律活动形式所需的交往、合作,并知道如何在韵律活动中与他人交往、合作。

(2) 情感态度目标。
① 能够体验参与各种韵律活动的快乐。
② 能够体验做出与音乐协调的韵律动作的快乐。
③ 能够主动注意各种动作表演中道具的用法,喜欢探索和运用道具并为这种探索和带有创造性的运用感到满足。
④ 能够主动注意身体造型和身体移动过程中的空间因素,喜欢探索和运用空间知识并为这种探索和带有创造性的运用感到满足。
⑤ 能够体验在与他人合作的动作表演活动中获得的交往、合作的快乐。

(3) 操作技能目标。
① 能够比较有效地控制自己的身体,及时地按自己的意愿发动和停止动作,能够比较协调地做出各种韵律动作。
② 能够比较自如地运用自己的身体动作进行再现性和创造性表现,能够摆出比较优美的姿态、做出优美的动作。
③ 能够在韵律活动中运用简单的道具,并能够有一定创造性地选择、制作和使用道具。
④ 能够较熟练地运用简单的空间知识、技能进行动作表现。
⑤ 能够在合作的韵律活动中比较自然地运用动作、表情与他人交往、合作(包括指挥活动)。

3. 打击乐演奏活动

(1) 认识目标。
① 能够初步辨别各种常见打击乐器的音色,并知道如何运用各种乐器音色变化的简单

规律进行创造性表现。

② 能够掌握一些常见的简单节奏型,并知道如何运用各种节奏型的简单变化规律进行创造性表现。

③ 知道用适度、美妙的音色演奏。

④ 能够感知、理解集体奏乐活动中的协调需要,知道如何使自己的演奏与集体相协调,与音乐相协调。

⑤ 能够理解集体奏乐活动所需的交往、合作,能够理解指挥手势的含义,知道应该如何与指挥者相配合。

⑥ 知道保护乐器的意义和简单知识。

(2) 情感态度目标。

① 能够体验参与打击乐演奏的快乐。

② 喜欢探索乐器的演奏方法和音色变化的关系,喜欢运用已掌握的节奏型进行创造性表现。

③ 能够奏出美妙的、有表现力的音乐。

④ 能够与音乐相协调地演奏。

⑤ 集体奏乐活动中能做到声音和谐与情感默契。

⑥ 爱护乐器并能自觉遵守有关保护乐器的要求。

(3) 操作技能目标。

① 能够比较自如地演奏一些常见的打击乐器。

② 能够比较熟练地运用乐器进行再现性甚至创造性表现,能够奏出和谐、美妙、有表现力的音乐。

③ 能够比较迅速、准确地根据指挥手势进行演奏。

④ 能够在集体奏乐活动中有意识地控制、调节自己奏出的声音,使自己的演奏与集体相协调,与音乐相协调。

⑤ 能够在发放、使用、收藏乐器的活动中正确执行有关保护乐器的要求。

4. 音乐欣赏活动

(1) 认识目标。

① 能够形成一些初步的音乐舞蹈概念,掌握一些简单的音乐舞蹈知识,并知道如何运用各种概念、知识进行感知、理解和表现。

② 初步了解应该如何从音乐、舞蹈活动中获取各种艺术和非艺术经验。

(2) 情感态度目标。

① 能够体验聆听音乐作品和观赏舞蹈作品的快乐。

② 对各种不同的音乐、舞蹈的形式、内容有比较广泛的爱好。

③ 喜欢与他人分享欣赏音乐、表演舞蹈的快乐。

(3) 操作技能目标。

① 初步积累一定的音乐、舞蹈语汇。

② 能够在欣赏音乐的过程中注意运用有关的概念深化自己的感知和理解。

③ 初步学习运用各种不同的艺术表现手段(文学、语言、美术、韵律活动等)来表达自己对音乐作品的理解、认识、想象、联想和情感体验。

④ 初步养成安静聆听、观赏的习惯。

(二) 幼儿园音乐教育的年龄阶段目标

1. 0~1.5 岁幼儿音乐教育的目标

(1) 能够自发注意周围事物,能够注意跟随或寻找移动的声音或物体。

(2) 能够理解他人的声音、动作和面部表情所传达的意思,并能够做出积极的反应。

(3) 喜欢独立或与熟悉的人一起做有关声音或动作的游戏,并能从这种游戏中获得探索、创造和交往的快乐。

(4) 喜欢音乐,能够自发地注意、安静地聆听并做出愉快的反应。

2. 小托班幼儿音乐教育的目标

(1) 喜欢倾听别人说话、歌唱、念儿歌等,能够主动观察周围事物,并注意区别事物的明显特征。

(2) 喜欢模仿别人说话、歌唱、念儿歌等,也喜欢自由地发出各种声音和做出各种简单的动作。

(3) 喜欢摆弄物体,并能够用不同的方式去探索物体以制造出不同的声音。

(4) 对熟悉和喜爱的音乐,能够自发地注意并喜欢随音乐自由地做动作、歌唱、念儿歌或敲打物体。

(5) 喜欢用自己创作出的嗓音和动作来表达自己对事物的认识和体验。

(6) 积极地独自表演音乐和享受音乐,也喜欢与熟悉的人共同表演和享受音乐。

3. 大托班幼儿音乐教育的目标

(1) 喜欢各种和谐、悦耳的音乐和优美、有表现力的动作。

(2) 能够记住一些音乐和动作的片段,对熟悉的音乐和动作会做出更积极的反应。

(3) 能够愉快地聆听、观看并积极参与他人的音乐、舞蹈表演活动。

(4) 能够注意在歌唱、做动作或敲打物体时尽量跟随音乐的节奏。

(5) 喜欢模仿并改变外界的声音、动作,也喜欢自己创造一些新的声音、动作,并能够有意识地从这种创造活动中获得快乐。

(6) 能够使自己的表演尽量与共同活动的人协调一致。

4. 小班幼儿音乐教育的目标

(1) 歌唱。

① 学习用正确的姿势、自然的声音歌唱,并基本做到吐字清楚、唱准曲调和节奏。

② 能跟着歌曲的前奏整齐地开始和结束。

③ 在有伴奏的情况下,能独立地、基本完整地唱熟悉的歌曲。

④ 能初步理解和表现歌曲的形象、内容和情感。

⑤ 在教师的帮助、引导下,能够为熟悉、短小、工整而多重复的简单歌曲增编新的歌词。

⑥ 喜欢自己歌唱,也喜欢与同伴一起歌唱,并能注意使自己的歌声与集体协调一致。

(2) 韵律活动。

① 能跟随音乐的节奏做简单的基本动作和模仿动作。

② 喜欢参加集体的韵律活动和音乐游戏。

③ 学习一些较简单的集体舞。

④ 初步尝试用动作、表情和姿势等与他人交流并体验其中的乐趣。

(3) 打击乐演奏活动。

① 学习并掌握几种最常用的打击乐器(如碰铃、串铃、铃鼓等)的演奏方法。

② 喜欢操弄打击乐器,喜欢参加集体的打击乐演奏活动。

③ 初步学会看指挥以此开始和结束演奏。

④ 了解并遵守集体的打击乐演奏活动中的一些基本规则。

(4) 音乐欣赏活动。

① 能初步感受特点鲜明、结构短小的歌曲或有标题的器乐曲的形象、内容和情感,并产生一定的外部动作反应。

② 喜欢聆听周围的各种声音,并用自己喜欢的方式(如嗓音、动作等)来表达。

③ 乐意参与集体的音乐欣赏活动,并积极尝试和体验音乐欣赏过程的快乐。

5. 中班幼儿音乐教育的目标

(1) 歌唱。

① 能用正确的姿势、自然的声音歌唱,并做到吐字清楚、唱准曲调和节奏。

② 在有伴奏的情况下,能独立而完整地演唱,并初步学会接唱和对唱。

③ 在集体的歌唱活动中能够注意控制自己的音色,使自己的歌声与集体的声音相协调。

④ 能学习用不同的速度、力度和音色变化来表现歌曲的形象、内容和情感。

⑤ 能够为熟悉、短小、工整而多重复的简单歌曲增编新的歌词,并能尝试独立地将新编的歌词填入曲调中唱出。

⑥ 喜欢自己歌唱,也喜欢在集体中歌唱,并能大胆、独立地在观众面前表演。

(2) 韵律活动。

① 能跟随音乐的节奏做简单的基本动作、模仿动作和舞蹈动作。

② 喜欢参加集体的韵律活动和音乐游戏。

③ 学习一些基本的舞蹈动作和集体舞。

④ 享受并体验用动作、表情和姿态与他人交流的乐趣,初步尝试用创造性的动作自发地随音乐自由舞蹈,并体验其中的乐趣。

⑤ 能够在动作表演过程中学习一些简单道具的使用方法。

(3) 打击乐演奏活动。

① 进一步学习并掌握一些打击乐器(如木鱼、响板、沙球等)的演奏方法。

② 喜欢操弄打击乐器,喜欢参加集体的打击乐演奏活动。

③ 能够用乐器为二拍子、三拍子、四拍子的歌曲和乐曲配不同的简单伴奏。

④ 进一步学会如何通过看指挥动作开始、结束和变化演奏。

⑤ 能初步尝试参与打击乐演奏配器方案的讨论。

⑥ 能较自觉地遵守集体的打击乐演奏活动中的一些常规,养成爱护乐器的习惯。

(4) 音乐欣赏活动。

① 能感受特点鲜明、结构短小的歌曲或器乐曲的形象、内容、情感,并产生一定的联想,用外部的动作加以反应。

② 能初步了解并辨别进行曲、舞曲、摇篮曲等不同风格音乐的基本性质。
③ 喜欢聆听周围的各种声音,并能大胆地用自己喜欢的方式(嗓音、动作等)来表达。
④ 乐意参与集体的音乐欣赏活动,体验音乐欣赏过程的快乐。
⑤ 初步学习运用不同的艺术表演形式(如美术、文学、韵律动作等)来表达对音乐的感受和理解。

6. 大班幼儿音乐教育的目标

(1) 歌唱。
① 能用正确的姿势、自然美好的声音进行歌唱,并能正确表现歌曲的节奏、旋律和歌词。
② 在没有伴奏的情况下也能够独立而完整地演唱,并初步学会领唱、齐唱、轮唱和简单的两声部合唱。
③ 能用不同的速度、力度和音色变化来表现歌曲的形象、内容和情感,能注意到歌曲的字、词及乐句的变化,较恰当地表现不同性质、风格歌曲的意境。
④ 能够为熟悉而多重复的歌曲增编新的歌词,并能即兴、独立地将新编的歌词填入曲调中唱出。
⑤ 喜欢歌唱,能大胆、独立地在观众面前进行歌唱表演,并能在集体中尝试用不同的合作表演形式歌唱。

(2) 韵律活动。
① 能跟随音乐的节奏较准确地做各种稍复杂的基本动作、模仿动作和舞蹈动作组合。
② 喜欢参加集体的韵律活动和音乐游戏,喜欢自发地随音乐自由舞蹈。
③ 进一步丰富舞蹈动作语汇,在掌握一些基本的舞蹈动作和集体舞的基础上,学习一些含有创造性成分的、稍复杂的舞蹈组合动作。
④ 能够积极地体验用动作、表情和姿态与他人交流的方法和乐趣,并在合作表演的过程中尝试用创造性的动作大胆、主动地表现。
⑤ 能够在动作表演过程中选择并较熟练地使用一些简单的道具。

(3) 打击乐演奏活动。
① 进一步学习并掌握更多打击乐器(如三角铁、双响筒、钹等)的演奏方法。
② 喜欢并积极参与集体的打击乐演奏活动,能初步参与打击乐演奏配器方案的设计。
③ 能正确地根据指挥的手势开始、结束和变化演奏。
④ 能在集体的打击乐演奏中有意识地注意在音色、音量和表情上与集体协调一致。
⑤ 能自觉遵守集体的打击乐演奏活动中的一些常规,养成爱护乐器的习惯。

(4) 音乐欣赏活动。
① 能较准确地感受特点鲜明、结构适中的歌曲或器乐曲的形象、内容和情感,并产生一定的联想,用外部的动作加以反应。
② 进一步丰富并加深对进行曲、舞曲、摇篮曲等不同风格、性质音乐的认识。
③ 生活中喜欢聆听周围的各种声音,并能用嗓音和动作等表现方式进行创造性的表达。
④ 能主动、积极地参与集体的音乐欣赏活动,享受并体验音乐欣赏过程的快乐。
⑤ 能够运用不同的艺术表演形式(如文学、美术、韵律等)大胆地表达对音乐的感受和理解。

二、幼儿园音乐教育的主要内容

幼儿园音乐教育的内容包括歌唱活动、韵律活动、打击乐演奏活动、音乐欣赏活动四大类型。

1. 歌唱活动

歌曲是幼儿喜闻乐见的音乐内容。同时，歌唱活动方便易行，可以随时随地开展，教师应选用优秀的幼儿歌曲，在设计活动时力求教学形式多样，练习方法灵活，注意引导幼儿把握歌曲的主要内容和情感，进入歌曲意境，真正掌握每一首歌曲。

> **知识拓展**
>
> **歌唱的简单知识和技能**[①]
>
> 1. 姿势
>
> 正确的唱歌姿势是指无论是站着还是坐着唱歌，都应该保持身体和头部的正直、放松；两臂自然下垂或放在腿上，两眼平视，两肩放松，口型保持长圆形，嘴唇的动作要求自然，根据正确的咬字及发音的需要适当地张开嘴。
>
> 2. 呼吸
>
> 呼吸是唱歌的动力，应该自然地呼吸，均匀地用气。另外，在呼吸的时候还应注意不抬头、不耸肩、不发出很大的吸气声，也不能在乐句中随便换气，而要按照一定的规律来换气。
>
> 3. 发声
>
> （1）要使幼儿用自然、美好的声音来歌唱，就必须让幼儿学会运用一定的发声技巧。
>
> （2）在引导幼儿用自然、悦耳的声音歌唱的基础上，还应启发幼儿逐渐学会用不同的声音来演唱不同性质的歌曲。
>
> 4. 咬字吐字
>
> 可以从培养吐字器官唇、齿、舌、喉的互相配合开始。
>
> 5. 音准
>
> 掌握音准是幼儿园歌唱教学的一个比较突出的难点。
>
> 6. 协调一致
>
> 协调一致是指在集体的歌唱活动中，正确地与他人合作的技能。
>
> 7. 保护嗓子
>
> 应该让幼儿知道关于保护嗓子的一些基本知识，包括：不大声喊叫着唱歌；不在剧烈运动时或剧烈运动后大声唱歌；不长时间连续唱歌；不在空气污染的环境中唱歌；不在喉咙发炎、嗓子红肿的时候唱歌。
>
> 讲解：可以用图谱来和幼儿解释呼吸和歌唱的方法。

[①] 佚名.歌唱活动的基本问题[EB/OL].（2014-10-13）[2018-02-28]. http://blog.sina.com.cn/s/blog_a5706c8d0102v6i9.html.

2.韵律活动

韵律活动是音乐和动作相结合的活动,动作使音乐内容直观化、造型化,使音乐的速度、力度具体化,能够帮助幼儿准确把握音乐的内容,具体感觉音乐的速度、力度、节奏、节拍。幼儿园的韵律活动一般包括下列内容:

(1) 模仿动作,模仿自然或社会生活现象中简单的重复性动作,如打鼓、吹号、摘果子等。

(2) 舞蹈动作,如基本姿态,基本舞步,基本动作组合,简单的队列舞、邀请舞,有一定角色情节的表演舞、自娱舞等。

(3) 身体节奏动作,如拍打弄响身体的某个或某些部分、用嘴发出各种节奏声响等。

3.打击乐演奏活动

靠打击和碰撞发声的乐器称为打击乐器,幼儿园的打击乐演奏活动是指在音乐声中有节奏地敲打某些打击乐器的一种活动。打击乐演奏活动是培养幼儿节奏感的重要途径,幼儿在演奏打击乐器的活动中对音乐的节拍、强音、节奏和整个音乐的流动有更深刻的感受。此外,由于不同乐器有各种不同的声音,打击乐演奏活动还能提高幼儿对音色的辨别能力及对声音高低、强弱、长短的敏感度。

4.音乐欣赏活动

音乐欣赏活动一般指通过聆听音乐作品获得审美享受的音乐活动。幼儿园音乐欣赏活动的特点在于给幼儿提供更广泛、更深刻的音乐作品,扩大幼儿的音乐视野,丰富他们的音乐经验,提高他们对音乐的感受能力、理解能力和审美能力。因此,音乐欣赏活动是音乐教育活动中重要的基础内容,它有助于幼儿形成良好的欣赏习惯和健康的审美态度。

模块三　幼儿园音乐教育的方法和途径

一、幼儿园音乐教育的方法

1.以教师为主体发起的音乐活动指导方法

(1) 直观演示法。直观演示法是指借助教师的演唱、演奏、动作表演或一定的图片、实物,以及幻灯、投影、录像等直观性手段,使幼儿获得清晰的音乐表象,提高其学习兴趣,从而优化学习效果的一种方法。直观演示法一般有以下两类:

① 教师用现场演唱、演奏、动作表演等方式,向幼儿提供活动的范例。教师在示范时应注意:示范要正确、熟练、自然而富有艺术感染力;示范之前,教师应明确示范的目的,并让幼儿明确应该如何观察示范和在观察后如何做出反应;示范应辅以一定的语言讲解和提示;示范者要多样化,应尽量发挥幼儿表演的示范作用;示范应考虑幼儿的年龄因素,注意适度、适时、谨慎而灵活;注意示范的位置,应使每个幼儿都能清楚地观察和感知。

② 教师配合一定的活动内容,用相应的图片、实物教具、幻灯、投影、录像等直观性手段,帮助幼儿更好地理解音乐的内容和情感。教师在演示时应注意:用于演示的教具形象应与音乐的性质、风格一致;用于演示的教具应适度适量;用于演示的教具应力求富有一定的

艺术性和趣味性，以唤起幼儿的审美情趣。

（2）语言指导法。语言指导法是音乐活动中的讲解、提问、描述、反馈、激励等诸多以语言为主要教学方法的总称。音乐活动中常用的语言指导方法一般有以下几种：

① 讲解。讲解即对与音乐活动有关的信息及活动方法、程序和规则的讲述、说明或解释。在幼儿园音乐教育活动中合理地运用讲解法，既可以加深幼儿对活动内容和要求的理解，也有利于促进幼儿的音乐探索和创造能力。

② 提问。提问是幼儿园音乐教育活动中常用的一种语言辅助方法。教师在提问时应注意：提出的问题应具有启发性、开放性；问题的设计既要与活动的内容、要求相适应，也要考虑幼儿的知识经验和发展水平，问题应便于幼儿记忆、理解和回答；可在活动中灵活调整问题的难度，也可在一个问题的基础上层层引出新问题。

③ 反馈。反馈即教师在音乐活动中运用语言促使幼儿及时了解自己对音乐所做的反应，并使幼儿及时调整自己的活动行为的方法。教师在使用反馈法时应注意：反馈时要面向全体幼儿；语言的反馈可以和动作技能的反馈相结合；反馈要尽量客观化，平等地看待每一个幼儿；反馈时以正面的肯定为主。

（3）变换角色法。变换角色法是指教师在音乐教育活动中运用角色身份的变化，对幼儿的活动进行一定指导的教育方式。具体的变换角色法有以下两种：

① 参与。参与是指教师以活动加入者、幼儿活动的合作者或音乐表演中某一特定角色的身份进行音乐活动指导的方法。教师的参与不但可以给幼儿的音乐探索和表现提供间接的指导，而且能够使幼儿体验并享受到师幼共同活动的自由和乐趣。

教师在运用参与法时应注意：以平等而不是权威的身份加入活动；教师的观点、意见和行为仅供幼儿参考；作为音乐中的某种特定角色出现时，教师的表演应既与音乐的形象相符合，又能对幼儿产生较大的感染力。

② 退出。在幼儿园音乐教育活动中，教师运用退出法包括三层含义：一是指教师从参与的状态中退出，恢复教师的身份和地位，重新对活动施以影响；二是指教师从心理上退出，不在活动进程中占据权威、中心的地位；三是指教师在活动的空间位置上退出，把中心位置让给幼儿，以观察者、旁观者的身份对活动进行指导。

教师在运用退出法时应注意：根据幼儿的具体发展水平和具体情况，逐步、谨慎地退出；根据活动进程和幼儿的反应，及时、灵活地变换使用参与和退出的方法；在退出的同时，合理、适时地对幼儿进行间接指导，同时加强教师对活动的随机观察和反馈。

2. 以幼儿为主体发起的音乐活动学习方法

（1）模仿学习法。模仿学习法是指幼儿在音乐活动中通过教师提供的活动范例，在观察的基础上模仿并反复练习，最终达到记住并再现某一音乐作品或掌握某一音乐技能的学习方法。模仿学习法一直是幼儿园音乐教育实践过程中被普遍采用的方法之一。

模仿学习法可以运用在幼儿园音乐教育的不同活动领域中。在模仿学习的过程中，练习是一种主要的方法。教师在指导幼儿练习时应注意：要有明确的练习目的和要求；要注意适当地安排练习的分量、次数和时间；在练习的同时，还要有意识地启发幼儿练习的积极性和创造性；尽量采用变化多样的练习形式。

（2）预知学习法。预知学习法是指教师通过引导，帮助幼儿将原有的知识、技能（幼儿已预知的经验）应用到新的问题情境中的特殊学习方法。

与模仿学习法不同的是,预知学习不是由教师直接向幼儿提供要学习和掌握的知识或技能,让幼儿进行以模仿为主的接受式学习,而是由教师创设一个问题情境,引导幼儿逐步深入,使幼儿通过主动的探索性、创造性活动来掌握、发展甚至重组音乐的作品或材料。

(3) 整体感知法。整体感知法是在音乐教育活动中利用音乐结构本身的整体统一性和整体协调性,从整体入手引导幼儿感知、体验并表现音乐的一种方法。

整体感知的学习方法提倡在音乐活动中把音乐的部分与整体,歌曲的曲调与歌词,韵律活动中的音乐与动作,音乐欣赏中的欣赏与表演、创作,音乐的知识技能与音乐的感受力、表现力,以及音乐活动中教师的活动与幼儿的活动等视为一个和谐统一的整体,而不是把它们作为相互割裂或对立的部分来看待。

(4) 多感官参与法。多感官参与法是指在音乐活动中调动幼儿的多种感觉器官(如听觉、视觉、运动觉等)协同参与,以丰富和强化幼儿对音乐的感受和理解,体验并享受音乐艺术的美的一种教育方法。

多感官参与法不仅能够有效提高幼儿感知、理解和表现音乐的能力,而且能够调动和激发幼儿参与活动的主动性、积极性和创造性。多感官参与法强调不仅要使用听觉器官,而且还要借助于视觉、动觉、言语等多种感觉通道的统合活动来更好地体验和欣赏音乐作品。

知识拓展

世界流行的儿童音乐教育流派简介[①]

近代的一些作曲家、音乐家热心于教育事业,创立了各自的早期音乐教育理论和方法,在世界上形成不同的音乐教学体系,并且在专门的机构或幼托场所进行实践活动,取得了较好的效果。现将几种主要的教育体系作一一介绍。

1. 奥尔夫体系

卡尔·奥尔夫(Karl Orff)是德国作曲家、戏剧家兼音乐教育家,他强调节奏在音乐教育中的重要性。在其建立的儿童音乐教育体系中,他提出"节奏第一"的观点,他认为"音乐构成的第一要素是节奏,不是旋律"。他主张把音乐、语言和动作的节奏结合起来训练,培养儿童的节奏感。奥尔夫创作了整套的节奏乐曲,其中采用了明显的对比节奏和不同节奏的变化,同时创造了与之配套的新型打击乐器,分演奏旋律与和弦节奏、音色效果两类。他认为打击乐突出节奏,音色鲜明有特点,无指法负担,有利于儿童即兴创作。奥尔夫提倡在教孩子演奏打击乐器时,要重视发展其灵活性和创造性,以及即兴演奏和协助演奏的能力。他认为,儿童对节奏的反应是自然的,儿童对演奏练习十分感兴趣,能容易地记住各种节奏类型。

奥尔夫教学法在我国部分城市进行过实验性研究。

2. 达尔克罗兹体系

达尔克罗兹是瑞士作曲家、儿童教育家,其教学法主要有三方面内容,即体态律动、视唱练耳、即兴演奏。

---

① 佚名.世界流行的儿童音乐教育流派简介[EB/OL].(2012-06-21)[2018-02-28]. http://blog.sina.com.cn/s/blog_668ee52701015s0l.html.

达尔克罗兹教学的基本形式是教师即兴演奏,儿童仔细听、分辨,感觉音乐的基本要素,同时身体随音乐做出相应的动作,用动作解释音乐,动作与音乐协调一致。这种身体动作充满着生命的节律与动感之美,故达尔克罗兹的教学体系被称作"体态律动学"。达尔克罗兹还主张要多给儿童听音乐,让儿童积累音乐的感性经验,丰富音乐表象。他认为,在音乐伴随下让儿童根据音乐的变化用身体做出相应的协调的动作反应,可以使儿童更好地感受音乐,发展儿童有意识的音乐感受力。例如,用"走"这一动作感受音乐的内容——走动、步履沉重地走、轻轻地走、快速走、慢慢走、静立,从而用身体动作感受动作丰富的音乐内容。达尔克罗兹体系教学面甚广,适用于幼儿、小学生和舞蹈专业的学生。

3. 柯达伊体系

柯达伊是匈牙利作曲家、音乐教育家。柯达伊体系以集体歌唱为主要教学形式。他主张儿童的音乐教育应从儿童创作自己的音乐开始。

柯达伊根据儿童发声的能力和特点编排音乐课的学习顺序,重视歌唱教学,主张结合儿童的生活经验学习音乐。例如,四分音符等于走步的速度,八分音符等于跑步的速度。柯达伊主张用首调唱名法向儿童介绍明确的调式音阶,以不同的手势动作表示音阶中每一个音高的位置,指出音调的上升和下降,再深化为用身体的动作和手势表现旋律的动向。柯达伊认为,儿童音乐应源于优秀的民间音乐、儿歌、音乐游戏。他编写了用民间音乐改编的"五声音阶"的简单歌曲和歌曲游戏,帮助儿童掌握音乐的各种要素。

4. 铃木体系

铃木镇一是日本著名的音乐家、儿童音乐教育家。铃木的教学理论是"母语教学法",即给孩子创设像母语环境那样的音乐环境。他认为幼儿最初学习音乐不是读谱,而是用耳朵听。通过反复不断地听,熟悉所要学习的音乐作品。

铃木体系的教学包括六个步骤:第一步,接触生活周围的音乐环境;第二步,模仿;第三步,鼓励,即老师、家长的表扬,以增加儿童练习的积极性;第四步,重复,即再练习;第五步,增加,指扩大音乐范围;第六步,改进和完善,指复习、巩固和不断提高。

铃木认为,母亲(或父母)在儿童的学习中起着重要的作用。可先由母亲学习演奏小提琴,让孩子在家中看和听母亲的演奏,然后由孩子自己重复听熟悉了的音乐,由此开始学习小提琴。

二、幼儿园音乐教育的途径

幼儿园音乐教育活动作为幼儿园教育活动的一个子系统,既是一个相对独立的活动领域,又自然地交织融合在幼儿园教育活动的整体之中。一般说来,可以将幼儿园的音乐教育活动分为专门的音乐教育活动和渗透的音乐教育活动两类。

1. 专门的音乐教育活动

专门的音乐教育活动是指由教师根据幼儿园音乐教育的目标和任务,有目的、有计划地安排专门的时间和空间场地,选择以音乐为主的课题内容和材料,组织全体幼儿参加的活动。

按照音乐教育内容的不同,专门的音乐教育活动可以具体划分为歌唱活动、韵律活动、打击乐演奏活动和音乐欣赏活动。但是,这些内容往往是综合的。活动可以模仿为主的形式进行,也可以游戏的方式来组织,还可以幼儿自发式的探索为主。

2. 渗透的音乐教育活动

渗透的音乐教育活动包括以下几种形式:

(1) 日常生活中的音乐活动。在日常生活的各个环节和活动中,教师可以随机而灵活地组织和安排一些与音乐有关的内容,如在幼儿用餐、睡觉、阅读、游戏时穿插播放一些优美动听的音乐。

(2) 整合于主题中的音乐活动。整合于主题中的音乐活动是指渗透在幼儿园的主题活动背景中的、集体性的音乐活动。这一类音乐活动往往是隐性的,并且自然地与语言、数学、科学、美术等学科领域交融于同一主题之中。例如,语言节奏朗诵(在幼儿学习儿歌朗诵的同时,配上一定的节奏要求)、数数歌(帮助幼儿认识数字)等。

(3) 游戏活动中的音乐活动。游戏是幼儿的主导活动,是幼儿园教育最主要的活动形式之一。在幼儿园丰富多样的各类游戏活动中,可以随机渗透音乐教育的有关内容。

(4) 节日活动中的音乐活动。节日活动中的音乐活动通常特指为庆祝节日而组织安排的音乐表演和娱乐性活动。

模块四　幼儿园音乐教育活动设计与指导

一、歌唱活动设计与指导

唱歌是人类表达自己的喜、怒、哀、乐等各种复杂感情的手段,也是幼儿表达自己思想的一种方法。幼儿从学说话起,就把语言当作有旋律、有音色、有节奏的声音来记忆,并根据对它的感受,理解成人语言的意义。例如,温和、高兴的语言代表赞扬;大声、严肃的语气意味着责备。美国夏威夷大学的林伯格教授认为,幼儿唱歌能力的发展是与说话能力的发展平行的,在幼儿语言的咿呀学语期,唱歌能力也相应地发展到咿呀学唱期,而后逐渐从近似唱歌发展到能唱音域合适的歌曲。

(一) 选择和设计歌曲

1. 选择歌曲

(1) 歌词的选择。歌词的内容应该是幼儿能够理解的、容易记忆的、生动有趣的。歌词要有重复和发展余地,便于幼儿记忆和掌握。可以多选用第一人称的歌曲,这类歌曲使幼儿感到亲切,能够自然、真实地表达情感。

幼儿歌曲的内容一般为动植物和自然现象方面、节日和幼儿的日常生活方面,以及一些无意义的音节、象声词等。例如,《在农场》《小海军》《我的好妈妈》等都是幼儿喜欢的歌曲。

(2) 曲调的选择。

① 音域不宜太宽。一般 2~3 岁幼儿适合的音域范围为 $C^1 \sim E^1$,3~4 岁幼儿适合的音

域范围为 $C^1 \sim A^1$，4～5 岁幼儿适合的音域范围为 $C^1 \sim B^1$，5～6 岁幼儿适合的音域范围为 $C^1 \sim C^2$。有的歌曲音域有八度，但旋律主要在高音区进行，幼儿仍然感到难唱。有的歌曲音域为七度，但主要旋律在幼儿感觉舒适的音区内进行，则中班幼儿能唱好，小班幼儿也可适当学唱。例如，《学做解放军》这首歌音域为九度，但旋律主要在 $F^1 \sim C^2$ 之间进行，最高音和最低音出现次数少，并位于弱拍，因此这首歌曲定为 D 调，中班也可以学唱。

② 幼儿歌曲的速度一般为中速。中、大班可以有偏快或偏慢的中速，以及其他多种速度的歌曲。

③ 在节奏和节拍方面，小班初期多选用 2/4 拍、4/4 拍，以后逐渐增加 3/4 拍、3/8 拍等。旋律中常用音符为四中四分音符、八分音符、十六分音符、附点四分音符和附点八分音符等。其中四分音符、八分音符用得最多。

2. 处理歌曲的设计

教师在处理歌曲时，首先要从三个方面来分析歌曲：歌曲的主题思想和教育意义；歌曲的基本情绪；歌曲的节拍节奏、旋律、结构等表现手段所起的作用。然后，根据教学要求，教师应设计歌曲的演唱，决定用什么速度、力度、音色等，使歌曲形象鲜明，富有表现力。

3. 设计幼儿歌曲的伴奏和前奏

（1）伴奏。在幼儿学唱新歌时，伴奏要突出旋律，伴奏音量不能盖过歌声，一般宜淡不宜浓。应尽量选用艺术性强又简单的伴奏型。注意经常让幼儿不用伴奏演唱，减少幼儿对伴奏的依赖性，培养幼儿的音准技能。

（2）前奏。歌曲的前奏提示了歌曲的情绪、速度和音高，教师不能随意改变前奏。在运用前奏时，教师要注意以下几点：

第一，前奏帮助幼儿齐唱，可以在前奏的最后一拍加上"唱"字，在幼儿学会接前奏后去掉"唱"字。

第二，没有前奏的歌曲，可以用歌曲的第一句做前奏。

第三，不用伴奏唱歌时，教师可唱歌曲的第一句，再用呼拍的方式指示幼儿唱歌。二拍子的歌曲呼"预备，唱"；三拍子的歌曲呼"一、二，唱"；四拍子的歌曲呼"一、二、三，唱"。呼拍要遵守"强拍起唱弱拍呼，弱拍起唱强拍呼"的规则。

（二）歌唱活动过程的设计和指导

1. 导入教学

教师可根据歌曲特点和幼儿水平，灵活选择导入的方法。常用的导入方法有动作导入、游戏导入、歌词创编导入、情境表演导入、歌词朗诵导入、直观形象导入等。

2. 教师范唱

教师的范唱决定着幼儿学唱的水平，教师的范唱要音准准确、富有感情、精神饱满，用多种方式重复范唱，适当欣赏录音范唱。

3. 幼儿熟悉、记忆歌词

可以用以下几种方法帮助幼儿熟悉、记忆歌词：

（1）填充提问法。教师说歌词的前半句，请幼儿填说后半句。

（2）逻辑提问法。教师按照歌曲内容的逻辑提问，也可以请幼儿自己讲述歌曲内容，然后由教师把幼儿讲述的内容根据歌词顺序组织起来。

(3) 直观教具提示法。教师可以选用与歌曲内容相关的图片、玩具、实物等直观教具，配合范唱。生动的教具可以提示、帮助幼儿记住歌词。

(4) 节奏朗诵法。教师指导幼儿按照歌曲节奏朗诵歌词，有助于幼儿记忆歌词、旋律和节奏。

4. 教唱新歌

教唱新歌有以下两种方法：

(1) 整体教唱法。整体教唱法即教师范唱后，幼儿从头至尾学唱整首歌曲。这种教唱方法使幼儿能够感受歌曲完整的艺术形象。整体教唱法要求幼儿的记忆、思维处于一种积极状态，以促进幼儿学唱的主动性。

(2) 分句教唱法。分句教唱法即教师范唱一句，幼儿跟学一句。这种形式有助于幼儿学唱，常用于歌曲中的重点和难点乐句的教唱。

在实践中，两种教唱方法一般结合运用。小班以整体教唱法为主，中、大班的幼儿学唱新歌时，教师可以综合运用两种方法，在分句教唱后，再将一首歌曲整体教给幼儿，以使幼儿正确把握歌曲所表达的思想感情。

教师在教唱新歌的过程中，需要教给幼儿初步的唱歌技能和初步的表现手法，使幼儿能有感情地唱歌，能理解、感受歌曲所表达的感情。例如，可以做一些游戏性的练习，如闻花香、学汽笛等，锻炼幼儿的深呼气；可以加入一些手势动作来表示旋律的高低变化，使幼儿对声音的高低有一种形象化的感受，帮助幼儿控制旋律。

5. 对幼儿创造能力的培养

在幼儿学会唱歌的基础上，可以从创编动作和创编歌词两个方面培养幼儿的创造能力。创编动作和创编歌词的环节可以根据歌曲内容、节奏，幼儿的兴趣及教师的教学需要，安排在教学活动的任何一个环节中。

小活动

中班音乐活动：表情歌[①]

【活动目标】

(1) 引导幼儿感受、表现切分音，感受、表现节奏型××|×××|，感受、表现高兴的情绪。

(2) 教幼儿学习根据指定的情绪为歌曲创编新词和有关的动作，并用有表情的歌声和身体动作加以表现。

(3) 引导幼儿注意倾听他人的发言，注意观察他人的表演。

【活动过程】

(1) 引导幼儿学会有表情地、准确地唱这首歌和准确、自然地随节奏拍手。

---

① 佚名.幼儿园音乐歌唱活动教学模式[EB/OL].（2013-01-04）[2017-11-28]. http://jsjxxx. shanghang.gov.cn/jxcs/xqjy/zjzx/201301/t20130104_150705.htm.

(2) 幼儿学习创编新歌词和新动作。

教师提问："高兴时可以用哪些方式来表示?"要求幼儿创编新歌词和新动作,如"我高兴我就哈哈笑""我高兴我就扭扭腰",等等。

教师请参与创编的幼儿把自己的想法告诉大家。然后,再由创编的幼儿带领全体幼儿进行表演。

教师提问："我们生气的时候会怎样？我们难过的时候会怎样?"要求幼儿创编新歌词和新动作,如"我生气我就跺跺脚""我难过我就轻轻哭",等等。

教师引导幼儿用正确的速度和力度来表现新编歌词的内容。

(3) 教师有表情地弹奏歌曲的前奏,让幼儿指出教师所表现的是何种情绪。然后,请幼儿根据前奏暗示的情绪,用相应的歌词、动作及正确的表情来演唱歌曲。

二、韵律活动设计与指导

幼儿园的韵律活动一般包括律动及其组合、舞蹈和音乐游戏三种类型。韵律活动的设计与指导内容包括以下几方面：

1. 感受韵律的指导方法

在学习韵律活动的动作之前,教师应让幼儿反复听音乐,充分感受、正确理解,为学习动作打下良好的基础。教师应安排听音乐伴奏的时间,除了给幼儿听,还可以适当运用下列各种辅助方法,帮助幼儿感受和理解音乐：

(1) 介绍动作内容。韵律活动的动作和音乐是紧密结合的。例如,鸟飞的动作表现音乐流畅、优美的特点;兔跳的动作表现音乐活泼、跳跃、轻快的特点。具体形象的动作更易于幼儿理解和接受。因此,教师从介绍动作入手,能帮助幼儿更好地感受音乐的特点和内容。

(2) 介绍韵律活动的情节。在让幼儿感受舞蹈的音乐和音乐游戏时,教师可以通过介绍角色、情节发展的情况,帮助幼儿感受作品不同乐段的不同情绪,以及乐曲的结构段落、力度、速度、旋律进行等方面的变化。

(3) 教师动作示范。动作示范一般用于小班幼儿,起帮助幼儿记住音乐特点的作用。

(4) 在练习动作时,注意让幼儿欣赏音乐。在韵律活动中,音乐是动作的依据和指令,动作要根据音乐进行。因此,应要求幼儿认真、仔细地听音乐,而不能一味强调动作的准确性,忽视与音乐的结合。如发现幼儿对音乐有不熟悉的地方,要让幼儿反复欣赏音乐的有关部分,加强记忆,深入理解。

2. 教动作的指导方法

(1) 模仿动作。许多律动、音乐游戏及舞蹈中采用了现实生活中的某些形象动作,一般包括以下几个方面:动植物的形象和动作(如鸟飞、兔跳、鱼游等),人们的劳动动作(如摘果子、拔草、骑马等),幼儿日常生活的动作(如洗脸、梳头等),幼儿游戏中的动作(如拍皮球、玩跷跷板等),自然现象特征(如花开、风吹、下雨等)。

教师在教模仿动作时,首先要求幼儿了解动作内容,使其产生一定印象。引导幼儿从自己的经验、印象出发做动作,启发他们创造出与别人不一样的动作。只要具备模仿对象的特点,教师就可承认他们的动作。例如,教小鱼游的动作,要求幼儿仔细观察鱼游的姿势,自己创造动作:有的把两只小手放在身后,做鱼尾摇摆状;有的把两只小手放在身体两侧,做鱼鳍摇摆状;还有的把两只小手紧贴身体两侧,做鱼身体的游动状。必要时,教师也可以亲自教动作,提高动作质量。

(2) 舞蹈动作。幼儿学习舞蹈的主要方法是直接模仿教师的示范。教师在教舞蹈时,要面对幼儿做反方向的示范,也称"镜面示范",让幼儿看清动作的每个步骤。教师还应背向幼儿做正面示范,或站在幼儿侧面示范。示范时,教师可用形象生动的语言进行解释,帮助幼儿体会舞蹈动作的特点。

教师要注意结合示范,分解舞蹈动作。对较复杂的动作,教师要分析、讲解,以明确的语言进行指导。例如,学踏蹚步时,幼儿不易掌握身体的倾斜,对此,教师可以边分析边示范:"作踏蹚步时,身体先稍蹲一下,音乐开始第一拍用脚尖把身体蹚进来……"需要手脚配合的复杂动作,可以分开来教,先教脚的动作,再教手的动作,最后合起来练习。教基本舞步时,要让幼儿了解手、脚、身体及头部的姿势和眼睛注视的方向,严格要求幼儿每个动作的质量,防止幼儿随便做动作。

教师应手把手地纠正幼儿不正确的动作,使幼儿获得相应肌肉运动的感觉,帮助其凭这种感觉做出正确到位的动作。

教舞蹈离不开口令和指示。教师指导时可以把动作指示配上音乐唱出来,使音乐和指示同时对幼儿的动作起指导作用。例如,教交换步(三拍子),教师可以唱"左、二、三、右、二、三……",提示幼儿交换左、右脚,然后过渡到只听音乐。切不可以口令代替音乐,要启发幼儿主动感受音乐的节律。

此外,还可辅助运用对比练习的方法。

总之,在设计教舞蹈动作的方法时,教师要充分了解各种教学方法的作用,并结合实际情况,灵活地、创造性地运用。应注意启发幼儿的想象,让幼儿感受舞蹈的情绪、舞蹈动作的意义,把动作技能和舞蹈的思想感情联系在一起,提高幼儿舞蹈动作的表现力。

(3) 音乐游戏。教师在指导音乐游戏时,要把握其基本步骤。

第一步,说明游戏的玩法和游戏规则。

第二步,角色的分配。应由幼儿自愿担任角色,教师要有意识地让更多的幼儿担任主要角色。

第三步,示范性的小组练习。教师在指导竞赛性的非主题游戏或是主题游戏的某一段活动时,可以请几位能力强的幼儿在前面示范。

在幼儿初步掌握游戏的玩法后,可以逐渐加强音乐的要求,使游戏复杂化。例如,游戏"抢椅子",开始玩时,可以将游戏的结束部分简化为每位幼儿都有一张椅子,只要求幼儿在跑的过程中动作较快、合拍,然后抽去一张椅子,加强游戏的竞赛性。游戏的复杂化是把比较简单的游戏加上某些因素使之复杂化,使幼儿从中受到更多的音乐教育。需要注意的是,并非每个音乐游戏都可以进行这种处理。

教音乐游戏的方法是多种多样的,不应有固定的模式。教师在设计方法时,要注意灵活多样。为幼儿设计的游戏动作和玩法应留有余地,鼓励幼儿主动地、创造性地参与音乐教育活动。

(4) 指导舞蹈队形。

① 完整的舞蹈示范。由几位教师或已学过该舞蹈的幼儿进行完整地示范,使幼儿看到自始至终的队形变化。

② 讲解及小组性示范。主要的舞蹈队形有集体舞的单圈、双圈，邀请舞的邀请舞伴和改换舞伴等。教师可以讲解，或由小组示范。例如，邀请舞，教师做邀请者，请一名能力强的幼儿做被邀请者，两人一同示范动作及位置交换，便于全体幼儿观摩。

③ 教师提示变化线路。幼儿掌握舞蹈队形变化的关键是熟悉自己的空间位置。教师在教队形时，应及时提示将要改变的位置的线路和方向，以及自己与前、后、左、右幼儿的位置关系。同时，可以在黑板上画点、线表示队形的变化情况。此外，要选空间知觉好、音乐感强的幼儿排在变动位置的领头位置。

小活动

小班音乐活动：音乐节奏游戏①

【活动目标】

(1) 在游戏中初步感受节奏的变化。

(2) 乐意跟着教师一起游戏，体验愉快的情绪。

【活动准备】

(1) 歌曲《头发肩膀膝盖脚》。

(2) 有快慢节奏的背景音乐。

(3) 鼓一只。

【活动过程】

1. 活动导入

教师："今天，我们来了那么多做客老师啊，我们先跟做客老师打招呼吧。"

教师："我们班的宝宝可都是很能干的哦，我们来为做客老师唱首歌——《头发肩膀膝盖脚》。"

2. 语言游戏"在哪里？在这里"

(1) 引导幼儿说出歌曲中所唱的身体的各部位。

教师："刚才歌曲中唱到了我们身上的哪些地方啊？"

教师："好，那请你们用手指指看。"

(2) 教师有节奏地提问，幼儿根据节奏回答得有快有慢，并且一边回答一边用手摸摸相应的部位。

教师："你的眼睛（头发、肩膀、鼻子……）在哪里？"

幼儿："我的眼睛在这里！"

3. 跟着小鼓有节奏地进行游戏

(1) 引出小鼓。

教师："这是什么呀？"

---

① 胡茹. 小班节奏游戏《会动的身体》[EB/OL]. (2011-03-29)[2017-10-13]. http://www.61baobao.com/jiaoan/201103/767.html.

教师:"哦,是一只小鼓,这个小鼓还会唱歌呢。谁能让小鼓唱起歌来?"(请3~4名幼儿尝试让小鼓"唱歌")

(2) 引出小手进行节奏游戏。

教师:"小鼓今天来到我们班是想和我们的小手做朋友的,那小手都有哪些本领呢?"

教师:"看看胡老师的手在干什么?"(爬呀爬、捏拢放开、拍手、拍肩……)

教师:"哇,小手有那么多的本领,那赶紧和小鼓做个游戏吧。小鼓唱歌唱得慢慢的,小手也要慢慢地做动作,如果小鼓唱得快快的,那我们的小手也要快快地做动作。大家的小手准备好了吗?"

(3) 引出小脚进行节奏游戏。

教师:"我们的小手那么能干,还和小鼓做了这么好玩的游戏,我们的小脚想不想做游戏啊?"

教师:"小脚会干什么呢?"(踩脚)

教师:"原来小脚可以踩踩踩,那我们也来和小鼓做游戏吧。注意哦,耳朵听仔细啦,小鼓唱歌可是有快有慢哦,小脚也要踩得有快有慢。"

4.在手脚会做节奏游戏的基础上,学动身体

教师:"我们的小手小脚会做游戏,我们的身体也会动哦,你们看,老师的身体还会跳舞呢。"

教师:"瞧,我可是听着音乐做动作的哦,我一下子快快的,一下子又慢慢的。你们想不想试一试啊?"

5.结束

在背景音乐下,教师带领幼儿有快有慢地走出活动室。

三、打击乐演奏活动设计与指导

打击乐演奏是幼儿园音乐教育活动的一个重要组成部分,也是幼儿非常喜爱的活动之一。资料表明,经过系统教育的幼儿,能跟着音乐节拍敲打乐器的比率较大,小班为60%,中班为80%,大班则达到100%。

(一)幼儿打击乐的配器设计

1.选择音乐作品

教师在选择音乐之前要先了解、分析本班幼儿的年龄、性格特点及已有的音乐和生活经验水平。要结合幼儿的兴趣,选择节奏鲜明并且幼儿感兴趣的乐曲,这样不但容易敲出效果,便于幼儿掌握节奏特点,而且能引发幼儿主动学习、主动探索的积极性。《瑶族舞曲》《杨柳青》《拔根芦柴花》《打莲湘》等,都是深受幼儿喜欢的打击乐曲。同时,也可选用一些幼儿熟悉的儿童歌曲、乐曲。

2. 了解和掌握各种打击乐器的特点及其运用

> **知识拓展**
>
> **幼儿常用打击乐器的种类**[①]
>
> 幼儿打击乐演奏就是用特有的打击乐器,按照音乐的节拍、节奏敲打演奏,教幼儿在数拍子的帮助下用运动神经去感受节奏,逐步形成较为稳定的节奏感。
>
> 1. 碰铃
>
> 碰铃是一对用金属制成的小铃,用一根不太粗的绳子[见图7-1(a)]或可抓握的木柄相对固定两个铃[见图7-1(b)],通过相互撞击引起振动而发音。碰铃的音色清脆、柔和,声音高而轻,在打击乐器中属高音乐器。强弱拍都可用,是幼儿园用得最普遍的一种乐器。用绳串联的碰铃的演奏方法为:左、右手的拇指、食指分别紧捏铃碗根部的绳子,不要触及铃,互相碰击发音。使用有把柄的碰铃演奏时,左、右手各握一个碰铃上的木柄,互相碰击发音。碰铃的音色明亮,穿透力强,余音长。
>
> 碰铃的止音方法为敲击之后将碰铃触胸或捏住铃碗。
>
> (a)　　　　　(b)
> 图7-1　碰铃
>
> 2. 三角铁
>
> 三角铁是一根弯成等边三角形的圆柱形钢条,由绳子悬挂一端,用一根金属棒敲击而发音的一种乐器(见图7-2)。其音色接近于碰铃,但音量比碰铃大,延续音比碰铃长。它的演奏方法有两种:一种是左手提悬挂三角铁的绳子,右手持金属棒敲击三角铁的底边;另一种是在三角铁内,用金属棒快速地敲击左右两边或转圈敲击各边,会产生激烈而特殊的音响效果,强弱拍都可用。演奏时,左手食指挂住顶角上的环,拇指、中指捏住环的根部,右手握金属棒,敲击三角铁。向下敲击底边,不要敲击两侧边,否则会引起三角铁转动。三角铁的音色明亮,穿透力强,颤音悠长响亮,能给乐曲带来十分美妙的音响效果。
>
> 图7-2　三角铁

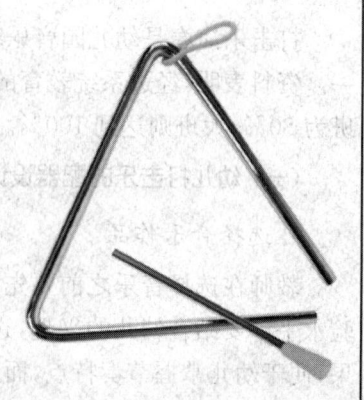

[①] 肖鑫鑫,崔昆.学前儿童艺术教育与活动指导:音乐分册[M].成都,西南财经大学出版社,2016:264-267.

三角铁常用奏法有单击底边、快速连续滚击3条内边、滚击没有缺口的底角内边、滚击顶角内边。三角铁的止音方法为用左手握住顶角或将三角铁收入怀中。

3. 串铃棒

串铃棒是指将若干个小铃串成棒形（或半圆形、马蹄形等），通过敲击、抖动或摇晃引起振动而发音的一种打击乐器（见图7-3），强弱拍都可用。

串铃棒的演奏方式有两种：一种是右手握串铃棒把柄，撞击左手掌使串铃棒发音；另一种是右手握串铃棒把柄，颤动手腕使串铃棒发音。

4. 舞板

舞板有木制舞板和塑料舞板两种（见图7-4）。演奏方法如下：

（1）将舞板置于左手掌上，用右手掌拍击各种较简单的节奏。

（2）左、右手各握一个舞板，用拇指和其他四指捏拢，放开互击。用这种方法可以演奏较快、较密的节奏。

图 7-3　串铃棒

图 7-4　舞板

5. 双响筒

双响筒是用木材制作的空心乐器（见图7-5），有高、低两种不同的音高。演奏时，左手握木柄，右手持打槌，低音置左侧，高音置右侧，先敲击低音，后敲击高音。高低音交替时，音色清脆，能逼真地表现马儿奔驰的音乐形象。

图 7-5　双响筒

6. 沙球

沙球（见图7-6）有椰壳沙球、木制沙球和塑料沙球3种。

沙球的一种演奏方法是左、右手各握一个沙球的柄,双手交替上下晃动发响。另一种演奏方法是控制手腕晃动的力度和幅度,使沙粒在球壳内聚成一团,同时起落撞击球壳发音,用这种方法演奏可收到音色清脆、节奏清晰的"沙拉拉"的音响效果。

教沙球的要领是教会幼儿控制球壳内的沙粒同时起落的技巧,使幼儿能够通过视觉和听觉共同感知沙粒同时起落的情境。

图7-6 沙球

7. 打棒

打棒是一种圆柱体的实心木棒,两根一组(见图7-7)。两棒相击时,发音清脆、响亮、穿透力强。

演奏时,左手握住一根棒的一端,尽量使手指与棒的接触面小,形成一个空心拳,右手握住另一根棒的一端,敲击左手打棒的中间。

8. 铃鼓

铃鼓是用皮革(或塑料)蒙在带有可活动的金属小钹的木质围框上,通过手指(或手腕肘)的敲击或手腕的抖动、摇晃引起振动而发音的一种乐器(见图7-8)。它兼有鼓和铃的特点和作用,可在强拍时击鼓突出重音,也可在弱拍时轻轻抖动发出铃声。铃鼓有多种演奏方法:可以用手掌击鼓心,其音色柔和;可以用手掌击鼓边,其音色明朗干脆;可以用鼓面击身体部位,则铃的声音较明显;可以用手腕连续地抖动,则会产生颤音的效果。

执鼓的方法是右手拇指、小指在鼓圈外,食指、中指、无名指在鼓圈内,中指穿入鼓圈的圆孔。铃鼓的演奏方法如下:

(1)用手掌、肘、肩、膝等击鼓圈或鼓皮。

(2)急速抖动手腕使之发出一连串颤音。

(3)右手平端铃鼓于胸前,鼓皮朝上,用左手手指富有弹性地敲击鼓面中心。

图7-7 打棒

图7-8 铃鼓

> 以上是没有固定音高的打击乐器,其中适合小班幼儿演奏的乐器有碰铃、串铃棒、舞板、铃鼓(敲击)等;中班幼儿能学习铃鼓(抖动、摇晃)、打棒和沙球等乐器的演奏;三角铁和双响筒一般适合大班幼儿演奏。这些打击乐器的演奏,都要求儿童做到手腕放松、灵活,不僵硬,有弹性,能控制手的动作,自然协调地敲击、摇动、振动或抖动,以取得较好的音响效果。

3.分析音乐作品,进行配器

首先,教师要分析选择的乐曲有什么风格,是抒情的还是欢快的曲调;其次,教师要分析选择的音乐作品是几拍子的,因为拍子不同节奏特点会有所不同,两拍子的节奏特点是强、弱,三拍子的节奏特点是强、弱、弱,四拍子的节奏特点是强、弱、次强、次弱;再次,教师要分析选择的音乐作品是什么段式的,如是 ABA、ABAB、ABCA 等;最后,确定所选音乐作品的重点和难点。

一般情况下,针对一段短小的歌曲和乐曲,宜选用少量种类的乐器,设计的节奏型也宜较简单,多重复,仅在高潮处或结束句加以适当变化。篇幅较长,表现手法较多的乐曲或歌曲,要考虑增加乐器种类及多样化的节奏,以丰富其音响效果。小班的打击乐宜简单,中、大班的打击乐可以较为复杂。

在选配乐器和选编节奏型时应考虑强弱拍的对比、音色的对比、力度的对比、节奏的对比和速度的对比。以《瑶族舞曲》为例,在配器上选择铃鼓、小铃和圆舞板,强调瑶族舞曲的优美和欢快的情绪,突出铃鼓的颤音,表现曲调的悠扬。在节奏型的设计上,应注意强弱拍的对比、音色和节奏的变化对比。

总之,选配乐器要与乐曲协调,应贯彻统一、对比的原则。全曲应有代表性的节奏型贯彻乐曲始终,多重复,形成乐曲节奏的完整性,以便于幼儿掌握。在全曲统一的基础上,允许有对比地改变乐器和节奏,使乐曲更富有表现力,显示出更丰富的音响色彩。

(二)打击乐演奏活动过程的指导和设计

1.幼儿欣赏、熟悉音乐

欣赏音乐是打击乐演奏活动的重要一环,可以引起幼儿对打击乐曲的兴趣,使幼儿熟悉音乐,感受音乐的特征、力度、速度等。如果幼儿没兴趣也不熟悉音乐,则无法进行打击乐演奏活动。

教师可以向中、大班幼儿适当介绍配器的依据。

2.练习整体的身体动作

为了便于幼儿充分感受音乐的节奏感,较快地掌握各种打击乐器的演奏方法,教师可以给每种乐器编上相应的身体动作,如拍手、拍腿、拍肩、拍膝盖、碰手指、跺脚等。

以《拔根芦柴花》为例,此曲共运用三种打击乐器,在编配节奏时考虑了乐曲的强弱拍、音色和节奏的对比,主要节奏型是×××,变化节奏是××××,结束句的加强节奏为××。教师可以将三种乐器分别编上相应的拍腿、拍肩和碰手指动作,以拍手代表共同演奏的节奏。

身体动作是一种特殊形式的律动,经过数次练习,幼儿便能记住并较快掌握,最重要的是幼儿可以全面掌握各种乐器的演奏方法,并通过身体的动作,充分感受音乐的节奏。但应注意这一环节不宜太长。

3. 幼儿拿乐器的整体演奏练习

在练习身体动作的基础上,可以让幼儿拿乐器进行整体演奏的练习。

开始练习时,演奏的速度可稍慢,由教师指挥并作语言指导,指挥的动作要清楚、利落。除手的动作之外,眼神和面部表情也可帮助一同指挥。在幼儿掌握演奏方法后,可以请能力强的幼儿担任指挥。

持相同乐器的幼儿应集中坐在一起,高音乐器一般排在前面,中音、低音乐器依次向后。当大部分幼儿基本掌握演奏方法之后,应让他们轮换敲击不同的打击乐器,这样有助于幼儿更好地认识各种乐器,学习不同的节奏演奏方法,发展其相互协调的能力。

教师可以将打击乐曲中配器复杂、节奏变化大的重点乐句,先让幼儿单独练习,掌握后再练习完整的乐曲。

（三）指导幼儿自编乐曲节奏的活动

教师应选择幼儿十分喜欢、熟悉的乐曲,指导幼儿进行简单的自编节奏活动。这些乐曲必须简短,特征显著,易于用节奏乐加以表现,以提高幼儿自编活动的积极性和兴趣。教师要启发幼儿分析音乐的内容和情绪,告诉幼儿配上打击乐是为了更好地表达音乐的情绪。

教师可以先请幼儿设计出几种节奏型,让大家共同讨论,再选出最适合乐曲的节奏型。然后用一种或两种乐器演奏全曲,再经过幼儿讨论,逐步增加节奏型的变化,增添打击乐器。在活动过程中,教师要充分听取幼儿的意见,鼓励幼儿不断修正,不断尝试,肯定其设计的节奏。最后,教师把幼儿讨论的结果加以整理,让幼儿拿乐器正式演奏。在整个活动过程中,教师的启发、引导作用是关键。

幼儿自编节奏的活动能发挥幼儿在打击乐演奏活动中的主动性和创造性,培养幼儿的综合音乐能力,使幼儿学会用打击乐器表达自己对音乐的感受,用音乐表达自己简单的审美观点等。

四、音乐欣赏活动设计与指导

音乐是听觉艺术,音乐形象是通过各种表现手段塑造出来的。由于幼儿年龄的差异,各年龄班级幼儿的音乐欣赏能力也不同。

（一）选择幼儿音乐欣赏的素材

教师在选择幼儿音乐欣赏作品时应从以下三个方面进行考虑:第一,音乐作品具备较高的思想性和艺术性,有鲜明的音乐形象;第二,音乐作品的内容和表现形式应丰富多样;第三,音乐作品应生动、易记,便于幼儿感知和接受,符合幼儿的生活经验和音乐知识。

教师可以在日常教育活动中,注意为幼儿积累与欣赏内容有关的生活经验,或者通过介绍、图片、故事、参观等途径,增加幼儿相应的知识经验。

（二）幼儿音乐欣赏活动设计

音乐欣赏是一个由浅入深、由表及里、由感性到理性的认识过程,它包括以下内容:

（1）音乐感知。音乐感知是指幼儿对音乐的直接印象,对音乐及其结构形式的初步总体印象。

（2）情感体验。情感体验伴随音乐的全过程,幼儿通过这一活动领会音乐情感的深刻含义。

（3）联想想象。联想想象指由音乐感知和情感体验唤起幼儿对有关生活、意境的联想和想象。

（4）理解认识。将以上三种活动综合,使幼儿能够理解音乐内容。

（5）审美活动。审美活动是欣赏的较高阶段,指欣赏者对作品的内容、形式从本质上进行审美评价,在审美过程中陶冶自己的情操。

上述活动既有各自特定的任务,又是一个不可分割的整体,彼此渗透,相互影响。教师在设计音乐欣赏活动时,主要目标是引导幼儿正确感受音乐的美妙。

（三）幼儿音乐欣赏活动指导

幼儿音乐欣赏活动的全过程一般可以设计为三个阶段。教师要根据所欣赏作品的特点和幼儿对作品的反应,灵活组织和指导活动,避免枯燥单调、一成不变的形式。

1. 第一阶段

第一阶段内容是初步欣赏作品,完整地听一至两遍。

在第一阶段,教师可以设计一些方法,提高幼儿最初的欣赏效果。

2. 第二阶段

第二阶段内容是重复欣赏音乐作品,深化审美的效果。要求幼儿在掌握音乐作品的主要内容和情绪的同时,感受和理解音乐表现手段的表情作用,比较完整、全面地感知音乐作品,并记忆、识别音乐作品的主要音调。

3. 第三阶段

第三阶段内容是检查音乐欣赏的效果。幼儿欣赏的音乐作品,经过一段时间后可以进行再欣赏,一方面是为了复习,以加深、巩固对音乐作品的印象,另一方面是为了检查欣赏的效果。检查幼儿记忆作品的情况,是音乐欣赏活动的继续。

综上所述,音乐欣赏的几种不同内容的音乐活动是相互联系、相互影响、相互渗透的整体,彼此不同的特点构成了丰富多彩的音乐艺术。在幼儿园具体的音乐活动中,体现着这四种活动的有机结合。

在设计每一种内容的音乐活动时,教师要善于分析音乐作品的特点,结合幼儿的实际水平,根据各项内容的整体目标,制定出切实可行的具体活动目标,然后再设计每一个活动环节。每个环节都需考虑到教师指导的方式方法,安排幼儿主动活动的内容。在活动的组织形式方面,可以采用集体、小组和个别幼儿活动相结合的方法,使得每一位幼儿在音乐活动中获取应有的进步。

实践活动

实践项目一　音乐欣赏：摇篮曲（小班）[①]

【活动目标】
（1）通过音乐欣赏，体验安静、缓慢、温柔的情感。
（2）能运用体态语言表现对摇篮曲的理解和感受。

【活动准备】
小摇篮（幼儿人手一个）、娃娃摇篮曲音乐和动画。

【活动过程】
1. 引出主题，与娃娃做游戏
教师："这是谁？"
教师："你喜欢小娃娃吗？今天小娃娃和我们一起做游戏，玩个捉迷藏的游戏。"（放音乐）一段音乐结束后问娃娃躲在哪儿了。
教师："娃娃玩的真开心，她有点累了，怎么办呢？原来她睡觉的时间到了，她想睡觉了，你有什么好办法让娃娃安静地睡觉呢？"（幼儿自由讲述模仿）
教师："小朋友想出那么多好办法让娃娃安静地睡觉，我也想出一个办法，我给娃娃听首曲子，哄她睡觉，我们一起来听一下吧！"

2. 欣赏乐曲，理解摇篮曲的特点
教师："听了这首乐曲，娃娃睡着了吗？"（娃娃真的安静地睡着了）
教师："为什么她听了这首曲子会睡觉呢？你听了这首曲子感觉怎么样？"（优美，好听）"这首曲子很热闹还是很安静？"
教师："这种很优美、很安静的音乐叫摇篮曲，摇篮曲是专门哄宝宝睡觉的曲子，你们小的时候，妈妈一定也唱着摇篮曲哄你们睡觉。"
教师："想不想也来当妈妈哄宝宝睡觉？我们一边听音乐一边学妈妈哄娃娃睡觉吧！"（欣赏第二遍）
教师："刚才你的娃娃听了摇篮曲中的哪些话就睡着了呢？"（幼儿自由发言）
教师："我们再来听一遍，这一次我们边听边看妈妈是怎样唱着摇篮曲哄宝宝睡觉的，也可以跟着学一学，唱一唱。"

3. 听音乐，用肢体语言表演
教师："还有许多的娃娃没睡觉，我们一起哄娃娃睡觉，好吗？"

4. 结束活动
教师："让我们轻轻抱着娃娃送她回家吧！"

[①] 佚名.小班音乐欣赏活动：摇篮曲［EB/OL］.［2017-10-12］.http://data.06abc.com/20110607/83560.html.

实践项目二 音乐创编：小雪花（中班）[①]

【活动目标】

（1）结合季节教育，围绕"雪"的主题展开音乐活动，通过多种教学手段的运用与教学环节的设计，使幼儿认识雪的特性，并尝试以"雪"为主题的词、曲、歌舞及打击乐等形式的音乐创编活动。

（2）引导幼儿体会如何用不同的音乐形式来表现"雪"的形象与内容，并感受二拍子、三拍子和四拍子的节拍特点及其在音乐表现与情感表达方面的不同。（重点体会三拍子音乐的特点及强弱规律）

（3）培养幼儿多方面的音乐技能和即兴创编能力；发展幼儿的想象力、创造力；锻炼幼儿的合作和勇敢精神；激发幼儿热爱大自然、保护环境的美好情感。

【活动准备】

（1）环境材料：活动场地的布置（冬天的雪景绘画、装饰等为背景），地毯，小椅子（每把椅子背后挂有一只布袋，内有打击乐器一件），头饰，纱巾若干。

（2）教具：多媒体教学软件一套，(磁盘)电脑、投影仪、大屏幕、话筒。其中软件的内容主要包括：动画片《雪孩子》的 VCD 一张，"智慧老人"的录音一段，编配的二拍子、三拍子、四拍子的乐曲共三段，"雪花"的动画设计一段，节奏型设计，打击乐的节奏谱设计等。

【活动过程】

1. 开始部分

带领幼儿到户外看雪，观察雪的颜色、形状，感知雪的特性，并启发幼儿发现和描述雪的特性（如雪是银白色的，在阳光下会闪闪发光，形状有粒状的、片状的、六角形的等，落到地上、房子上、树上是一层层的，落到脸上冰冰的、凉凉的，放在手里很快会融化。踩到厚厚的雪上有时会发出"咯吱"的声响，雪还可以团成球状，小雪球放到雪地上能越滚越大……)

2. 基本部分

（1）带幼儿进入活动区，请幼儿观看动画片《雪孩子》（利用电脑、投影仪、大屏幕播放VCD）并提问：

① 雪孩子是什么做成的？

② 雪孩子为什么不见了？

③ 你喜欢雪孩子吗？为什么？

引申："你们想不想知道雪孩子去哪里了？请智慧老人告诉大家吧。"（利用电脑设计的程序，放"智慧老人"的录音）

（2）引导幼儿创编《雪孩子》的歌词，并帮助幼儿将创编的内容进行修改，整理成四句歌词。（利用电脑将幼儿创编的歌词打在大屏幕上，有不认识的字，可教幼儿重点认读）

（3）引导幼儿为歌词选择合适的曲调，并填词演唱。

① 播放三段节拍、速度、风格不同的曲调，请幼儿欣赏并让幼儿谈谈对各段音乐的感受

[①] 佚名.中班音乐教案：小雪花[EB/OL].[2017-12-10]http://new.060s.com/article/2008/10/16/86359.htm

（如欢快的、忧伤的、雄壮的、抒情的等）。

②启发幼儿讨论：给《雪孩子》的歌词配曲，哪一段最合适？（幼儿可以分别尝试将歌词填入三段乐曲中并比较）

③结合歌词与音乐形象的特点，重点向幼儿介绍三拍子的节拍特点和强弱规律。（可让幼儿试着用自己的身体来打三拍子，如跺脚、捻指、拍手、拍腿、拍脸、拍肩及用嘴巴发出各种声音等，提示幼儿在打拍子时应将第一拍重击，并与其他两拍区分开）

④幼儿看节奏谱打各种三拍子的节奏型。（利用电脑将节奏型依次打在屏幕上）播放三拍子的曲调，引导幼儿试着填词演唱。（可请幼儿单独演唱，并用话筒录音之后放给大家听，鼓励幼儿大胆演唱，并对有进步的幼儿进行奖励）

（4）欣赏乐曲《小雪花》，启发幼儿根据歌词的内容创编舞蹈。（利用电脑播放《小雪花》的音乐，同时在大屏幕上打出设计的《小雪花》的动画背景，启发幼儿的创作灵感和兴趣）

①启发幼儿设计不同的动作去表现雪花在空中轻盈飞舞、自由自在的姿态。（鼓励大胆、新颖的创意表演）

②帮助幼儿分析音乐。（重点提示幼儿在音乐的休止部分可作静止的动作或造型；三拍子的音乐特点是抒情，动作应轻柔……）

③播放音乐及动画背景，并提供一些舞蹈道具，如头饰、纱巾等，幼儿自由即兴创编表演。

（5）指导幼儿为舞曲《小雪花》编配打击乐并表演。

①幼儿拿出自己的小口袋中的乐器自由结组（教师根据情况做适当调整），分组讨论设计的方案。

②请各组幼儿分别表演，并说明设计的理由。

③组织幼儿评议，并选出最佳方案。（用电脑打在大屏幕上）

④幼儿按乐器分组，看节奏谱为《小雪花》的音乐配打击乐并表演。（用录音机录下来，播放给幼儿听，鼓励幼儿表演，使他们体会到成就感，同时结合其中的不足提出改正建议）

3. 结束部分

请幼儿谈谈自己的收获或感受，引出：

（1）大自然中的四季都是十分美好的，冬天虽然寒冷，但却能锻炼我们不怕严寒的精神，雪能给我们带来很多好处：保护庄稼、杀死病菌、滑雪、堆雪人、打雪仗等，从而教育幼儿热爱自然、保护环境。

（2）从《雪孩子》的故事中，我们懂得了团结友爱、智慧勇敢、不怕牺牲的精神。

（3）活动延伸，教师提议：我们重新做个"雪孩子"吧！（放堆雪人的音乐——三拍子）教师带幼儿到户外堆雪人。（若条件允许可在幼儿堆雪人游戏时，连续播放堆雪人的歌曲，使幼儿在一种欢快的音乐声中游戏，并使他们在不知不觉中学会这首歌）

实践项目三　舞蹈创编：西班牙斗牛舞（大班）[①]

【活动背景】

引导孩子关注各国的民族文化，通过活动让幼儿了解西班牙极具特色的民族舞蹈——

---

① 佚名.幼儿园大班音乐活动教案：西班牙斗牛舞[EB/OL].[2017-10-13].http://www.06abc.com/topic/20111211/86156.html.

斗牛舞。

幼儿乐于合作,因此,通过创编双人舞的形式让孩子协商合作,体验成功的快乐。

【活动要求】

(1) 在学习斗牛舞的基础上尝试大胆创编双人舞,了解双人舞中动静、高低、进退的变化特点。

(2) 体会和感受各地民族舞蹈的情境。

【活动准备】

(1) 对中国、韩国、日本这几个亚洲国家的风俗习惯有所了解,对西班牙的风俗文化有粗浅接触与了解。

(2)《卡门序曲》磁带和配有《卡门序曲》的西班牙斗牛视频资料,要求是斗牛和斗牛舞交替的画面。

(3) 斗牛士的斗篷、扮演牛的牛头等道具。

(4) 日本舞《樱花》、朝鲜舞《大长今》、汉族舞《步步高》,以及各国民族服装、国旗的课件PPT和视频资料。

【活动过程】

一、民族歌舞对对碰

了解不同国家民族舞蹈的音乐、动作和服装特点,互相交流经验。

(1) 教师提问:"世界是个大家庭,你最喜欢哪个国家?为什么?"

(2) 出示中、日、韩三国的国旗(课件PPT),提问:"这是哪些国家的国旗?"

(3) 播放三个舞蹈片段,分别为日本舞《樱花》、朝鲜舞《大长今》和汉族舞《步步高》,提问:"这三段舞蹈分别是哪个国家的舞蹈?"

幼儿可能会围绕音乐特征、服装、舞蹈动作等来回答,所以教师可以再细致一些。

活动中,教师的追问有:

"这是什么国家的舞蹈?你是怎么知道的?"

"日本的服装有什么特点?为什么要背一个福袋?"

"韩国的音乐听上去什么感觉?是几拍子的?"

"《步步高》里你听到了哪些乐器?"(二胡、笛子、扬琴等民族乐器)

二、听听说说聊音乐

幼儿体验《斗牛士》强劲有力、节奏鲜明的音乐,创编相应特征的斗牛舞动作。

(1) 听音乐《卡门序曲》。教师引导:"刚才你们看到的都是我们亚洲国家的民族舞蹈,今天老师要带你们走得远一点,走进欧洲的一个国家,去看看那里的民族舞蹈是怎样的。先来听一段音乐。"

幼儿对乐曲有了认知后,教师可以从音乐素养方面加以提问,进行欣赏分析。

"这段音乐听上去有什么感觉?"

"这段音乐的节奏是怎样的?"

"听上去可能是在干什么?"

"你会想到什么动作?"

(2) 教师提问:"哪个国家的舞蹈可能会用这样节奏强烈、充满力度的音乐呢?"

（3）教师出示西班牙的国旗："对了，是西班牙的民族舞蹈。可到底是西班牙的什么舞呢？"根据活动前对西班牙已有的认识和了解，幼儿可能会说出是斗牛舞。

（4）播放配有《卡门序曲》的西班牙斗牛士斗牛视频，组织讨论：为什么西班牙会有这样的风俗呢？

（5）介绍斗牛舞的由来。

从前在西班牙有一个长着牛脸的怪兽，每年都要出来伤害无辜的孩子，人们都非常怕他。有个年轻人发誓一定要消灭这头长着牛脸的怪兽，于是他带着一件色彩鲜艳的斗篷进入了怪兽住的迷宫。他们战斗了很久，一直打到了悬崖边，突然年轻人把斗篷遮在自己身前。牛脸怪兽一看到颜色鲜艳、不停抖动的东西就会发狂、兴奋，于是它朝年轻人冲了过去，眼看年轻人就要摔下悬崖，他冷静地把手中的斗篷向旁边一让，怪兽立刻摔下悬崖。从那以后，人们给这个年轻人取了个名字叫"斗牛士"。在西班牙，"斗牛士"的意思就是"最勇敢的人"。后来，为了纪念这个年轻人，西班牙把"斗牛"作为一种体育比赛项目，每年都会举行比赛，斗牛舞也成了他们最有特色的民族舞蹈。

（6）播放斗牛和斗牛舞交替的视频资料供幼儿欣赏。

三、风姿飒爽斗牛舞

跟着节奏创编双人斗牛舞的动作，体验双人合作造型的动静、高低、进退变化。

（1）播放《卡门序曲》并引导："我们来编斗牛舞的动作，谁来试试看？"

请个别幼儿试一试，说说为什么做这个动作，大家学一学，激发幼儿的参与兴趣。

教师："谁来试试看？"（鼓励幼儿大胆上前表演）

教师："这是在干什么呀？我们也来做一下。"

（2）教师小结并提出新的要求："斗牛士的动作要有力度和节奏感，如果我们要跳双人斗牛舞，一个人做斗牛士，一个人做牛，你们会怎样编呢？那里有一些道具，领会了两人合作的意图，便找寻同伴合作创编。"

（3）播放《卡门序曲》，幼儿跟着音乐进行创编。

教师可以通过提问、模仿、讨论来进行动作的解析：他们的动作好在什么地方？

知识巩固

1. 简述音乐教育活动对幼儿发展的影响。
2. 分析幼儿歌唱水平的发展特点，谈谈应怎样培养幼儿的歌唱技能。
3. 论述音乐欣赏活动的几个阶段。
4. 结合实例，分析音乐游戏和打击乐演奏的活动环节。
5. 分析造成幼儿唱歌音调不准的原因。
6. 分析"喜洋洋"的曲式结构。
7. 阅读下列材料，回答问题。

在一堂音乐课中，教师播放钢琴曲《牧童短笛》，让孩子两两扮演牧童与牛，并让他们自己寻找"笛子"的替代品进行表演。教师在孩子熟悉对话性乐段的基础上让他们听音乐表现乐曲所表现的动作与表情。孩子们的表演仅限于骑在牛背上走，于是我及时地用问题做引导:"牧童非常爱牛,他带牛到河边除了骑着它,还会做什么?哪一段讲述了牛不听话,牧童生气……"第二次,幼儿的表现就丰富了许多:和牛说悄悄话、抚摸牛、围着牛跳舞、吹笛子等,幼儿尽兴地体验到了歌曲的内涵与快乐。

请回答:这则材料说明了什么道理?

单元 8　幼儿园美术教育

学习目标

- 了解幼儿园美术教育的特点；
- 了解幼儿园美术教育的目标；
- 掌握幼儿园美术教育的内容；
- 掌握幼儿园美术教育的方法和途径；
- 能够进行幼儿园美术教育活动设计。

案例导入

在一次绘画活动中，我拿出小朋友从家中带来的蜗牛请他们观察，随后我又出示了一张小蜗牛的绘画，说："今天老师带蜗牛出来散步，蜗牛可高兴了……"我边说边示范蜗牛的绘画方法，接着我请幼儿动手也来画画小蜗牛，并要求幼儿在画面上添画背景来构建作品的情节，如你带蜗牛来到了什么地方，等等。幼儿都开始按照教师的要求作画了，在指导过程中我发现阳阳并没有按照我的提示在做，而是在画面上涂了一块褐色。一开始我看了很不解，还用指责的语气说："阳阳，你这是做什么？你的小蜗牛呢？""老师，我的小蜗牛都躲到石头下面去了。""为什么小蜗牛要躲到石头下面去呀？"阳阳的想法引起了我的好奇心，接着他的回答我继续询问他。"因为小朋友们老是要去抓它、摇它，所以我叫它躲起来。"想不到阳阳的回答如此简单，但却是来自他的生活经验[①]。

幼儿园美术教育是美术教育的组成部分，是指教育者遵循学前教育的总体要求，根据幼儿身心发展的规律，有目的、有计划地通过美术欣赏和美术创作活动，培养幼儿的美术审美能力和美术创作能力，最终促进其人格和谐发展的一种审美教育。幼儿园美术教育旨在丰富幼儿的情感，初步培养幼儿感受美、表现美的情趣和能力。

---

① 钱丽燕.作品解读：走进孩子的绘画世界[EB/OL]．（2015-07-09）[2017-10-13]．http://www.xbedu.net/jky/detail/14897-61-1.html.

模块一　幼儿园美术教育概述

一、幼儿园美术教育的意义

美术教育在幼儿的所有活动中占有举足轻重的地位，它不但所占比重大，而且对幼儿的身心发展具有重大意义。《纲要》中对美育（包括美术教育）明确提出要"激发幼儿初步表现美、创造美的情趣"，并指出幼儿园的美术教育活动是有目的、有计划地引导幼儿主动活动的多种形式的教育过程。幼儿园美术教育具有下列意义：

1. 幼儿在美术活动中可以得到全面发展

美术对幼儿来说是一种全面、完整的活动，需要幼儿全身心地投入。从对物的感知到情感的酝酿、动机的创造、意象的生成，最后通过一定的媒介动手塑造出具有某种意义的形象，美术活动是一个内外相互作用的完整过程。期间，幼儿能够运用他们全部的心理能力并倾注全部热情，从而得到全面的锻炼。

2. 美术活动是适合幼儿年龄特点的活动

作为艺术的一种，美术有一个重要的特征，就是它的基本表现方法是象征，即创造某种具体可视物代表与之同形的另一事物或意义，这也是幼儿思维的典型特点。幼儿在两三岁以后，表象功能日渐发展，他们的心理活动开始脱离具体事物和行动来进行。这时，他们获得一种新的心理能力，即象征性功能。幼儿开始用特殊的动作、线条、形状、声音、物体等来代表他们头脑中对某些事物的印象和情感，也就是所谓的以物代物。美术活动中的思考方式与幼儿这一时期心理活动的特点极为吻合。对幼儿来说，美术是可以把握，又有着无限探索余地的广袤空间。美术领域的活动使幼儿新萌发的心理能力得到练习，这种能力正是人创造力的萌芽，极富生命力，会将身心发展中的许多方面纳入自身，不断完善，成为日后诸多心理能力中独具价值并非常活跃的一部分。同时，象征性功能也是许多高级的心理能力产生的基石。可以说，美术活动是幼儿天然的需要，是他们健康成长必不可少的。

3. 美术学习符合时代和未来幼儿教育的要求

在现代社会中，随着信息化进程的加快，图像作为一种有效而生动的信息载体，越来越广泛地出现在人们的生活中。学习美术课程，有助于幼儿熟悉美术的媒体材料和形式，理解和运用视觉语言，更多地介入信息交流，共享人类社会文化资源。

在知识经济时代，创新精神是社会成员最重要的心理品质之一。美术活动过程的情趣性、表现活动的自由性和评价标准的多样性，提供了创造活动最适宜的环境。美术课程发展的创造精神，将会对幼儿未来的工作和生活产生积极的影响。

技术性活动是人类社会的一种最基本的实践活动，美术课程向幼儿提供了技术性活动的基本方法，有助于培养幼儿勇于实践的心理品质和善于实践的个人能力，为幼儿未来的创造性活动打下良好的基础。

二、幼儿园美术教育的特点

幼儿园美术教育具有美术教育的一般特点,但它又具有不同于一般美术教育的特征。结合幼儿的发展特点和美术教育的特点,幼儿园美术教育一般具有以下三个特点:

(1) 具有强烈的情感色彩。幼儿丰富的情感往往是其参与各种活动的原动力。幼儿喜欢想象,往往有惊人之作。幼儿对美术有一种自然的需要,他们喜欢随处画画,喜欢做色彩游戏。幼儿心理发展的一大特点是以自我为中心,容易将自己的情绪情感投射到物体上,用身心感悟周围的世界。正是幼儿的这一特点,使得美术活动成为其进行情感沟通和实现情感满足的途径。

(2) 以培养幼儿的审美创造能力为核心。幼儿不受客观世界规则约束的想象力,使其具有独特的创造天赋。在幼儿的美术作品中,成人世界中的有关美术创作的许多条条框框被打破,出现了一些在成人看来既可笑又非常可爱的现象,如不合逻辑的构思、不合比例的造型、主观想象的色彩、随意安排的空间构图等。这些超常规的、独特的表现,蕴含着幼儿天然存在的大胆想象和神奇创造。幼儿创造美术作品的过程是一个极具个人色彩的过程,由富有个人情感色彩的感知、审美加工和创造性表达组成。因此,教师在评价美术作品时,要多站在幼儿的角度,用欣赏和发现的眼光来评价。教师要保护幼儿的创造性,既要有发现幼儿创造的眼光,又要有积极的鼓励行为。

(3) 重视幼儿的操作。美术教育中必不可少的重要组成部分之一就是操作。幼儿在操作中亲身体验某种情感的发展,体验美术活动的乐趣,进而获得审美感知,进行审美创作。

幼儿园美术教育可以通过美术和教育两个方面体现出来。一般来说,幼儿园美术教育是以以教育为取向的普通美术为主,但又和中、小学的普通美术教育有所不同,幼儿的美术活动是他们本真的生命活动。幼儿的美术活动就是一种成长性需要的满足,没有直接的功利性,以活动过程本身为目的、为满足。从这一层面上说,幼儿园美术教育也是一种特殊的纯艺术领域,它的着眼点是美术本身,即由美术本位出发的美术取向的美术教育。因此,以教育为手段,对幼儿传授一些基本的、简要的美术知识和技能,在美术文化的意义上进行发展和延续,也是必要的。

三、幼儿美术能力的发展

幼儿美术活动是一种创造性活动,也是幼儿用于表现自己内心感受、意愿和情感的视觉语言。当幼儿反复感知和多次观察周围的事物,并在头脑中形成事物的表象之后,他便想通过绘画等美术活动把头脑中形成的事物表象表达出来。当幼儿创作的图画使他认识到了自己的创造性潜力,幼儿便会感受到成功的喜悦和满足。

1. 幼儿绘画能力的发展阶段

国内外学者对幼儿绘画能力的发展情况做过大量的研究,如德国学者克申施泰纳(D. Kerschensteiner)在其著作《儿童绘画能力的发展》、美国美术教育家罗恩菲尔德(Victor Lowenfeld)在其著作《创造与心智的成长》、我国著名儿童心理学家和儿童教育家陈鹤琴在其著作《从一个儿童的图画发展看儿童心理之发展》中对幼儿绘画能力的发展情况都有描述。这里将幼儿绘画能力的发展综合归纳为三个阶段,且突出其3~6岁的年龄特征。

(1) 涂鸦期(2~3岁)。1岁半左右的幼儿,由于能独立行走,因此用手进行的探索更为自由。偶然的涂抹使此年龄段的幼儿惊喜,于是在纸上、书上,甚至在墙上、地上等到处画点、画线,涂鸦期就这样开始出现了。涂鸦期的婴幼儿常常是五个手指头抓着笔(如粉笔、蜡笔等较粗易抓住的笔)在纸上乱涂乱画一些杂乱的线条,这是缺少视觉控制的肌肉运动,无明确的作画意图。发展到第二阶段为有控制的涂鸦,幼儿出现简单的目的,注视自己画出的线条,但不能成形,不注意色彩变化,常常使用单色笔,偶尔换另一种颜色的笔涂画。

(2) 象征期(3~4岁)。象征期是一个过渡时期,也是幼儿绘画方面的一个进步时期。这一时期,幼儿在构思、造型、色彩、构图等诸方面都有明显的发展。象征期幼儿绘画的特点是乱线条略有减少,开始有了简单的、不太明确的构思,常常会画一些大圈圈、小圈圈,幼儿偶尔也能有意识地画出一个类似某种东西的图像,但这些图像与事物实体没有直接的关系,仅仅是简单的图形和线条的组合,是粗略的、不完全的,往往会遗漏部分特征,没有整体感,结构有时不合理。从色彩上看,此时期幼儿的画面上颜色的种类通常达到三四种以上。他们喜欢在每种物像上都涂上颜色,并开始注意按物体的固有色选择相应的颜色涂染,如树叶是绿色、树干是棕色等。

(3) 图式期(5~6岁)。图式期是幼儿真正开始有目的、有意识地再现周围事物和表现自己经验的时期,也是幼儿绘画最有活力、最有想象力的时期。他们以自我为中心创造绘画方法,在构思、造型、色彩、构图等诸方面比象征期有明显的发展。

从造型上看,图式期的幼儿能用较为流畅、熟练的线条表现物体的整体形象,试图将部分与部分融合为整体,并用一些细节来表现事物的基本特征,图画的结构较合理,各部分之间的关系基本正确。

从色彩上看,随着认识能力的发展,幼儿注意按照物体的固有色来着色。有研究表明:5岁幼儿能选择与对象相似的颜色来表现客体;6岁幼儿则在表现出对象固有色的基础上,添加上对比色或类似色,画面色彩丰富多样,且用色彩来表达情感的能力也有明显提高,如用暖色表现热闹和快乐,用冷色表现伤心和神秘等。随着幼儿动作的灵活性和准确性的提高,他们在涂色时,不仅能做到均匀涂色,而且能不涂出轮廓线。

从空间构图上看,这时的幼儿开始注意物体的大小比例,但还不能把握住分寸,其绘画形象丰富。虽然还不能自发地表现物体的空间遮挡关系,但已有想表现的趋势。从整个画面上看,出现了基底线的画法,即在画纸的底部画出一条长长的线条作为地面的标志,把整个画面分成地上和地下两部分,所有地面上的物体都在基底线上排列成一排,表示这些物体处于同一水平高度上。逐渐地,这种并列式构图发展为散点式构图,即把画面上原来并列的物像分解离散开来,分布在画面的下面2/3部分,使得画面看上去立体化了。这一阶段的后期,少数幼儿能画出多层并列式构图和遮挡式的构图,使画面看上去有深度感。

应根据幼儿的不同发展阶段,适时地提供不同条件,给予恰当的指导,促使幼儿的绘画从低级阶段向高级阶段过渡。

2. 幼儿手工能力的发展阶段

手工活动是幼儿美术创作的另一个组成部分,但是对它的研究还不够广泛和深入。根据目前已有的研究发现,幼儿手工创作能力的发展也经历了与绘画能力发展大致相同的过程,且有其自身的阶段特征。

(1) 无目的的活动期(2~4岁)。这一时期的幼儿不能有目的地制作形象。例如,在泥塑活动中,幼儿只是手握油泥或拍打油泥,时而掰开,时而揉成一团,享受油泥或黏土的触觉感及形态的变化感。这一阶段的后期,幼儿能制作出代表一切固体物体(人、动物、房子等)的圆球。这与涂鸦期幼儿在图形涂鸦阶段用大大小小的圆来代表一切事物是完全一致的。在剪纸活动中,刚开始幼儿并不知道剪刀的用途,看到剪刀拿起来就玩,在成人的指导下逐渐会用手拿剪刀,但不能正确使用,纸和剪刀常常配合不好,纸张常常被铰在剪刀里或从剪刀缝里滑出。慢慢地,幼儿开始会剪出一些奇形怪状的纸片,而不是如意的纸形。在粘贴活动中,幼儿还不清楚糨糊的作用,出于好奇,还会偷偷舔食。

无目的的活动期的幼儿还没有明确表现的意图,只是满足于手工操作的过程,享受着自主活动的快感,体验手工工具和材料的特性。

(2) 基本形状期(4~5岁)。基本形状期相当于绘画中的象征期。在这一时期,幼儿已由无目的的动作逐渐呈现出有意图的尝试,常常在制作开始时就宣称他将要做什么,然后才开始着手制作。在泥塑活动中,幼儿进入将泥团圆、搓长成棒状的阶段,其意义仅限于表示事物的方向和长度。到了本阶段的后期,棒状出现了粗细、长短的变化,能塑造出具备所要制作的物体的基本部分与部分之间的连接,但只是形体的机械相加,整体感不强。有时会添加一些辅助物,使形象更加逼真。此时期的幼儿由于手的动作发展不够成熟,还不能很好地表现物体的细节。

(3) 样式化期(5~7岁)。样式化期的幼儿表现的欲望很强烈,他们喜欢用各种工具和材料进行制作,以表达自己的意愿。在泥塑活动中,幼儿能搓出各种弯曲的盘旋的棒状物,并用棒状物以一定的角度倾斜相交成三度式样;他们还能塑造出立方体和圆柱体,并会用棒状物组合的方式组合一些复杂的物体。在连接方法上,样式化期的幼儿能用较为流畅的方法连接,使制作的物体成为一个有机的整体。此时期幼儿已会借助辅助工具来表现物体的细节特征。

在剪纸活动中,这一阶段的幼儿不仅能连续剪直线,而且能双手配合着剪曲线。由于能顺利地剪直线和曲线,此时幼儿基本上能剪出自己所希望的形状,如窗花等。

在利用纸盒进行的立体造型中,幼儿不仅能通过剪、挖、接合、粘贴等技巧进行构造,还能对作品进行细节的装饰,如给作品着色等,力求更完美的表现。

3. 幼儿美术欣赏能力的发展

3岁以后的幼儿,随着认识能力的发展,其美术欣赏能力的发展不仅与生理机能有关,而且受到其社会认识的制约。3~6岁的幼儿,在美术欣赏感知和理解方面,表现出以下特点:

(1) 对作品内容的感知先于对作品形式的感知。这一阶段的幼儿还没有完全形成一种真正意义上的审美态度,而只是一种求实的态度。当一件美术作品呈现在他们面前时,他们首先感知到的是作品的内容,很少有意识注意到作品的形式审美特征。且这种对作品的感知理解仅仅是浅表层次上的,还不能深入地感知作品内容所蕴含的深刻主题及所反映的精神内涵。

(2) 在教育的干预下,幼儿能感知美术作品某些形式的审美特征。此阶段的幼儿对作品的造型、设色、构图,作品的情感表现及风格的感知与理解已有所表现。在线条与形状的感知方面,此时的幼儿总是喜欢把它们与具体的形象联系起来谈论;对色彩的认识方面,此时的幼儿首先发展的是辨认颜色、正确配对,逐渐向指认和命名发展;在空间构图感知方面,有相当一部分幼儿已经具备了感知美术作品的空间深度的能力,且随着年龄的增长,这种能力在发展。

在作品的风格感知方面,有研究表明,幼儿表现出对作品风格感知的困难,易受作品内容的影响。通过训练,6岁及以上的幼儿慢慢能够感知作品风格。

(3)幼儿更喜欢感知描绘熟悉的物体和令人愉快的现实意义的美术作品及色彩明快的美术作品。作品的内容是否客观、真实地再现了现实世界,作品的色彩是否丰富、鲜艳,是他们判断作品好坏的两个最主要的标准。

幼儿喜欢的是再现性的作品和能够识别出作品中所描绘的对象的非再现作品。有研究结果表明,6岁的幼儿对什么样的画是美的还没有一致的标准,绝大多数幼儿认为,画有花、动物、家庭摆设、小鸟等幼儿熟悉的、美好的、使人愉快的事物的作品是美的,而画有残骸、人的脑壳、人形怪物等事物的作品是丑的。

随着年龄的增长,幼儿对偏爱原因的理解也越来越注意形式特征和技巧方面,如涂得好不好等。

总之,幼儿美术欣赏能力的发展,既受先天无意识的影响,也受后天认识能力发展的制约,经历了一个从笼统到分化,从没有标准到具有一定标准,从以自己直观的情感偏好为主到比较客观的分析为主逐渐发展的过程。这就要求我们应为幼儿创设一个富有美感的环境,提供适合其年龄特征的美术作品;对作品的选择应有组织有系统,以使幼儿的欣赏经验系统化;同时,应有目的、有计划地引导幼儿感知、理解美术作品的内容和形式。

模块二　幼儿园美术教育的目标和内容

幼儿园美术教育的目标是指导美术活动设计与实施的准则,是对幼儿园美术教育目的和要求进行的归纳,是幼儿园美术教育的具体标准和要求。

一、幼儿园美术教育的目标

幼儿园美术教育目标的确立要考虑到幼儿的发展、社会的需要和学科的性质三方面的因素。从幼儿的发展来看,主要是生理的成熟与心理的发展,前者是指小肌肉的发育与手眼协调能力的发展,后者是指认知、情感与技能的发展。从社会需要来看,现代社会是飞速发展的社会,变化日新月异,所以未来社会所需要的是富有创造力、思维能力和身心和谐发展的人才。从学科性质来看,美术是一门造型艺术,形式美和独创性是它的本质特征,在幼儿阶段,美术活动可以分为绘画、手工、欣赏三种类型。

幼儿园美术教育的总目标是:通过幼儿对周围环境和美术作品中美的感受,培养幼儿对美的敏感性;通过幼儿在美术活动中自由自在的表达,引导幼儿感受美术活动的乐趣,培养其审美情感和表达能力,促进其人格的健全及和谐发展;通过幼儿对多种美术工具和材料的操作,培养其审美表现力和审美创造能力。

幼儿园美术教育的总目标根据幼儿美术活动的不同类型可细分为不同的目标,主要表现在以下几个方面：

1. 绘画方面的目标

（1）引导幼儿初步学习多种绘画的基本技能和方法，帮助幼儿养成良好的绘画习惯。

（2）使幼儿能大胆地运用线条、色彩、构图，初步进行创造性的表现，培养其绘画创造能力和创造意识。

（3）引导幼儿体验绘画活动带来的快乐，培养他们对绘画的兴趣。

2. 手工制作方面的目标

（1）引导幼儿初步学习手工材料和工具的基本使用方法，培养其良好的手工活动习惯。

（2）使幼儿能大胆地塑造和制作不同形态的手工制品，表达自己的意愿。

（3）帮助幼儿在塑造和制作活动中发展小肌肉，增强手眼的协调性。

（4）引导幼儿体验手工活动带来的快乐，培养他们对手工的兴趣。

3. 美术欣赏方面的目标

（1）引导幼儿学习一些粗浅的美术知识，了解对称、均衡等形式美的初步概念。

（2）引导幼儿初步感受周围环境和各种美术作品中造型、色彩、构图的情感表现性。

（3）引导幼儿感受美术作品的内容，使他们了解美术作品是如何表现现实生活的。

（4）引导幼儿用语言、动作、表情等表达自己对形式美和内容美的感受，培养他们对美的敏感度和评价能力，丰富其美感经验。

（5）引导幼儿体验美术欣赏活动带来的快乐，培养他们的欣赏兴趣。

二、幼儿园美术教育的主要内容

幼儿园美术教育的内容包括绘画、手工制作、美术欣赏三个方面。

1. 绘画

幼儿绘画教育活动是教师引导幼儿用各种笔、纸等工具和材料，运用线条、造型、色彩、构图等艺术语言创造出视觉形象，从而表达创作者的思想、情感的一种活动。

绘画的内容主要包括以下两方面：

（1）绘画工具和材料的认识与使用。幼儿常使用的绘画工具和材料包括蜡笔、油画棒、水粉颜料、广告颜料、毛笔、排笔、铅画纸、宣纸、卡纸等，这些工具和材料都具有不同的性质。绘画的工具和材料多种多样，其使用方法也如此，如涂蜡法、点彩法、刻画法、喷水法等。

（2）绘画的形式语言。绘画的形式语言是绘画表现的手段，主要包括线条、形状、色彩、构图等要素。

2. 手工制作

幼儿手工制作教育活动是教师引导幼儿使用各种手工工具和材料，运用剪、撕、贴、折、塑等手段制作出平面或立体的物体形象，从而锻炼幼儿动作的灵活性和协调性，提升幼儿实际操作的能力，并培养幼儿工作的计划性和条理性的一种教育活动。

幼儿手工制作活动的工具主要有剪刀、泥工板（用来放置泥）、辅助材料。对于泥工,主要制作技法包括团圆、搓长、压扁、捏、挖、分泥和拉伸等。对于纸工,主要制作技法包括折、剪、撕、粘贴、盘绕、编制等。

3. 美术欣赏

幼儿美术欣赏是教师引导幼儿欣赏和感受美术作品、自然景物和社会环境中的美好事物,丰富幼儿的美感经验,培养其审美情感、审美评价能力和审美创造能力的一种教育活动。

幼儿美术欣赏的对象主要包括艺术作品(如绘画作品、雕塑作品、实用工艺和建筑艺术)、自然景物,以及周围环境中的美好事物。幼儿在美术欣赏活动中应掌握的知识与技能主要包括以下四个方面:

(1) 美术欣赏方面的简单知识,如冷色、暖色、变化、对称等。

(2) 用自己的语言对欣赏对象做出适当的描述。

(3) 用各种"语言"表达自己对欣赏对象的感受和认识,如口头语言、形体语言、美术语言(色彩、造型、构图等)等。

(4) 运用不同的艺术形式表达自己的感受和体验,如绘画、泥塑、粘贴、剪纸、撕纸等。

模块三　幼儿园美术教育的方法和途径

一、幼儿园美术教育的方法

幼儿园美术教育的方法是教师和幼儿为了完成美术教学目标和任务,在教学过程中采用的活动方式和手段的总称。教学方法对实现美术教育目标有着重要的作用,方法使用得恰当与否,直接关系到美术教育活动的效果。教师应根据不同的教育内容,选择最适合的教育方法。

1. 观察法

观察法是指在教师的指导下,幼儿通过多种感官感知事物的形状、颜色、结构,以及事物之间的空间位置、相互关系等,获得对事物的感性认识。观察法是幼儿园美术教育活动最基本的方法,其目的在于帮助幼儿积累内在图式,深化表象,使幼儿获得鲜明、深刻、完整的视觉形象,激起幼儿表现的意愿。

为了培养幼儿的观察兴趣,训练幼儿眼睛的敏锐性,使其养成随时随地观察的习惯,教师在运用观察法时应注意以下要求:

(1) 观察目的要明确。教师在指导幼儿观察时,要事先让幼儿了解观察的内容,并组织和帮助幼儿进行有目的、有计划地观察。

(2) 选择适合幼儿观察的对象。根据幼儿的年龄特点,教师要选择那些形象生动、色彩鲜明、能引起幼儿兴趣的观察对象。

(3) 组织幼儿观察的方法要丰富多样。教师要根据观察目的、幼儿年龄特点和实际情况灵活运用各种观察方法。对生活中不易观察到的事物,教师可用图片、标本、多媒体等来展示。

> **知识拓展**

幼儿园美工区活动观察记录表

表8-1　幼儿园美工区活动观察记录表

观察日期：＿＿＿＿＿＿＿＿　　　　　　　　　　　　　　　观察对象：＿＿＿＿＿＿＿＿

评价项目			评价标准	表　现	调整分析
兴趣		绘画	积极主动参与并选择		
			比较被动，目的性强		
		粘贴	积极主动参与并选择		
			比较被动，目的性强		
		泥工	积极主动参与并选择		
			比较被动，目的性强		
能力	绘画	造型	形象较逼真		
			有初步形象		
			线条阶段		
		用色	有目的用色且较丰富		
			有目的用色但比较单调		
			无目的一用到底		
		创造性	构思较独特		
			模仿他人		
	粘贴		能粘贴出简单画面		
			能粘贴出简单形象		
			对操作感兴趣，无目的地粘贴		
	泥工		能借助工具捏出简单物体		
			利用模具印出物体		
			对操作感兴趣，无目的地随意摆弄		
品质		遵守规则	能自觉遵守规则		
			需要成人提醒		
		合作性	共同使用材料，能与人合作		
			独自操作，不与人交流		
		持久性	能较专心地坚持始终		
			有始无终，频繁更换		

2. 示范法

示范法是指教师把美术活动过程中的难点、重点直接操作给幼儿看,使幼儿在直接模仿的条件下,学习一些参加美术活动必需的、关键的、技术性的操作的方法。

示范包括整体示范和部分示范。整体示范一般用在幼儿学习新的技能时,是指教师把表现物体形象的过程连续地、完整地操作给幼儿看,如中班纸工活动制作"牵牛花",教师从头至尾将折叠的过程操作给幼儿看。部分示范法是指教师把美术活动中的某一部分操作给幼儿看,如大班绘画活动"美丽的公园",教师只需示范树与树的遮挡重叠部分的画法。

教师在示范前应做好准备工作,在示范时应做到动作熟练、准确,让每一名幼儿都能看清楚,有时可视具体活动内容采取蹲下或走到幼儿面前进行示范等方式。在示范时教师应用明确、简练的语气讲解,使幼儿能深刻理解和接受新的知识和技能。

3. 游戏练习法

游戏练习法是指通过游戏的形式,引导幼儿在愉快、积极的状态下学习美术技能,将视觉形象改变为视觉—运动形象,培养幼儿手眼协调的能力,提高幼儿对美术活动的兴趣的教育方法。

游戏练习法符合幼儿的年龄特点,它的使用是灵活多样的,游戏性的命题、游戏化的练习方式、对美术成果的游戏性处理及美术活动中游戏性材料的使用等,都可以把美术和游戏结合起来,如"吹泡泡""煮元宵"等游戏化的命题,能显著提高幼儿绘画的兴趣。

4. 情感熏陶法

情感熏陶法是指教师为幼儿创设充满感情色彩的情境和宽松愉快的心理环境,让幼儿在身心最佳的状态下,产生追求美和表现美的欲望和热情,积极主动地去观察、想象和创造的教育方法。

教师可创设充满情感色彩的审美环境,激发幼儿的兴趣,使幼儿产生参加美术活动的内在愿望,如对室内外的环境布置、各活动区(角)的创设,应尽量做到和谐优美、造型生动、色彩鲜明、符合幼儿的审美情趣。同时,在美术活动中,教师要为幼儿创设一个宽松愉快的心理环境。教师自身应对美术活动充满兴趣,全身心地投入到活动中去,以生动的、富有感染性的语言调动幼儿对生活经验的回顾、体验。

二、幼儿园美术教育的途径

幼儿园美术教育的途径包括正规的美术教育活动和非正规的美术教育活动。

1. 正规的美术教育活动

正规的幼儿园美术教育活动,可通过幼儿园课程中与美术直接有关的学科或领域进行,也可通过课程设置中的其他各学科或领域进行,也可以是主题背景下的美术教育活动。

幼儿园美术学科或领域的教育根据教育内容的不同,可以分为绘画教育、手工教育、美术欣赏教育。但在美术学科或领域的教育活动中,这些内容往往是综合在一起的。

其他各学科或领域中的美术教育活动,是指渗透在幼儿园的语言、科学、社会、健康等学科或领域中的美术活动。例如,通过社会教育中的美术活动,可以欣赏不同国家和地区的艺术家的作品,了解其艺术表现的风格和特点。

主题背景下的美术教育活动是综合性的美术活动,在实施中,它强调鼓励幼儿乐于探究美术活动、勤于动手表现，要求幼儿超越单一的接受学习，亲身体验实践活动。在活动过程中，幼儿将体验自主学习、探究学习、合作学习，发展终身学习的愿望和能力，培养美术创造能力。主题背景下的美术教育活动为幼儿构建了一种开放的美术学习环境，为幼儿获取美术知识和美术技能提供了多种渠道。

2.非正规的美术教育活动

幼儿园中非正规的美术教育，主要是通过幼儿在活动区的自由活动、幼儿园美术环境的创设，以及教师对幼儿随机进行的集体的或个体的美术指导等方式进行的美术教育活动。幼儿园非正规的美术教育活动通常包括以下几种：

（1）幼儿园环境创设活动。幼儿园环境创设活动的目的是引导和支持幼儿与周围环境进行互动。幼儿是环境创设中不可缺少的参与者，幼儿参与，不仅是作品的展出，教师还应遵循幼儿年龄特点有目的、有计划地组织幼儿参与设计、收集和准备材料、布置、操作和管理等活动，并不断发挥幼儿在环境创设中的主体作用。幼儿参与环境的设计与布置，可以从活动区、彩绘墙饰等方面入手。

（2）美术角和美术室活动。美术角是幼儿园区角活动中常见的形式之一。美术角材料的投放应当多样化，以满足不同幼儿的需要。所需材料可发动幼儿、家长、教师共同来收集，并分门别类地摆放，便于幼儿拿取。美术角的活动内容应根据各年龄班的基本美术教育活动的目标和内容定期更新。美术室的设置要根据幼儿园的实际条件而定，一般设在有较大活动空间的教室。美术室可以是专门的活动室，如泥工活动室、画架绘画活动室等，也可以是综合的活动室，如把美术室划分为绘画区、手工区和欣赏区等。美术室的开放需要幼儿园进行统筹安排，并由教师进行指导。

（3）随机的美术指导。随机的美术指导是指在自由活动时间内，教师对幼儿所进行的美术活动指导。教师在日常生活中可以抓住每个机会对幼儿进行随机的美术教育。例如，午餐后带领幼儿在园内散步，和幼儿谈论一年四季景色的变化，随机欣赏幼儿穿着的漂亮衣服，以及教师的发卡、丝巾等。

模块四　幼儿园美术教育活动设计与指导

幼儿园美术教育活动设计与指导包括幼儿绘画教育活动、幼儿手工教育活动和幼儿欣赏教育活动的设计与指导。每种类型教育活动的教案设计，都包括活动目标、活动准备、活动过程和活动延伸等几个步骤。

（1）活动目标。每个具体教育活动目标的设计，最直接的依据是年龄阶段目标，但要结合本班幼儿的实际发展水平和上次美术活动的情况。目标的设计要考虑幼儿认知、情感和技能三方面的整合，并符合一定的表述要求。

（2）活动准备。活动准备一般包括知识经验的准备及工具、材料的准备，有些是教师所做的准备，有些是教师和幼儿共同做的准备。幼儿的准备往往需要家长的配合，教师应在活动前通知家长，得到家长的协助和支持。例如，大班绘画活动"暑假里的高兴事"，幼儿要有暑假生活的经验，教师最好事先组织幼儿进行这个主题的谈话活动。活动准备中，有些常用的工具应做到每人一套，如剪刀、彩色水笔等；有些要根据活动的需要，临时准备，如印章画中所用的萝卜印章、纸团印章等。在手工教育活动中,废旧挂历纸、各种纸盒、易拉罐等废旧材料,需要平时收集和积累。总之,活动的准备也是活动得以顺利、有效进行的保证。在活动设计中,应该用简洁明了的语言写清楚各项准备要求。活动过程的设计与指导将在后面分类型具体叙述。

(3) 活动过程。根据教育目标的不同和幼儿园的物质条件不同,教师可以设计不同的活动过程。针对活动过程中发生的情况,教师可以灵活安排活动内容。

(4) 活动延伸。活动延伸在美术教育活动中是指围绕本次活动的主题、目标,在活动后的游戏里或美工区(角),适当安排一些相关的内容来巩固幼儿学到的新经验、新技能。在活动延伸的设计方面,以绘画教育的活动延伸为例,教师有意识地安排专门的交流时间,让幼儿把自己画的画编成故事讲给同伴、教师或家长听,教师还可提供手工制作材料,在美术区(角)里让幼儿通过动手制作来反映对绘画主题的感受,可在游戏中提供练习、巩固技能的机会等。除此之外,活动延伸还可把绘画活动与幼儿园的其他各领域的教育活动结合起来,促进幼儿能力的全面发展。

一、绘画教育活动设计与指导

幼儿园绘画教育活动过程包括创作引导、作业辅导、作品评价等几个主要步骤,其设计与指导如下所述:

(一) 创作引导

创作引导阶段主要采用全班集体活动的形式,指导主要是用语言启发、讲解,帮助幼儿明确本次活动的要求,使幼儿的绘画活动能围绕主题来开展。创作引导大致分为以下几个步骤:

1. 导入活动

引导幼儿感知或回忆、提取与本次活动相关的经验。在物体画中,主要是引导幼儿用多种感官感知所要描绘事物的特征;在情节画中,主要引导幼儿回忆并提取与本次活动相关的经验。导入活动应注意精练化、游戏化,最好能在最短的时间内调动起幼儿的积极思维,激发幼儿创作的愿望。导入活动的方式有直观导入、谈话式导入、美术作品欣赏导入、情境导入等。

2. 讲解示范

引导幼儿学习本次活动的重点和难点。讲解的语言要简练,富有启发性,示范动作要清楚,让幼儿能掌握本次活动的基本技能。在讲解示范中,教师应注意为幼儿留下宝贵的思维空间,不局限幼儿的创作。

3. 交代本次活动的具体要求

在幼儿创作前,教师要向幼儿明确地提出一些要求,交代绘画程序,以便幼儿能够准确明了地去描绘。例如,小班绘画活动"草地上的鲜花",教师可交代的具体要求为:作画顺序是在纸上用蜡笔画好草地,然后用手指蘸水粉颜料点画鲜花;提醒技能要求,如色彩搭配、合理布局、均匀涂色等;提醒幼儿养成好的习惯,如正确使用工具、专心作画、爱惜作品等。以上几方面的要求在实际运用时,应根据活动的特点与所使用工具、材料的不同,以及幼儿的实际水平等灵活地、有侧重地提出。

创作引导在绘画活动中是最关键的环节，要求教师仔细推敲，在最短的时间内完成并达到相应的效果，留下充足的时间供幼儿进行绘画创作。

（二）作业辅导

作业辅导包括如何构思、如何造型、如何使用色彩、如何构图等几方面的内容。教师在了解每位幼儿在构思、造型、色彩、构图等几方面不同发展水平的基础上，针对每位幼儿的特点采用分层指导法，有针对性地进行辅导，让每位幼儿在自己原有的发展水平上再向前一步。

（三）作品评价

教师评价幼儿作品的态度和标准，直接影响幼儿参与美术活动的兴趣和积极性，也影响幼儿对作品的态度和对美的鉴赏能力。一般教师应从以下几方面来评价幼儿的作品：符合同龄幼儿的一般水平，有童趣，有一定的艺术性（表现为线条有力、连贯，图形、形象清晰完整，画面饱满、均衡，色彩明快，内容丰富、充实）。

教师的评价应以鼓励为主，结合不同幼儿的发展水平，以发展的眼光来对待幼儿的作品。

在组织作品评价时，小班幼儿的作品可以教师评价为主，中、大班幼儿的作品可采取教师评价与幼儿评价相结合的方法。在评价过程中，教师应注意把评价的标准慢慢教给幼儿，并引导他们积极地评价同伴的绘画作品。幼儿自身评价与相互评价，不仅有利于其评价能力的提高，还有利于其社会性的发展。

二、手工制作教育活动设计与指导

幼儿手工的发展与绘画的发展，两者既有共同的方面，又有各自独特的地方，教师在设计与指导中，应遵循幼儿发展的年龄特征和手工工具、材料本身的特点，真正发挥手工活动的作用。

（一）泥工教育活动设计与指导

1. 导入活动

明确所要制作的形象，激起幼儿创作表现的愿望。教师可引导幼儿直接感知或回忆，提取相关的经验，帮助幼儿分析所要制作的事物的外形特征。

2. 讲解示范

引导幼儿学习本次活动的重点和难点。对不同年龄段的幼儿，教师的指导应各有侧重。小班幼儿刚开始接触泥工活动时，要让幼儿玩泥，体验泥的柔软性、可塑性，教师要引导幼儿学习用团、搓、压的技能，塑造一些幼儿熟悉的、外形简单的、容易表现的物体，如"元宵""饼干"等。在泥工塑造技能学习方面，教师要边示范边讲解，让幼儿跟着教师的动作模仿。中、大班幼儿进一步学习分泥、连接、捏边、砌合、抻拉等技能，教师应重点示范所学的技能。

3. 作业辅导

教师应采用巡回指导、分层指导的方法。

4. 作品评价

作品评价应以积极鼓励为主，教师评价与幼儿评价相结合。

在泥工制作活动中，教师还应注意培养幼儿养成良好的卫生习惯，如操作时卷起长袖，随时将泥块放在泥工板上,以免弄脏桌面等。

(二)纸工教育活动设计与指导

纸工包括粘贴、撕贴、折纸、剪纸等。

纸工教育活动的导入活动、作业辅导、评价作品程序同泥工教育活动的设计与指导相似。

纸工的讲解示范内容如下:

1. 粘贴

粘贴是指幼儿用教师事先准备好的规则的或不规则的纸,粘贴出某种形象(形象轮廓可以是教师画好的),或经过想象粘贴成自己喜欢的作品。前者较为简单,一般在小班进行,重点指导幼儿如何用糨糊涂抹;后者可在中、大班进行,重点启发幼儿构思主题,展开丰富的想象。

2. 撕贴

撕纸可以锻炼幼儿手对形状的控制能力。撕纸的材料可以是普通彩纸或报纸等,撕纸的方法大致有自由撕、按折痕撕、按轮廓线撕、折叠撕等。一般来说,要求幼儿所撕的物象应该是特征明显、外形简略的。让幼儿在随意撕纸后根据所撕的形象,进行想象并进一步添画,发展幼儿的想象力。教师应重点指导按活动所要求的技能撕及粘贴的方法。

3. 折纸

折纸是幼儿喜欢的活动之一。折纸取材方便,彩色蜡光纸、旧挂历纸、废报纸等都可。

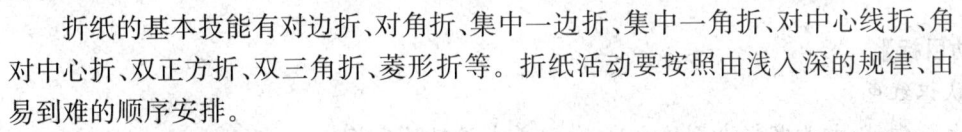

折纸的基本技能有对边折、对角折、集中一边折、集中一角折、对中心线折、角对中心折、双正方折、双三角折、菱形折等。折纸活动要按照由浅入深的规律、由易到难的顺序安排。

对小班最初的折纸练习,教师主要指导幼儿对齐、抹平。由于折纸的过程容易忘记,到中班时,教师可以引导幼儿学习看图折纸。教师事先按折纸顺序画好步骤图,图上线条要简明,要教幼儿认识和熟悉折法符号。一开始,教师可以边教幼儿识图边进行演示,帮助幼儿理解图上的符号。演示时,教师用的纸要比幼儿的大,要有正反面,教师手的动作要明确,语言要简练明确。待幼儿理解图示后,教师可逐步过渡到仅演示重点和难点,其他部分让幼儿自己看图折。大班幼儿增添了组合折叠,即把折好的几部分组成一个整体。教师应重点指导几个部分的插接,引导幼儿思考如何插接才不会松散。

4. 剪纸

剪纸的主要方法有目测剪、沿轮廓线剪和折叠剪。剪纸的技能学习应按由易到难的顺序安排。从小班下学期开始,幼儿就可以学习使用剪刀。在小班和中班初期,以学剪直线和曲线为主。指导沿轮廓线剪时,重点指导幼儿应用左手转动底片,防止边剪边拉,使物象周围不整齐;折叠剪的指导重点是折叠部分,只有折叠好了,才能剪出对称的或有规律的图形。

在日常生活中,教师可在美术区(角)投放一些废旧的挂历纸或有物象的旧画书,让幼儿在游戏时间多加练习。这样,能提高幼儿剪纸的技能,更好地满足幼儿剪纸的愿望。

三、美术欣赏教育活动设计与指导

幼儿美术欣赏活动是指对美术作品、自然景物、环境布置等具体可视形象的欣赏活动。美术作品的选择,应注意复制品的印刷质量要尽可能与原作品接近,并且画幅要尽可能大一些,以便让幼儿能看清楚。作品可用幻灯、投影、电视录像和电影等方式呈现给幼儿。指导幼儿欣赏美术作品,教师首先要加强自身的美术修养,了解作品产生的时代背景、作者要表达的思想感情及作品的表现手法等。在自然景物和环境布置的欣赏中,最好能让幼儿身临其境,这样可以激发幼儿的审美情感,陶冶其情操。

在欣赏活动中,教学方法的运用很关键。首先,教师要注意调动幼儿审美的积极性,启发幼儿思维的时候要做到饱含感情、充满兴趣。活动开始时,教师不要急于进行讲解分析,因为教师的讲解极易给幼儿造成思维定式,影响幼儿自身主动的感知和体验。其次,教师不要过多、过深地讲解分析,避免对幼儿进行填鸭式的灌输;应主要通过提问的方法,对幼儿加以引导,使他们沿着一定的程序积极地进行思考、联想和感受,提高自身的审美能力。教师的总结应事先设计好,做到言简意赅、通俗易懂,使幼儿能理解;语言要充满联想,以调动幼儿的情感与想象。

实 践 活 动

实践项目一 美丽的红色(小班)[①]

【活动目标】

(1) 认识红色。
(2) 大胆尝试,初步掌握涂刷的方法,体验美术活动的乐趣。

【活动准备】

(1) 主色是红色的玩具若干。
(2) 棒纸卡片若干,卡片上用白色油画棒画有各种玩具。
(3) 红色颜料、刷子、抹布若干。

【活动过程】

(1) 出示玩具,请幼儿挑选一件自己喜欢的玩具自由玩耍。在幼儿玩玩具的时候,教师鼓励幼儿之间相互交流,引导幼儿观察玩具的颜色,初步认识红色。教师提问:"你玩的是什么玩具?这么漂亮的玩具是什么颜色的?"
(2) 出示天线宝宝波儿,展示红色。教师提问:"快看谁来了?波儿穿的衣服可真漂亮。这么漂亮的衣服是什么颜色的?你有没有这个颜色的玩具呀?"
(3) 扩展幼儿思维,鼓励幼儿大胆发言。教师提问:"你还在哪里见过红色?"
(4) 玩游戏"捉迷藏"。教师和幼儿一起用手蒙住眼睛,请配班教师把玩具藏起来,可以

[①] 佚名. 美丽的红色_美术活动(小班)[EB/OL].[2017-10-16]. http://new.060s.com/article/2008/10/21/124641.htm.

藏到柜子里、椅子下、窗台上等,藏好后大家开始找玩具。当幼儿找到玩具时,引导幼儿说出在哪儿找到的玩具及玩具的名称。重复游戏时,逐步加深游戏的难度,可让幼儿再找出玩具身上的红色。

(5) 玩游戏"照相"。大家做摄影师,为玩具拍照片。

(6) 玩游戏"洗相片"。

① 展示相片的"底片"(棒纸卡片),引起幼儿的兴趣,教师示范"洗相片"。用刷子蘸上红色颜料,轻轻地在纸上来回刷,"底片"上的玩具被全部刷满颜料后,相片就洗出来了。

② 辅导幼儿"洗相片"。教师鼓励幼儿大胆尝试,指导幼儿初步掌握涂刷的方法。

(7) 自由探索。鼓励幼儿到户外去寻找漂亮的红色。

【活动评析】

在这个小班的美术活动设计中,教师尊重幼儿爱玩游戏的特点,使美术活动多样化、游戏化。活动设计中,教师为幼儿提供实物、实景、实在的生活经验,创设了一种宽松的学习环境,体现了师生互动、生生互动的精神,巧妙地利用"油水分离"这一科学现象增加了游戏的趣味性,让幼儿毫无顾忌地涂抹挥洒,充分体验在美术活动中的成功和快乐。

实践项目二　妈妈的新发型(中班)[①]

【设计意图】

妈妈是幼儿最熟悉、最亲近的人。在孩子们的心目中,自己的妈妈永远是最漂亮的。在本次活动中,我们引导幼儿用五彩的毛线摆弄出直的、弯的、螺旋形、波浪形等变化多样的线条,来表现妈妈的新发型,以激发孩子们对这种表现手法的好奇心,从而使幼儿产生较强的学习兴趣。

【活动目标】

(1) 尝试用各种颜色的毛线和其他材料为妈妈设计发型,感受毛线贴画的美。

(2) 乐意用自己的作品表达对妈妈的热爱之情。

【活动准备】

1. 经验准备

观察妈妈的发型;欣赏展示在区角中的各种发型照片。

2. 材料准备

(1) 贴有空白头像的即时贴,各色毛线、皱纹纸、彩色水笔等。

(2) 用即时贴和毛线制作的范例。

【活动过程】

1. 引导幼儿欣赏教师的新发型,激发幼儿的兴趣

教师:"老师要过生日了,做了个新发型,你们觉得怎么样?"

(幼儿自由讨论,教师引导幼儿说说新发型美在什么地方或怎么设计更好看)

---

① 佚名.幼儿园中班美术活动设计:妈妈的新发型[EB/OL].[2017-10-16].http://data.06abc.com/20120428/88703.html.

2. 引导幼儿讲讲自己妈妈的发型,帮助幼儿梳理已有的经验

教师:"刚才你们欣赏了老师的发型,现在请大家讲讲自己妈妈的发型。"

(教师引导幼儿从头发的长短、直卷、颜色及是否有发饰等方面进行表述,体会各种发型的美)

教师小结:"妈妈们的头发有的长、有的短,有的直、有的卷,有的是黑色、有的是黄色、有的是棕红色,有的头发上还有发夹等发饰。这些发型各有各的美,都很漂亮。"

3. 引导幼儿观察用即时贴和毛线制作的范例,激发幼儿的创作愿望

(1) 教师展示自己为妈妈设计的发型,引导幼儿充分观察。

教师:"这是我为妈妈设计的发型,你觉得最美、最有趣的地方在哪里?"

(2) 引导幼儿观察制作材料及制作方法。

教师:"看一看,老师为妈妈设计的发型是用什么材料做的?是怎么做出来的?"

(引导幼儿通过观察,发现毛线是直接粘贴在即时贴上的,发饰是用皱纹纸、泡沫纸、网纱等做出来的)

(3) 请个别幼儿尝试毛线的粘贴方法,引导幼儿从头像的头顶部位开始粘贴。

4. 鼓励幼儿为自己的妈妈设计发型

(1) 交代任务及要求。

教师:"现在请你们也来给自己的妈妈做发型吧。先想一想要给妈妈设计一个什么样的发型,再用各种颜色、各种长度的毛线开始贴,贴的时候要从头顶部位开始往下贴,不要让头发挡住妈妈的脸。发型做好后可在头像上画上妈妈的五官,还可以给妈妈画个漂亮的淡妆。"

(2) 幼儿自主操作,教师巡回指导,根据幼儿不同的发展水平提出不同要求。要求一:能够积极参与活动,大胆尝试;要求二:能尝试运用多种材料进行创作;要求三:能设计富有特点的发型并化妆。

5. 引导幼儿互相交流,进一步激发爱妈妈的情感

教师:"你给妈妈设计了一个什么发型?最美的地方在哪里?想一想,妈妈看到你为她设计的新发型会怎么样?"

实践项目三　线描画:落叶(大班)[1]

【活动目标】

(1) 学习线描画的基本技能——直线分区,并能用喜欢的各种元素(点、线)装饰漂亮的落叶。

(2) 初步尝试遮挡,明白被挡住的部分是看不见的,不用画出来。

(3) 在线与点的游戏中,喜欢画线描画。

【活动准备】

户外欣赏落叶、拾取各种落叶,记号笔、黑色碳素笔等。

---

[1] 佚名.大班线描画活动:落叶[EB/OL].[2017-10-18]. http://www.06abc.com/topic/20111114/85890.html.

【活动过程】

（1）请幼儿将自己喜欢的各种形状的落叶找出来,观察落叶叶面,并请幼儿说一说自己发现了什么。幼儿可能会说的答案有:颜色变了,变干了,变硬了……引导幼儿观察叶子上的叶脉。

（2）教师讲解叶脉像直线,像叶脉那样将画分开区域的方法叫"直线分区"。（大概理解意思就行）

（3）教师将两片叶子一前一后放置,提问:"能否看见后面的?"（没被挡住的部分能看到,被挡住的部分看不见）提示幼儿,看不见的地方不用画。

（4）请幼儿画出自己喜欢的落叶,可让能力稍差的幼儿将叶子描边,但要提醒,看不见的地方不用画。教师指导重点:像叶脉那样直线分区,每个区域里画一种纹样,遮住的地方不画。

（5）欣赏评价,提问:落叶画为什么漂亮,哪里稍稍改动一下会更好?

知识巩固

1. 简述幼儿绘画能力发展各阶段的基本特征。

2. 结合实例,说说幼儿园美术教育活动目标的表述有哪些方式和要求。

3. 见习幼儿园的美术教育活动,分析这些活动运用了哪些方法,是如何运用的,是否恰到好处。

4. 阅读下列材料,回答问题。

晨间活动时,一个小朋友指着书问我:"陈老师,这个图是教我们折纸的吗?"我一看,原来书页上是一只小青蛙的折纸步骤示意图。于是我肯定地对她说:"是啊,这个图就是教我们折小青蛙呢!""我要学,我要学!"小朋友们顿时来了兴趣,而且马上到美工区取来纸折了起来,旁边的几个小朋友也带着好奇心凑过来,我趁机说:"我们一起跟着图示来学,看谁先把这只可爱的小青蛙变出来。"我利用多媒体课件将步骤图示放大,边给他们讲解步骤图示的意思,边示范着折纸,孩子们专心致志地跟着学起来。

问题:分析材料中教师的做法。

单元 9　幼儿园整合教育

学习目标

- 了解幼儿园整合教育的概念和意义；
- 掌握幼儿园课程整合的内容；
- 了解幼儿园整合教育活动设计的原则；
- 能够设计幼儿园整合教育活动，并进行评析。

案例导入

以下是小班教育中发生的故事——糖果故事①。

实录一

晨间早点刚吃完，子轩和同桌佳巍边说悄悄话边拉着手来到活动亭的角落里。子轩捂着鼓囊囊的口袋神秘兮兮地对佳巍说："我有糖果，你要不要吃？"这时，斌斌和阿力看到了也连忙上前向子轩要糖果，不一会儿，糖果就被一抢而空。超超没分到糖果，于是跑到教师跟前报告："老师，子轩带了糖果来，他们在偷吃呢！"教师笑着说："哎！子轩，看来你带的糖果不够大家分哦！"子轩说："我家还有很多糖果，明天可以带来吗？"教师："嗯！你真是个乐于分享的孩子。"

小班幼儿的交往经验正处于发展萌芽期，用分享小物品来吸引同伴的注意是最基本、最有效的方法之一，因此，如果一味地制止幼儿上课吃糖果，不准他们带糖果到幼儿园来，扼杀他们的兴趣显然是不对的。糖果是孩子们最喜爱的食品之一，小班下学期的幼儿对糖果的兴趣和生活经验往往也是以吃为主，很少会注意到糖果的一些特征，糖果中的科学现象，以及卫生习惯等。"糖果"中的科学奥秘无穷，怎样抓住这样一个教育契机，利用幼儿所感兴趣的糖果与孩子共同深层次地探索"糖果"的知识？于是，我们开始了有关糖果的主题活动。

---

① 傅凌云. 小班教育故事《糖果风波》[EB/OL].（2016-11-28）[2017-10-18]. http://jsjxxx. shanghang. gov. cn/jxcs/xqjy/jyhd/201611/t20161128_305484. htm.

实录二

第二天早晨,孩子们纷纷带着糖果来到幼儿园,一到班上就欢呼雀跃地聊开了。教师也参与到孩子们的谈话中:"这些糖果是从哪儿来的呢?"子轩说:"我的小姨结婚了,这是小姨和姨丈的喜糖。"超超急忙说:"我的糖是超市买的,超市有很多糖。"露露说:"我的花生牛轧糖是从我妈妈开的茶楼里拿的。"教师:"露露还知道糖的名字呢!"话音刚落,谈话更加激烈了:"我的是大白兔奶糖、棒棒糖。""我的是巧克力。""我有话梅糖、棉花糖。""这是玉米糖、水果夹心糖。"……教师鼓励他们自己剥开糖纸,看一看,闻一闻,尝一尝。孩子们又开始交流起来:"我的糖果是橙色的,是橘子口味的,你的糖是什么口味的?""我的是红色的,草莓味。""我的是绿色的,是苹果味的。""我的糖是紫色的,葡萄味的。""我有巧克力,是咖啡色的"……教师故作惊喜:"哦,原来糖的颜色可以告诉我们糖的味道,是吗?""是的!"正当孩子们齐声响应的时候,教师却不经意地发现了随地乱扔的糖纸。

孩子们十分兴奋,看得出他们在家中已构建了对糖果初步的认知,在教师的引导下,孩子们的这些零散的糖果的概念逐渐清晰化,基本上能说出自己所喜欢的糖果的名称,通过与同伴之间的分享、品尝、交流等能判断各种糖果的口味,还发现了糖果的味道与糖果的颜色有关系。教师以幼儿为活动之本,平行参与其中,不经意地提问,及时梳理、提升幼儿已有的经验,抓住幼儿的兴趣点。活动中,教师及时发现自己忽略了卫生环保教育,为了提高幼儿的环保意识,挖掘糖果纸中的科学教育和审美教育,一举多得的想法应运而生了。

实录三

"哇,好漂亮的糖果纸呀,我们可以用它做什么呢?"教师捡起地上的一张糖果纸,一边思考一边拿起剪刀和胶水,不一会儿,一副剪贴画《美丽的花》就呈现在孩子们眼前了,孩子们都惊呆了:原来糖果纸还可以这么玩!"你们把这么多好看的糖果纸都扔在地上,是不是很可惜啊?"教师继续说,"糖果纸乱扔在地上,教室看上去怎样?""不干净""不卫生""乱七八糟"……幼儿回答。接着,大家一起收集糖果纸:把皱巴巴的糖果纸压平;把弄脏的糖果纸洗干净;把残缺的糖果纸进行修剪……

教师与幼儿一边欣赏收集来的糖果纸,一边把糖果纸折成小树叶贴在背景墙上作装饰。露露自言自语:"糖果纸的颜色可真多啊!"佳巍:"糖果纸上面有字,有图,它们能告诉我们糖的名字。"突然,超超大叫:"哎,子轩,你怎么把糖果纸贴在窗户玻璃上啦!"子轩惊喜地回答:"快看,玻璃变成红色啦!外面的东西也变成红色啦!"透过透明的糖果纸,他看到了不一样的世界,其他孩子纷纷效仿。当他们发现透过糖果纸看天空时,天空变色了,红的天,粉的天,绿的天,紫的天……当他们透过糖果纸看周围,周围的世界都变色了,小朋友的脸也变色了,他们都情不自禁地叫了起来:"太好玩了!"子轩说:"我知道了,糖果纸是什么颜色,看到的东西就是什么颜色。"旁边的小宇却说:"不对,我蓝色的糖果纸看到的是绿色的天空。"这是怎么回事呢?细心的子轩发现:"你拿了两张糖果纸,一黄一蓝。""两张糖果纸叠在一起会变色吗?"教师引导幼儿尝试利用不同颜色的糖果纸重叠在一起看看会变出什么新的颜色。这些发现对于小班的孩子们来说很神奇,可是龙龙却在一旁不高兴,还说:"我怎么看不见呢?"教师走过去一看,明白了,原来他的糖果纸不是透明的,教师借机请其他的小朋友也用这张糖果纸看一看,也看不见彩色的世界了,于是孩子们安静了,好奇地看着教师,教师与幼儿比较了两张不同的糖果纸,并告诉他们看得见外面的世界的糖果纸是因为它是透明的,龙龙的糖果纸是不透明的,所以看不见。

孩子们就是在这种轻松自由的环境中探索交流,相互碰撞出智慧的火花,从而获得一些科学知识,幼儿的科学知识就是这样一点一点积累、清晰起来的。

实录四

角色区的糖果超市连续好几天都非常热闹,子轩、婷婷正在把零散的糖果分类装罐。婷婷装好半罐巧克力豆开心地摇了摇,接着边有节奏地摇着罐子边唱起歌来:"一闪一闪亮晶晶,满天都是小星星……"子轩也学着摇起手里的糖罐唱歌,可是他用力摇,罐子就是不出声,这下可把他急坏了:"怎么回事呀?为什么我的糖罐不出声?"教师:"你们的糖罐一样吗?"经过对比,子轩发现:"我的糖罐装满了,婷婷的糖只有半罐。"于是,他倒出一些糖,拧紧瓶盖再次尝试,虽然罐子有声响了,但子轩还是纳闷:"为什么我的糖罐声音那么小,没婷婷的好听?"教师:"你们再试试其他糖罐,看不同的糖在罐子里摇晃时发出的声音一样吗?"其他孩子也好奇地纷纷上前尝试,今天的糖果超市变成了响罐的探索区。子轩:"我的糖罐装的是 QQ 糖,声音很小。""棉花糖装进去都没声音呀。""水果硬糖装进去就很响。"……

从对响罐里发出的声音感兴趣,到探索怎样让罐子发出各种不同的声音,孩子们相互传递自己的发现,在分享与学习之间获得了相关经验,体验到成功的乐趣。

实录五

第二天,子轩、婷婷又来到糖果超市,他们对糖果响罐的兴趣未减。子轩拿起昨天装的 QQ 糖响罐摇了摇,惊奇地说:"QQ 糖摇不动了,都黏在一起了。"他又试了试其他糖罐,发现没有糖纸包的糖果大部分都黏在一起了。"老师,这是怎么回事呀?"教师欲言又止,直接告诉他答案还不如给孩子们创造空间,让他们自己探索发现。这样又会生成一个很好的活动。于是教师组织了"糖的溶解"的小实验:用透明的玻璃杯装白开水,再放入糖,看看糖有什么变化。就在这时,顽皮的超超忍不住尝了一口糖水,得意地笑了:"水好甜呀,真好喝。"其他小朋友也跟着都喝了一口糖水,孩子们发现糖在水中会溶解,所以糖慢慢不见了,水慢慢变甜了。教师请幼儿用手蘸了一点水,再用湿手抓糖果,他们发现手黏黏的。教师:"糖黏黏的是因为空气中有水分,糖在空气中放久了会溶解,糖罐的盖子没有拧紧,进了潮湿的空气,所以里面的糖果就黏在一起了。"孩子们这才明白是怎么回事。科学小实验让幼儿对糖的溶解一目了然,同时也体验了动手操作的乐趣。

教师趁机进行健康教育:"吃糖时,糖留在牙齿缝里就容易长蛀牙。怎样保护我们的牙齿呢?"子轩说:"吃完糖后一定要用清水漱口。"婷婷说:"要少吃糖。"超超说:"早上起床要刷牙,睡觉前也要刷牙。"教师说:"小朋友说得都很好,吃完糖要漱口,清水可以把残留在牙齿上的糖洗干净。现在你们都去漱口吧。"小朋友排着长长的队伍漱口去了。

从生活中发掘学习题材,可以促使幼儿对科学产生一种亲切感,拉近幼儿与科学的距离,了解科学与生活的密切关系。本次活动就建立在孩子感兴趣的事物基础上,教师及时地抓住了"糖果"这一教育契机来开展教育活动,幼儿始终兴趣浓厚。与利用现成教材开展活动相比,幼儿生活中的随机经验是最自然的、最不容易忘怀的经验,也对幼儿更具有吸引力。教师引导孩子以浓厚的兴趣积极参与观察与讨论,肯定孩子的发现,有利于幼儿积极主动地去探究身边的科学。

模块一　幼儿园整合教育概述

整合就是把各个部分、各个要素有机地组合在一起,形成一个整体。20世纪80年代以来,国际幼教界逐步认识到"整合"对幼儿学习的重要意义,给幼儿提供"整合"的课程成了国际国内幼教工作者的共识。《纲要》提出了幼儿园教育的内容是全面的、启蒙性的,各方面教育内容是相互渗透的,反映了新的幼儿教育课程整体观念的导向。

一、整合课程的概念

"整合课程"是一种课程模式,它倡导课程综合,强调课程内容的有机联系,把课程的各个部分、各个要素有机地组合在一起,形成一个整体课程。它注重教育影响的整体性更能让幼儿全面、和谐地在自主的活动中发展,有计划、有步骤地培养主动、积极有效的学习者。

具体来说,整合课程可从以下几个方面来理解:
(1) 整合是教育目标的整合。
(2) 整合是教育内容的整合。
(3) 整合是教育资源的整合。
(4) 整合是教育方法、形式及手段的整合。
(5) 整合是实现幼儿发展的整合。

二、幼儿园课程整合的必要性

1. 整合化是幼儿园课程发展的必然趋势

从幼儿园课程的发展历史来看,我国幼儿园长期采用学科课程。学科课程过分强调系统的单科知识和技能,忽视学科间的内在联系,忽视幼儿的实际生活和直接经验。后来国内幼儿园兴起了综合课程,综合课程的本意是要打破学科之间的界限,并与幼儿的生活相联系。但在实践中,很多幼儿园对综合课程的认识存在偏差,并未真正理解综合教育的实质,结果在课程实施中只是变换了形式,并没有改变分科的本质,使综合教育变成了分科教育的简单相加,教育活动之间缺乏有机的联系和必要的补充,所以并没有实现课程的综合。而课程的整合是当前世界课程改革的趋势,幼儿园课程必须顺应课程整合化的发展趋势。《纲要》指出:"幼儿园的教育内容是全面的、启蒙性的,可以相对划分为健康、语言、社会、科学、艺术五个领域。各领域的内容相互渗透,从不同的角度促进幼儿情感、态度、能力、知识、技能等方面的发展。"可见,《纲要》也强调幼儿园课程整合的理念,课程的整合化是幼儿园课程发展的必然趋势。

2. 课程的整合化是幼儿身心完整、和谐发展的需要

随着幼儿教育的发展,幼儿教育的概念也在不断改变。幼儿教育不再仅仅是为小学做

准备，更是为幼儿的终身发展奠定基础。所以，幼儿园教育的最终目的是实现幼儿健康和谐地发展。幼儿园课程的目标就是促进幼儿全面和谐的发展，要实现这一目标必须将各领域的目标、内容、途径加以整合。幼儿各方面的发展是相互影响、相互促进的过程。《纲要》指出："幼儿语言的发展与其情感、经验、思维、社会交往能力等其他方面的发展密切相关，因此，发展幼儿语言的重要途径是通过互相渗透各领域的教育，在丰富多彩的活动中去扩展幼儿的经验，提供促进语言发展的条件。"幼儿是个完整的人，完整的人源于完整的教育，完整的教育基于完整的课程。所以幼儿园课程应给幼儿完整的教育，要从各个方面考虑来设计教育活动，通过完整的课程来培养完整、和谐的儿童。

三、幼儿园课程整合的内容

1. 在活动目标上实现整合

教育目标是教育所要达到的最终结果。目标的整合是教育整合的基础，目标的整合直接影响教育内容的整合，进而也影响教育方式和形式的整合。活动目标必须与《规程》《纲要》的培养目标一致：以幼儿发展作为指导思想，着眼于幼儿品德和人格的完善，以创新精神、实践能力培养为重点，全面提高幼儿的整体素质。因此，活动目标在整合的过程中，应是多领域的、有机的结合。应该体现出从整合到分解再到整合的过程。

2. 在活动内容上实现整合

内容的整合是幼儿园教育整合的主要表现，也是一种最基本的整合。在活动中，注重各领域教育内容的互相渗透。

课程改革中的幼儿园课程具有两大特色：一是突出经验性，强调幼儿更适宜于运用多种感官，以直接体验和自主操作为主的活动性的学习方式；二是强调各种活动的总和，即幼儿园课程应指向幼儿的一日活动。

3. 在活动方法与形式及手段上实现整合

方法、形式及手段的整合需要教育实践的经验，需要对幼儿生活水平的洞察能力，需要教育活动组织的应变能力，以提高教育的成效为目的，同时该整合是确保教育整合取得应有效果的关键。

方法、形式及手段的整合可以在课程设计的过程中进行，也可以在教育活动开展的过程中进行，但后者比较重要。幼儿园教育活动包括了多种多样的活动，这些活动可以大致分为专门的学习活动、游戏活动和生活活动等。它们在幼儿的发展中都具有独特的价值，也是幼儿园课程实施不可缺少的环节。因此，幼儿园课程的实施应关注幼儿一日生活中的各类活动，并注意各类活动之间的有机联系，发挥这些活动的互补作用，做到在生活中学习，在游戏中学习，学习联系生活、利用生活，使一日生活成为一个真正的教育整体。

4. 在资源上实现整合

幼儿园、家庭、社区都有丰富的教育资源，应充分地加以利用，并进行有机整合，使它们真正协调一致地对幼儿的发展产生积极、有效的影响。例如，密切家园联系，实时家园共育；开发社区资源，拓展活动空间，可以围绕社区开展主题活动等。

模块二 幼儿园整合教育活动设计与指导

一、幼儿园整合教育活动设计的原则

1. 教育活动应与幼儿的个体差异相适合

在综合性课程中,应能为幼儿提供多种机会,允许幼儿以不同的方式主动地与环境进行交互作用,在一定范围内允许幼儿自主选择和主动完成活动,使他们在不同的水平上得到发展。

2. 教育活动应与群体幼儿相适合

在综合性课程中,教育活动应与小组群体幼儿的发展水平相适合,使幼儿能在与其他幼儿一起学习的过程中通过合作、分享、商量、妥协等交互作用的方式得到发展。

3. 教育活动应与文化差异相适合

在设计教育活动时应关注这些活动是否适合幼儿所处的文化背景,是否能使来自不同种族、不同经济状况和教育程度的家庭的幼儿都能获得平等的教育机会。教育活动要能使幼儿建立起自尊和自信,能从自己的文化及其他的文化中获得益处。

4. 教育活动应将发展与学习联结一体

教育活动若能将幼儿发展与学习联结一体,会使幼儿的学习变得更有意义,也会在一定程度上促进幼儿的发展。综合性课程中的教育活动有这方面的优势,应充分给予关注。

二、幼儿园整合教育活动的指导与实施

1. 选择活动主题

(1) 领域中选择。领域中选择即主题是以一定的领域为基础来设计的,如"美丽的春天""冬天的动物""夏天的水果""我们做朋友""新年到"等。这些主题明显与特定的领域有关,以某个领域的内容为主,但在主题的设计和实施过程中,又不只限于某一个领域。

(2) 生活中选取。生活中选取即主题的设计围绕生活中具体的事件加以展开,如"交通事故""运动会""台风来了""出血了""新朋友""送别好朋友"等。

(3) 提炼和概括。提炼和概括即主题的设计围绕一些概括性的词,如"变""熟""有用的"等,这些主题是开放的,本身并不包含确切的内容,但却可以容纳不同领域中许多相关的内容。主题内容的选择就是围绕这些现象和过程进行的。

(4) 文学作品中选择。文学作品中选择是指将某一个文学作品作为主题的来源。文学作品作为主题的来源不同于领域作为主题的来源。文学作品本身就涉及艺术和语言两个领域,文学作品尤其是故事、寓言等,其具体的内容往往是与科学、社会等领域紧密相关的。文学作品中的人物、事件、物品、道理、场景等都是主题内容生成的线索。

2. 制定活动目标

在制定活动目标时,需要制定一个总的活动目标,更要仔细制定每个分活动的分目标。

实施活动整合课程时,通常的设计思路一般有以下三个方面:一是从整体课程入手,以幼儿发展的某一方面为线索,整合相关的学习领域;二是从课程的几个领域出发,整合部分关系比较密切的课程领域;三是从某一个课程领域出发,将其他领域的部分内容整合到这一领域的活动当中来,或将这个领域的部分内容整合到其他领域的课程当中去。

3. 整合活动准备

(1) 环境创设。

① 活动场地:根据活动的需要来选择场地。教师可以事先与幼儿一起将需要用到的材料放进场地并布置场地;如在室外活动则要选择干净、明亮、安全的场所。我们以"我和影子做朋友"为例,活动之前应准备一个可以供幼儿实验的没有光线的屋子或角落环境。

② 材料:可以老师准备也可以让幼儿自己准备。以"我和影子做朋友"为例,在科学区为幼儿提供手电筒、聚光灯,有颜色和无颜色的透明的玻璃纸,大小一样的积木两块,不透明的玩具若干,铝箔纸,蛋托等。

(2) 幼儿经验积累。

① 教师方面:活动前开设主题墙,普及知识;布置作业,让小朋友们和爸爸妈妈讨论关于这次活动的相关问题。活动结束后让小朋友们自己布置主题墙。以"我和影子做朋友"为例,开辟"影子朋友"的主题墙,以展示幼儿的学习过程。

② 家长方面:配合老师帮助孩子搜集材料,解决问题。

4. 整合活动课程的实施

(1) 整合课程的重要原则是以学生为主,老师为辅。教师在幼儿活动时是参与者、观察者。教师要在教育活动开展的过程中进行整合,坚持"反思—实践"的原则,积极调整教学实践,不断反思和调整整合策略,使幼儿在不断犯错、积累经验中成长。在现实的主题活动过程中注重活动内容的生成及方法的整合,充分将对幼儿发展有益的相关信息加以利用,满足幼儿的学习兴趣和需要,从而有效地促进幼儿发展的整合。

(2) 活动内容融入幼儿一日生活中。吃饭时、游戏时、休息时都可以渗透活动内容。

(3) 幼儿园课程整合的主要方式包括以五大领域为中心进行整合、以季节为中心进行整合和以主题为中心进行整合。

(4) 活动方式中必须加入游戏,游戏能调动幼儿的积极性,使教师在玩中教,幼儿在玩中学。

实 践 活 动

实践项目一 小小送货员(小班)[①]

【活动目标】

(1) 初步感受使用工具给工作带来的帮助。

---

① 佚名.幼儿园小班综合活动教案:小小送货员[EB/OL].[2017-10-18]. http://www.06abc.com/topic/20120218/86787.html.

(2) 尝试用不同方法搬运物品,并初步进行物品分类。
(3) 体验尝试和劳动的乐趣。
【活动准备】
各种牛奶瓶、饮料瓶;拖板车。各种大小的纸盒、塑料袋;小兔、小猴、小猫、小狗四超市场景;律动音乐。
【活动过程】
一、热身运动
教师:"上班时间到啦。小小送货员们准备好上班了吗?"(幼儿随着律动音乐进场)
(在孩子的眼里,创造性游戏就是上班,每次说到上班,他们总能很快地找到所要工作的场所,并很快地进入角色之中。因此,将这样一个送货的活动设置在"上班"的情景中,一下子就将孩子们的积极性调动起来了,并很快明确了今天的"职责")

二、给超市送牛奶、饮料
(1) 教师:"今天早上有四家超市给我打电话,说他们的东西都卖完了。是哪四家超市呢?(小狗、小猫、小兔和小猴四家超市)他们的什么东西卖完了?你从哪里看出来的?"
幼儿:"看超市货架牛奶和饮料的标记!"
(教师提问引导,让幼儿通过自己的观察,主动发现四家超市的场景和今天所需要运送的货物)
(2) 教师:"这里有四家超市,我们正好有红、黄、蓝、绿四个队。红队在哪里?你们给哪家超市送货?"(各队自主选择超市)
介绍规则:
① 找到各队要送的牛奶和饮料,将它们整齐地放在超市货架上。
② 听到口令立刻停止工作,坐回椅子上。
(3) 第一次集合:刚才大家工作都很认真,让我们先回来休息一会儿,谁来说说刚才是用什么方法送牛奶的,哪种方法更好?
(有的一次送一瓶,有的一次送许多瓶,体现出幼儿的动手能力和日常生活经验积累的差异)
(4) 教师:"这么多牛奶和饮料,如果只用手的话要运很多次,有什么办法可以快一点运完,还可以省点力气呢?"(用车子、口袋、盒子等)
(5) 介绍幼儿提到的工具,请每组成员自由选择喜欢的工具,继续工作。
介绍规则:
① 牛奶、饮料放在各自的地方,摆放整齐。
② 全部运完后将工具送回原处。
(6) 教师:"你们都运完了吗?让我们一起检查东西放对了没有。"
(7) 第二次集合:哪一队最先运完?说说你们是怎么运的。
(提供盒子、口袋、拖板车等不同的运送工具,体现了尊重孩子之间差异的原则,孩子可以根据自己的爱好和实际需要自主选择,完成工作)
(8) 教师:"今天我们开动小脑筋想到了好办法,很快就把东西全都运完了,以后我们做事情的时候也要开动小脑筋哦。"

三、放松活动

教师:"今天的送货工作顺利完成啦,我们可以下班喽,让我们跟着音乐一起出去玩吧。"

【活动反思】

本活动结合小班幼儿的年龄特点,设置了四个超市的场景,让孩子们在给超市送货的过程中不断探索,自主尝试运送货物的不同方法。活动的内容结合孩子们的生活,激发孩子运用生活经验解决问题、完成"工作",同时使他们的观察能力、思维能力、动手能力和独立能力等获得发展。另外,在活动中,教师还关注了幼儿的个体差异,通过投放不同材料等方式,使不同水平的孩子都在原来的基础上得到能力的提高,体验到工作的快乐。

实践项目二 我是一根棒棒糖(中班)[①]

【活动目标】

(1) 知道糖在水里可以溶化,溶化的速度与搅拌的速度有关。
(2) 理解故事内容,体会分享的快乐,在此基础上创编故事。
(3) 能创编棒棒糖跳舞的各种动作,尝试用肢体语言表达快乐的情绪。

【活动准备】

(1) 根据故事《甜津津的小河水》制作的 PPT。
(2) 音乐《王老先生有块地》:我是一根棒棒糖,会跳舞的棒棒糖,咿呀咿呀哟……
(3) 大根的棒棒糖,水盆,一次性小杯,勺子。

【活动过程】

一、出示棒棒糖,引入活动

教师提问:"这是什么?你们猜猜它是什么味道的?"

(反思:以幼儿熟悉、喜爱的棒棒糖导入,将孩子们的注意力一下子就集中到活动之中)

二、欣赏故事,感受小熊的心情变化

教师:"小熊也有一根棒棒糖,小熊的棒棒糖还发生了一个故事呢!"

(幼儿边听故事边欣赏 PPT)

教师提问:

(1) 小熊碰到朋友时为什么藏起了棒棒糖?
(2) 小熊后来为什么很难过?
(3) 我们该怎么帮助小熊呢?

引导幼儿讨论:有什么办法可以使这根棒棒糖的甜味也能让河里的朋友尝到,让小熊快乐起来?

(反思:听故事、看 PPT,自然地把幼儿引入问题情境:用什么办法可以使这根棒棒糖的甜味儿也让河里的朋友尝到,让小熊快乐?这里出现了一个知识点:糖放在水里会溶化)

三、实验:把棒棒糖放到水里

提问:棒棒糖放到水里会怎样呢?用什么办法可以让棒棒糖溶化得快一点呢?哦,搅拌棒棒糖,也许会溶化得快一点,我们来试试,像跳舞一样地搅拌。

[①] 杨洁.中班综合活动:我是一根棒棒糖[J].早期教育(教师版).2008(10):44.

(反思:糖放在水里会溶化,至于如何让糖溶化得快一点,除了搅拌,当然还有许多其他办法,如用热水等。在这里,只是为了让幼儿有一些感受,就选取了搅拌的方法)

四、创编故事结尾

教师:"小朋友们想的办法真好,将我们的好办法告诉小熊,并且编到故事里。这样,小熊就会非常快乐了。"

幼儿创编故事结尾。

(反思:创编故事结尾,让孩子们从小熊的情绪变化中感受分享的快乐,并且为后面的环节"棒棒糖快乐地舞蹈"做了铺垫)

小熊把棒棒糖放到小河里,小鱼、乌龟、螃蟹都游来啦。小熊高兴了,棒棒糖也很开心。棒棒糖说:"小朋友可以教我一些舞蹈动作,我会搅拌得更起劲的,溶化得更快一些。"

五、教棒棒糖跳舞

教师:跳舞是需要音乐的,我们用什么音乐来伴奏,教棒棒糖跳舞呢?

1. 听音乐,一起拍手

教师唱:"我是一根棒棒糖,会跳舞的棒棒糖,咿呀咿呀哟。"

2. 幼儿自由创编各种不同的棒棒糖跳舞动作,并边唱边表演

(反思:幼儿所熟悉的歌曲《王老先生有块地》,节奏感很强,幼儿很容易合着节拍边唱边跳)

3. 尝尝水变甜了没有

(1) 我们创编了这么多棒棒糖跳舞的动作,现在我们来尝尝水变甜了没有。

(2) 每人一小杯,尝一尝。

幼儿尝的时候,教师提问:"你们猜,这盆水会变得越来越怎么样呢?(越来越甜)棒棒糖会变得越来越怎么样呢?(越来越小)如果到放学的时候再来品尝,水会怎么样?(更甜)那我们到放学的时候,再来看看、尝尝——棒棒糖是不是越来越小了,水是不是更甜了。"

附故事:

甜津津的小河水

有一天,小熊有了一根棒棒糖,一根香香甜甜的棒棒糖。他独自来到河边,拿出棒棒糖,欢欢喜喜地正准备要吃,一条小鱼游过来了。小熊赶紧藏起了棒棒糖。小鱼问:"小熊,小熊,你在干吗?"小熊说:"没干吗,没干吗。"小鱼游走了。

小熊拿出棒棒糖正要吃,一只小乌龟游过来了,小熊赶紧藏起了棒棒糖。小乌龟问:"小熊,小熊,你在干吗?"小熊说:"没干吗,没干吗。"小乌龟游走了。

小熊拿出棒棒糖正要吃,一只小螃蟹游来了,小熊赶紧藏起了棒棒糖。小螃蟹问:"小熊,小熊,你在干吗?"小熊说:"没干吗,没干吗。"小螃蟹也游走了。

河里的朋友都游走了,小熊拿出了棒棒糖要吃,可是,周围一个朋友也没有,他觉得很孤单。他想:"要是身边有朋友一起吃,大概会很热闹吧?"于是,他就喊了起来:"小鱼,小鱼!"小鱼没有来。他又叫:"小乌龟,小乌龟!"小乌龟没有来。他最后喊:"小螃蟹,小螃蟹!"小螃蟹没有听见,所以也没有来。这时他觉得很难过。

有什么办法可以让河里的朋友也尝到这根棒棒糖的甜味呢?请小朋友们来帮帮小熊吧。

实践项目三 树叶里的秘密(大班)①

【活动目标】
(1)理解单双数的实际意义,培养数数、统计和比较等应用数学的能力。
(2)观察树叶的特征,用语言表达自己对树叶的认识。
(3)同伴间互相学习,体验探究的快乐。

【活动准备】
(1)塑封好的树叶标本若干(陈列在两块展板上)、水笔人手一支。
(2)相关表格两张。
(3)幼儿初步学过单双数。

【活动过程】
1.观察树叶,讨论树叶的特征
教师:"这里有什么呀?"
教师:"树叶里藏着很多秘密呢,我们一起来看一看、找一找。"
教师:"你发现了树叶有什么秘密?"

2.叶片的统计与分析
(1)数叶片,探究不同的数数方法,感受应用数学中数数方法的多样性。
教师:"请你数数一根叶柄上有多少枚小叶片?记录下来。"(幼儿用各种方法开始数叶片,教师巡回观察)
教师:"这么多叶片,你是怎么数的?"
(2)讨论哪种方法又快又准确。
教师:"小朋友用了很多种方法数叶片,你认为哪种方法又快又准确呢?"
教师小结:"生活中我们在数数量较多的东西时,有很多种方法,小朋友可以采用最适合你的方法,将东西数得又快又准确。"
(3)分析探索叶片的单双数规律。
教师:"让小叶片两片两片做好朋友这种方法很有趣,我们一起用这种方法再来数一数。"(幼儿把叶片两片两片联结在一起,然后数一数,教师巡回指导)
讨论分析:
教师:"你们发现了什么?"(有的树叶的叶片两片两片都找到了好朋友,有的还剩下一片没找到朋友)
树叶分类:
教师:"这里有两张表格,我们把都能找到好朋友的叶片送到这张表格里,把还剩下一片没有找到朋友的叶片送到另外一张表格里,看看会发现什么秘密。"
统计数字:
教师:"都能两片两片成为好朋友的叶片,上面小叶片的数量各是多少?还剩下一片没有找到好朋友的叶片,上面小叶片的数量又各是多少?"

---

① 龚玉洁.大班综合活动:树叶里的秘密[J].早期教育.2006(09):27.

分析两类数字的特点:
教师:"6、8、10、12、14 这些数是什么数?7、9、11、13、15 这些数又是什么数呢?"
教师:"6、8、10、12、14 这些数是双数,7、9、11、13、15 是单数。"
教师:"谁有不同的意见吗?"(讨论 10 以上的单双数)
讨论发现:已经学过的单双数规律同样适用于 10 以上的数字,拓展已有经验。

3. 结束活动

出示叶片数量是 1~5 的树叶,建构完整的单双数序列。

教师:"这里还有一些树叶呢,请把它们放到单数或者双数的表格里。"

教师总结:"今天我们发现了树叶里的秘密,它们的叶片有的是单数,有的是双数。在我们的生活中还有许多关于数学的秘密,大家要用心去寻找!"

知识巩固

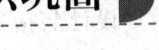

1. 什么是整合教育?开展整合教育具有哪些意义?
2. 幼儿园课程整合包括哪些内容?
3. 幼儿园整合课程中教育活动设计需要遵循哪些原则?
4. 幼儿园整合课程如何实施?

参 考 文 献

[1] 赵红梅,李莉.幼儿园教育活动设计与指导[M].北京:中国人民大学出版社,2017.

[2] 张俊.幼儿园数学领域教育精要:关键经验与活动指导[M].北京:教育科学出版社,2017.

[3] 孔起英.幼儿园美术领域教育精要:关键经验与活动指导[M].北京:教育科学出版社,2016.

[4] 张家琼,王善安.幼儿园教育活动设计与指导[M].重庆:西南师范大学出版社,2016.

[5] 黄瑾.幼儿园教育活动设计与指导[M].2版.上海:华东师范大学出版社,2014.

[6] 李季湄,冯晓霞.《3~6岁儿童学习与发展指南》解读[M].北京:人民教育出版社,2013.

[7] 高敬.幼儿园教育活动设计与指导[M].上海:华东师范大学出版社,2014.

[8] 中华人民共和国教育部.3~6岁儿童学习与发展指南[M].北京:首都师范大学出版社,2012.

[9] 中华人民共和国教育部.幼儿园教育指导纲要:试行[M].北京:北京师范大学出版社,2001.